일반언어학 강의

Cours de linguistique générale

페르디낭 드 소쉬르

일반언어학 강의

샤를 바이 · 알베르 세슈에 엮음　｜　최승언 옮김

민음사

일러두기

* 이 역서는 소쉬르의 제자들인 바이(Ch. Bally)와 세슈에(Alb. Sechehaye)가 편집
  하고 모로(Tullio de Mauro)가 원전 대조한 판으로 1972년 파리의 페요(Payot) 출
  판사에서 간행된 책을 번역한 것이다.
* 바이와 세슈에가 쓴 서문은 전남대학교 불문과의 강성영 교수가 번역하였다.

3판 서문

몇 군데의 세부적 수정을 제외하고 이 판은 전의 것과 동일하다.

바이, 세슈에

2판 서문

2판은 1판의 원문에 본질적인 어떠한 변화도 가하지 않았다. 편집자들은 어떠한 부분들에 대해서 다소의 세부적 변화를 통하여 더 명료하고 정확하게 편집을 하는 데 그쳤다.

바이, 세슈에

1판 서문

우리는 페르디낭 드 소쉬르가 언어학을 특징짓는 원리와 방법들이 불충분하다는 점에 대해 한탄하는 것을 자주 들었는데, 그의 천재성은 사실상 언어학을 통하여 성장했던 것이다. 그래서 그는 그러한 혼돈 속에서 자신의 사상을 인도해 줄 수 있는 지도 법칙들을 집요하게 탐구했다. 그는 1906년에 이르러서야 주네브 대학에서 요제프 베르트하이머(Joseph Wertheimer)의 뒤를 이어, 여러 해 동안 숙고해 왔던 독자적 견해를 공개할 수 있었다. 그는 1906~1907년, 1908~1909년 및 1910~1911년에 일반 언어학에 대한 강의를 세 차례 했다. 교과 과정상의 필요성 때문에 각 강의들의 절반을 인도유럽어와 그 역사 및 기술에 관련된 발표에 할당해야만 했는데, 그의 주제의 본질적인 부분은 이상스럽게도 축소되고 말았다.

그처럼 풍부한 교육을 받는 특전을 입은 모든 사람들은 그의 가르침이 어떠한 책으로도 출간되지 않았다는 사실을 애석해했다. 선생의 사후에 드 소쉬르 부인이 고맙게도 우리에게 넘겨준 그의 수사본 속에서 우리는 그 천재적 강의의 윤곽이 충실하거나 최소한 충분하게 발견될 것을 기대했다. 학생들의 기록을 짜맞추고 페르디낭 드 소쉬르의 독자적인 기록에만 초점을 맞추면 그것을 근간으로 삼아 출판이 가능하리라고 막연하게 예상했던 것이다. 우리의 실망은 컸다. 우리는 그의 제자들의 기록에 해당하는 어떠한 것도, 거의 아무것도 찾지 못했고, 소쉬르는 자신의 강의 초안을, 그날그날 기록해 둔 급히 쓴 초고들을 없애버렸던 것이다. 그의 책상 서랍에서는 아주 오래된 초고들만 발견되었는데 가치가 없지는 않았으나 사용할 만한 상태가 아니었고 세 강의의 자료와 연관 지어 보기도 어려웠다.

　이러한 사실을 확인한 후, 직업상의 의무감 때문에 그러한 마지막 가르침들을 거의 완전히 이용할 수 없었던 만큼, 우리는 더욱 실망했다. 사실 그 가르침들은 페르디낭 드 소쉬르의 생애에 있어서, 이미 오래전이긴 하지만 「모음에 관한 논문」이 세상에 나왔던 시기만큼이나 빛나는 한 단계를 이루고 있다.

　따라서 우리는 세 번에 걸친 강의에서 학생들이 기록한 노트를 이용해야만 했다. 루이 카유(Louis Caille), 레오폴드 고티에(Léopold Gautier), 폴 르가르(Paul Regard)와 알베르 리들링제(Albert Riedlinger)가 첫 두 강의에 대한 아주 완벽한 노트들을 우리에게 넘겨주었고, 가장 중요한 세 번째 강의에 대한 노트는 알베르 세슈에(Albert Sechehaye) 부인, 조르주 데갈리에(George Dégallier)와 프랑시스 조제프(Francis Joseph)에게서 받았다. 루이 브뤼치(Louis Brütsch) 덕택으로 어느 특수한 사항에 대한 노트도 구할 수 있었다. 우리는 모두에게 충심으로 감사의 뜻을 표한다. 우리는 또한, 인쇄에 앞서 원고를 교정해 준 탁월한 로맨스어 학자 쥘 롱자(Jules Ronjat)에게 진심으로 감사한다. 그의 충고는 우리에게 값진 것이었다.

　이 자료들을 어떻게 다루어야 했을까? 무엇보다 우선 비판 작업이 절실히 요구되었다. 즉 각 강의에 대해서, 각 강의의 세부적인 내용에 대해서 모든 이본들을 비교함으로써 그의 사상에 도달해야 했다. 그러나 우리에게는 그 사상의 메아리만이 가끔은 일관성이 결여된 채로 남아 있었다. 첫 두 강의에 대해서는 선생의 사상에 대해 가장 흥미를 가지고 추종했던 제자들 중 한 사람인 리들링제의 협력에 의존했는데, 이에 대한 그의 노고는 우리에게 아주 유익했다. 세 번째 강의에 대해서는 우리 중의 한 사람인 세슈에가 꼼꼼하게 대조와 수정 작업을 맡아 했다.

그러나 그다음은? 구술 교육의 형식은 책의 형식과는 가끔 모순되므로 우리는 가장 큰 어려움을 겪어야 했다. 그리고 소쉬르는 끊임없이 새로운 경지를 개척해 가는 사람 중의 하나였다. 그의 사고는 서로 모순되지 않고 모든 방향으로 발전해 갔다. 모든 것을 원형대로 출판한다는 것은 불가능했다. 자유로운 발표에서 불가피하게 되풀이되는 말의 중복, 부분적 중복, 여러 설명 방식들이 출판에서는 잡다한 양상을 띠게 될 것이기 때문이다. 한 강의에만 국한시킨다는 것은——그리고 그중 어느 것에 국한시킬 것인가——다른 두 강의에 풍부하게 산재해 있는 모든 자원들을 이 책에서 폄하하는 셈이 될 터였다. 가장 결정적인 내용을 담고 있던 세 번째 강의만으로도 소쉬르의 이론과 방법들을 완전히 이해할 수는 없었을 것이다.

우리는 특히 독창적인 몇몇 단편들을 있는 그대로 발표할까 하는 생각도 했다. 처음에는 이러한 생각에 미소를 머금었지만, 한 구조의 단편만을 발표함으로써 선생의 사상에 누를 끼칠 것 같았다. 그 구조의 가치는 총체적 상태에서만 드러나기 때문이다.

우리는 더 과감하기는 하지만 더 합리적인 해결책을 택하기로 마음을 굳혔다. 즉 세 번째 강의에 기초하고 소쉬르의 개인 기록과 함께 우리가 다룰 수 있는 모든 자료들을 사용함으로써 재구성과 종합을 시도하는 것이었다. 그러므로 재창조 작업이 필요했고 그것이 객관적이어야 했던 만큼 훨씬 고생스러웠다. 모든 사항에 대해서는 특수한 각 사고의 심층부까지 통찰함으로써 구술 강의의 특징적 현상인 변동과 동요를 제거하고 체계 전체에 비추어 결정적 형식으로 그 사고를 이해하도록 노력해야 했고, 자연스럽게 전체에 통합시켜 저자의 의도가 드러나지 않고 예측되는 경우라도 저자의 의도에 부합된 순서대로 모든 부분을 제시하여야 했다.

이러한 동화와 재구성의 작업을 거쳐 이 책이 나오게 되었다. 우리는 일반 독자들과 모든 언어학 동료들에게 불안한 마음을 감출 길 없이 이 책을 선보이게 된 것이다.

우리의 주된 생각은, 총체감을 형성하는 데 기여할 수 있는 어떠한 것도 소홀히 하지 않고 유기적 통일체를 세우는 것이었다. 그러나 바로 그 점 때문에 우리는 아마도 이중적 비판을 받게 될 것이다.

첫째로, 이 '총체'가 불완전하다고 말할 수도 있다. 즉 선생의 가르침에는 언어학의 모든 분야를 접해 본다든지, 모든 분야에 똑같이 밝은 빛을 투사한다든지 하는 야망은 없었던 것이다. 실제적으로도 그는 그렇게 할 수 없었다. 게다가 그의 관심사는 전혀 다른 데 있었다. 그의 저서 곳곳에서 발견될 뿐 아니라 다양하게 채색된 질긴 이 천의 씨실을 이루고 있는 몇 가지의 독특한 기본 원리에 따라, 그는 심도 있게 연구했으며 그 원리들이 적용될 수 있는 특히 인상적인 대상들을 발견한 경우와 그것들이 위태롭게 되는 어떤 이론에 마주친 경우가 아니고서는 표면상으로 상세한 설명을 하지 않았다.

어떤 분야들, 예를 들어 의미론 같은 것이 거의 다루어지지 않은 것도 이것으로 설명될 수 있다. 이러한 결함들이 일반 조직에 해를 미친다는 느낌은 들지 않는다. '화언(parole)의 언어학'이 빠져 있다는 것이 오히려 눈에 띈다. 세 번째 강의의 청중들에게 약속했던 이 분야에 대한 연구는 계속될 강의에서 아마도 최고의 자리를 차지했을 것이다. 이러한 약속이 지켜질 수 없었던 이유는 누구라도 너무 잘 알고 있을 것이다. 우리는 겨우 윤곽이 잡힌 이 프로그램에 대한 일시적 지식들을 모아 자연스럽게 정리하는 것으로 만족했다. 그 이상은 할 수 없었다.

이와는 반대로, 우리는 소쉬르 이전에 이미 알려진 관점들에 관한 자세한 설명을 재개한 것에 지나지 않는다고 비난을 받을지도 모른다. 이처럼 광범위한 설명에서 모든 것이 새로울 수는 없다. 그런데 어떤 원리들이 이미 알려져 있다 하더라도, 전체를 이해하는 데 필요하다면, 그것들을 빼지 않았다고 해서 우리가 원망을 받아야 하는가? 요컨대 음운 변화의 장은 이미 언급된 것들을 아마도 더 결정적으로 포용하고 있다. 그러나 이 부분에는 독창적이고 가치 있는 많은 세부 사항들이 숨어 있을 뿐 아니라, 소쉬르의 정태언어학 체계의 기초 설정에 사용된 원리들을 이해하는 데 있어 결정적인 역할을 한다. 반대로 이 부분을 삭제했을 경우 초래될 수 있는 결과는 이 책을 일별하더라도 쉽게 드러날 것이다.

우리는 비판에 대한 책임과 이 책의 출간을 어쩌면 허락하지 않았을 저자 본인에 대해 모든 책임을 느끼고 있다.

이러한 책임감을 우리는 전적으로 수용하며 우리들만이 그 책임을 지고자 한다. 선생과 그 해석자들을 구분하여 비판이 이루어질 수 있을지 모르겠으나, 우리에게 귀중한 한 명성이 부당하게 짓밟히지 않도록 그 공격들이 우리에게만 향한다면 더할 나위가 없겠다.

1915년 7월 주네브에서

바이, 세슈에

차례

2부 공시언어학

3부   통시언어학

서론

1장
언어학사에 대한 일별

　언어 현상을 둘러싸고 형성된 과학은 그 진정하고도 유일한 대상이 무엇인지를 인식하기 전에 연속적으로 세 가지 단계를 거쳤다.

　처음에는 소위 '문법'이라는 것을 만들었다. 이 연구는 그리스인들이 시작하여 주로 프랑스인들이 계속하였는데, 논리학에 바탕을 두고 있으며, 언어 자체에 대한 과학적이고도 공정한 관점이 결여되어 있다. 그 연구의 유일한 목표는 바른 형태와 틀린 형태를 구별하는 규칙을 만들어주는 데 있다. 그것은 규범적 성격을 띤 연구로서 순수한 관찰과는 거리가 상당히 멀어, 관점이 편협할 수밖에 없다.

　그다음으로 나타난 것이 문헌학이었다. 이미 알렉산드리아에서는 '문헌학'파라는 것이 있었으나, 이 용어는 특히 1777년에 프리드리히 아우구스트 볼프(Friedrich August Wolf)가 창안하여 오늘날에도 계속되고 있는 한 학문의 경향을 지칭하고 있다. 언어는 문헌학에서의 유일한 대상이 아니다. 왜냐하면 문헌학의 목표는 무엇보다도 텍스트를 정립하고, 해석하고 설명하는 것이기 때문이다. 이러한 일차적 연구로 인하여 문헌학은 문학사, 풍속사, 제도사 등에도 관심을 갖게 된다. 그 어느 곳에서나 문헌학은 독자적인 방법을 사용하는데, 그것은 바로 비판적 고증이다. 문헌학이 언어 문제를 다루는 이유는, 시대가 다른 텍스트들을 비교하고,

작가마다의 고유한 언어를 규정짓고, 고대어나 불분명한 언어로 쓰여 있는 기록들을 판독하고 설명하기 위해서이다. 이런 식의 연구들은 역사적 언어학의 길을 터주었음에 틀림없다. 예를 들어 플라우투스(Plaute)에 대한 리츨(Ritschl)의 연구는 언어학적인 것이라고 할 수 있겠다. 그러나 이 분야에 있어서, 문헌학의 비판적 고증은 한 가지 결함이 있다. 그것은 기록되어 있는 언어에 너무 집착하여 사람들이 현재 쓰고 있는 언어를 등한시한다는 점이다. 더구나 고대 그리스와 로마에만 거의 전적으로 몰두하고 있다.

세 번째 시기는 언어들이 서로 비교될 수 있다는 것을 알게 되면서부터 시작되었다. 이것이 비교문헌학 또는 '비교문법'의 기원이다. 1816년에 프란츠 보프(Franz Bopp)는 『산스크리트 어미 변화 체계(*Système de la conjugaison du sanscrit*)』라는 저서에서 산스크리트어와 게르만어, 그리스어, 라틴어 등과의 관계를 연구하였다. 이들 언어 간의 유사성을 확인하고 이 언어들이 같은 어족에 속한다고 말한 것은 보프가 처음은 아니었다. 그 이전에 이미, 특히 1794년에 사망한 영국의 동양어 학자인 존스(W. Jones)에 의해 행해진 바 있다. 그러나 개별적인 몇몇 주장이 있었다고 해서, 1816년에 이러한 사실의 의미와 중요성을 사람들이 일반적으로 이해하고 있었다고 볼 수는 없다. 그러므로 산스크리트어가 유럽과 아시아의 몇몇 언어들과 유사성을 갖고 있다는 것을 발견한 것이 보프의 공적은 아니지만, 유사 언어들의 관계가 하나의 독립적인 학문의 대상이 될 수 있다는 것을 그는 알았다. 그 전에는 한 언어를 다른 언어를 통해 조명해 보고, 전자의 언어 형태를 후자의 언어 형태로 설명하는 작업이 이루어지지 않았던 것이다.

산스크리트어의 발견이 선행되지 않았더라면 보프가 그의 학문을, 적어도 그렇게 빨리, 창시할 수 있었을까 하는 것은 의심스럽다. 라틴어, 그리스어와 함께 제3의 증인으로 나타난 산스크리트어는 그에게 더욱 광범위하고도 견고한 연구 기반을 마련해 주었다. 게다가 의외로 운이 좋게도 산스크리트어가 이러한 비교 작업을 하는 데 보기 드물게 유리한 상태에 있다는 사실은 이러한 이점을 더욱더 증가시켰다.

예를 들어보자. 라틴어 *genus*의 계열체(*genus, generis, genere, genera, generum* 등)와 그리스어 *génos*의 계열체(*génos, géneos, géneï, génea, genéōn* 등)를 고찰해 볼 때, 이들을 따로따로 보든지 혹은 서로 비교해 보든지 상관없이, 이러한 배열로는 그 어떤 것도 나타나지 않는다. 그러나 여기에 그에 상응하는 산스크리트어의 배열(*gánas, gánasas, gánasi, gánassu, gánasām* 등)을 덧붙이면 상황은 금방 달라진다. 한번에 즉시 그리스어와 라틴어의 계열체 사이에 존재하는 관계를 알 수 있다. 우선 임시로 설명의 편의를 위해, *gánas*가 원시 상태를 나타낸다고 하면, *géne(s)os* 등의 그리스 어형(語形)에서 한 개의 *s*가 두 개의 모음 사이에 위치하게 될 때마다 *s*가 탈락되었으리라는 결론을 내릴 수 있다. 또한 같은 상황에서 라틴어에서는 *s*가 *r*로 변한다는 결론을 내릴 수 있다. 따라서 문법적인 견지에서 볼 때, 산스크리트어의 계열체는 어간 즉 완전히 밝혀질 수 있고 고정적인 단위에 해당하는 요소인 어간의 개념을 명확히 해준다. 라틴어와 그리스어는 그 시초에 있어서만 산스크리트어가 보여주는 형태를 띠고 있었다. 그러므로 여기에서 산스크리트어가 유익하다는 것은 인도유럽어의 모든 s를 간직하고 있기 때문이다. 그러나 다른 부분에서는 산스크리트어가 그러한 원형의 성격을 제대로 보존하지 못하고 있다. 예컨대 모음 체계를 완전히 뒤엎은 것이 그러하다. 그러나 전반적으로 볼 때 산스크리트어가 간직하고 있는 어원 요소는 탄복할 만큼 연구에 도움을 준다. 요행히도 산스크리트어는 많은 경우 다른 언어들을 연구하는 데 아주 적합한 언어가 되어버렸다.

처음부터 보프 외에 탁월한 언어학자들이 출현했었다. 게르만어 연구의 창시자인 야코프 그림(Jacob Grimm)(그의 『독일어 문법론(*Grammaire allemande)*』은 1822년에서 1836년 사이에 발간되었다.), 어원 연구를 함으로써 언어학자들에게 수많은 유익한 자료를 제공해 준 포트(Pott), 언어학과 비교신화학의 두 분야를 연구한 쿤(Kuhn), 인도어 학자 벤파이(Benfey)와 아우프레히트(Aufrecht) 등을 들 수 있다.

끝으로 이 학파의 마지막 대표자들 중에서 막스 뮐러(Max Müller), 쿠르티우스(G. Curtius), 슐라이허(Aug. Schleicher)를 특히 지적하지 않을 수 없다. 이 세 사람은 서로 다른 방법으로 비교연구에 지대한 공헌을 했다. 막스 뮐러는 탁월한 담화를 통해 비교연구를 보편화시켰다.(『언어과학에 대한 강의(*Leçons sur la science du langage*)』, 1861년, 영어판.) 그러나 성실성이 약간 결여되어 있다는 점은 결함으로 남는다. 『그리스어원론(*Principes d'étymologie grecque*)』(1879년)의 저자로 특히 알려진 저명한 문헌학자 쿠르티우스는 비교문법과 고전문헌학을 조화시킨 선구자 중 한 사람이었다. 그때까지만 해도 고전문헌학은 이 새로운 과학의 발전을 불신하고 있었고, 이러한 불신은 두 학파 간에 상호적으로 존재하고 있었다. 끝으로 슐라이허는 세부적인 것의 연구 결과를 처음으로 집대성하고자 하였다. 그의 『인도게르만어족의 비교문법 요강(*Abrégé de grammaire comparée des langues indogermaniques*)』(1861년)은 말하자면 보프에 의해서 창시된 학문의 체계화 작업이라 할 수 있다. 이 책은 오랫동안 커다란 공헌을 하였는데, 인도유럽어학의 첫 시기에 해당하는 이 비교학파의 면모를 다른 어느 책보다도 잘 보여주고 있다.

그러나 이 학파는, 새롭고도 풍부한 영역을 개척하는 데는 의심할 여지 없는 공로를 세웠지만, 진정한 언어 과학을 형성하는 데까지는 이르지 못했다. 그들은 연구 대상의 본질을 추출해 내는 데 전혀 관심이 없었던 것이다. 그런데 그러한 기본적인 작업이 이루어지지 않는다면, 그 어떤 과학도 방법론을 만들어낼 수 없다.

비교문헌학에 있어 첫 번째 오류는, 이는 다른 모든 오류의 근원이 되는데, 그 탐사가 더구나 인도유럽어에만 제한된 상태에서, 대조를 할 때 그것이 도대체 어떻게 돌아가는 이야기인지, 발견되는 관계가 무엇을 의미하는지에 대해 전혀 자문해 보지 않았다는 데 있다. 비교문법은 전적으로 비교적인 것이지, 역사적인 것은 아니었다. 물론 비교는 모든 역사적 재구성의 필수 조건이다. 그러나 그 자체만으로는 결론이 나올 수 없다. 이 비교학자들은 두 언어의 발전에 대해 생각할 때, 마치 자연과학자가 두 식물의 성장에 대해 생각하듯 했기 때문에, 더욱더 결론을 이끌어 낼 수가 없었다. 예컨대 슐라이허는 항상 인도유럽어로부터 출발하라고 말하고 있어 어떤 의미에서는 상당히 역사가인 것처럼 보이지만, 그리스어에서 *e*와 *o*가 모음 체계의 두 '단계(*Stufen*)'라고 주저하지 않고 말하고 있다. 그것은 산스크리트어가 이러한 단계의 개념을 암시해 주는 모음교체 체계를 갖고 있기 때문이다. 이로부터 슐라이허는, 같은 종(種)의 식물들이 각각 독립적으로 그러면서도 동일한 성장 단계를 거치는 것과 마찬가지로, 각 언어 역시 개별적이면서도 나란히 이 단계들을 거친다고 가정하여, 산스크리트어의 *ă*에서 *ā*의 강화를 보듯이 그리스어의 *o*에서 *e*의 강화된 단계를 보았다. 기실 이것은 인도유럽어적 교체 현상이 그리스어와 산스크리트어에서 다른 식으로 반영되는 것으로, 두 언어에서 이 교체가 각각 만들어내는 문법적 효과 사이에 어떠한 필연적인 동등성도 없는 것이다.(3부 3장 5절 참고.)

전적으로 비교적이기만 한 이 방법은 결국 전혀 사실에 부합되지 않으며, 동시에 그 어떤 언어 행위의 진정한 조건과도 동떨어지는 일련의 잘못된 견해들을 유발시킨다. 언어를 특별한 영역으로, 제4의 자연계라고 여겼던 것이다. 이러한 연유로 다른 과학에서라면 놀라움을 금치 못했을지도 모를 사고 추리 방법이 나올 수 있었다. 오늘날 당시에 쓰인 글을 읽어보면, 여덟 줄 내지 열 줄을 읽자마자 괴상망측한 사고방식과 그것을 정당화하기 위해 사용한 용어 때문에 놀랄 수밖에 없다.

그러나 방법론적 견지에서 볼 때, 비교문헌학자들의 오류를 인식하는 것은 무익하지 않다. 초창기 과학의 실수는 과학적 탐구의 첫 단계에 있는 사람들이 범하는 실수의 확대판이다. 이 중 몇 가지를 본(本) 논술 과정에서 지적하겠다.

언어의 생태 조건이 어떤 것인지에 대해 관심을 갖기 시작한 것은 겨우 1870년경이었다. 그리고 곧 각 언어들을 연결시켜 주는 상응성이 단지 언어 현상의 한 국면에 불과하고, 비교는 여러 사실을 재구성하기 위한 하나의 수단, 하나의 방법일 뿐이라는 것을 알게 되었다.

비교연구 방법의 정확한 위치를 정해 준 엄밀한 의미에서의 언어학은, 로맨스어와 게르만어 연구에 그 기원을 두고 있다. 디츠(Diez) ── 그의 『로맨스어 문법(*Grammaire des langues romanes*)』은 1836년에서 1838년에 출간되었다 ── 에 의해 시작된 로맨스어 연구야말로 언어학을 그 진정한 대상에 접근시키는 데 공헌하였다. 왜냐하면 로맨스어 학자들은 인도유럽어 학자들이 누리지 못한 아주 유리한 상황에 있었기 때문이다. 즉 로맨스어의 근원이 되는 라틴어를 알고 있었을 뿐만 아니라, 자료가 풍부한 덕에 여러 고유 언어의 진화를 상세하게 관찰할 수 있었다. 이러한 상황은 억측의 영역을 축소시키고, 이 모든 연구에 구체적인 형태를 부여했다. 게르만어 학자들도 이와 상황이 유사했다. 물론 게르만원어가 직접적으로 알려져 있던 것은 아니지만, 많은 자료 덕택으로 게르만원어에서 유래된 여러 언어의 역사를 수 세기에 걸쳐 추적할 수 있었다. 그래서 사실과 좀 더 가까이 있는 게르만어 학자들은 처음의 인도유럽어 학자들과는 다른 견해를 갖게 되었다.

최초로 자극을 준 사람은 『언어의 생태(*La vie du langage*)』(1875년)를 쓴 미국인 휘트니(Whitney)였다. 곧이어 새로운 학파가 형성되었다. 신문법학파(Junggrammatiker)가 그것이었는데, 주축들은 모두 독일인으로, 브루크만(K. Brugmann), 오스토프(H. Osthoff), 게르만어 학자 브라

우네(W. Braune), 지페르스(E. Sievers), 파울(H. Paul), 슬라브어 학자 레스키엔(Leskien) 등이다. 그들의 공적은 모든 비교의 결과를 역사적 관점에 위치시킴으로써, 여러 사실을 그 본연의 질서 속에 연결시킨 데 있다. 그들 덕분에 언어는 더 이상 독자적으로 발달하는 하나의 유기체로 생각되지 않고, 언어 단체의 집단적 정신의 산물로 여겨지게 되었다. 동시에 문헌학과 비교문법의 개념들이 얼마나 잘못되었으며 불충분했던가를 이해하게 되었다. 그러나 그 공헌한 바가 지대하다 할지라도 이 학파가 문제 전체를 해결했다고는 할 수 없으며, 오늘날까지도 일반언어학의 근본적인 문제들이 해답을 기다리고 있다.

* 현실에 더 가까이 접근해 있던 신학파는 비교학자들의 전문용어, 특히 이 전문용어에 사용되던 비논리적인 은유들을 공박하고 나섰다. 그 뒤로는 어떤 사람도 감히 '언어가 이러저러한 것을 한다'거나 또는 '언어의 생태' 등의 말은 하지 않게 되었다. 왜냐하면 언어란 하나의 총체가 아니고 이야기하는 화자들 속에서만 존재하기 때문이다. 그렇다고 해도 너무 지나쳐서는 안 된다. 중요한 것은 서로 분명히 무슨 이야기를 하고 있는지만 이해하면 되는 것이다. 즉 몇몇 이미지는 쓰지 않을 수가 없다. 언어활동의 현실에 부합되는 용어들만 사용하도록 요구하는 것은, 바로 이 현실이 이미 우리에게 밝혀지지 않은 부분이 없다고 말하는 것이 된다. 이것은 전혀 옳지 못하다. 그러므로 본인은 필요한 경우에는 서슴없이 그 당시에 비난의 대상이었던 표현들을 사용하겠다.

2장

언어학의 테마와 과제 : 여러 관련 과학과의 관계

언어학의 테마는 무엇보다 인간 언어활동의 모든 현상인바, 이는 미개 민족 또는 문명국, 고대나 고전 시대 또는 퇴폐 시대를 망라하며, 각 시대에 있어서도 단지 올바르고 '아름다운 언어'뿐만 아니라 모든 형태의 표현 방식도 마찬가지로 고려해야만 한다. 이것뿐만이 아니다. 언어활동이 대개는 직접 관찰할 수 없는 것이므로, 언어학자들은 문서로 쓰인 텍스트들도 감안해야 한다. 왜냐하면 이 텍스트들만이 과거에 쓰였거나 먼 곳에서 쓰이고 있는 고유 언어를 파악할 수 있게 해주기 때문이다.

따라서 언어학의 과제는 다음과 같은 것이 될 것이다.

(a) 접할 수 있는 모든 언어를 기술하고 그 역사를 쓰는 것이다. 이는 결국 어족들의 역사를 쓰는 것이고, 가능한 한 각 어족의 선조가 되는 언어를 재구성하는 것이다.

(b) 모든 언어에서 항구적이고 보편적으로 작용하는 힘을 찾아보고, 역사의 모든 독특한 현상을 포괄할 수 있는 일반 법칙을 추출해 내는 것이다.

(c) 언어학 자체의 범위를 정하고 정의를 내리는 것이다.

언어학은 다른 여러 학문과 아주 밀접한 관계를 맺고 있어, 이들 학문은 때로는 언어학으로부터 기초 지식을 빌려오기도 하고, 때로는 언어학에 제공해 주기도 한다. 그런 여러 학문과 언어학을 구별해 주는 경계는 항상 뚜렷하게 드러나지는 않는다. 예를 들어, 언어학은 민속학과 선사학과는 조심스레 구별되어야 하는데, 이는 이들 학문에서는 언어가 단지 기록으로써만 사용되기 때문이다. 또한 인류학과도 구별되어야 하는데, 그것은 인류학에서는 인간이 종의 견지에서만 연구되는 데 반해, 언어는 하나의 사회적 현상이기 때문이다. 그렇다고 해서 언어학이 사회학에 포함되어야 할까? 언어학과 사회심리학 사이에는 어떤 관계가 있는 것일까? 사실 언어에서는 모든 것이, 심지어 음의 변화와 같이 물리적이고 기계적인 현상까지도 심리적인 것이라 하겠다. 언어학이 사회심리학에 이렇게도 귀중한 자료들을 제공하니, 결국 사회심리학과 동일시되는 것은 아닐까? 여기에서는 이 모든 문제들을 제기하는 데서 그치고, 후에 자세히 다루기로 하겠다.

언어학과 생리학의 관계를 분간하는 것은 그리 어렵지 않다. 그 관계는 일방적이다. 즉 언어 연구가 음성생리학에 해명을 구하고 있지만 그 어떤 해명도 줄 수 없기 때문이다. 어쨌건 이 두 학문은 혼동될 수 없다. 나중에 보겠지만 언어의 본질은 언어기호의 음성적 특성과는 관계가 없기 때문이다.

문헌학에 대해서는 이미 우리의 태도가 확정되었다. 두 학문이 서로 접하고 있는 면도 있고 서로 도움이 될 수 있는 것도 사실이지만, 문헌학은 분명하게 언어학과 구별된다.

그렇다면 결국 언어학의 효용은 무엇인가? 이 점에 대해서 명확한 견해를 가진 사람은 극히 드물다. 여기에서 어떤 견해를 밝히는 것은 적절하지 않다. 그러나 분명한 것은, 예컨대 언어학 문제들이 역사학자, 문헌학자 등 텍스트를 다루는 모든 사람들과 관계된 문제라는 것이다. 더 분명한 것은 일반 교양에 언어학이 중요하다는 것이다. 개인생활과 사회생활에 있어 언어활동은 그 어떤 것보다도 중요한 요소이다. 그러한 언어의 연구가 몇몇 전문가들만의 관심사로 남는다는 것은 생각할 수조차 없다. 기실 모든 사람들이 많건 적건 간에 여기에 관여하고 있다. 그러나 ── 언어학에 대한 관심의 역설적인 결과이지만 ── 여기서보다 더 많은 터무니없는 개념, 편견, 망상, 허구가 싹튼 영역은 없는 듯싶다. 심리학적 견지에서 볼 때, 이러한 오류들을 하찮게 여길 수는 없다. 그러나 언어학자의 과제는 무엇보다도 이러한 오류들을 적발하여, 가능한 한 완전히 규명해 주는 것이다.

3장
언어학의 대상

1절. 언어의 정의

언어학의 전적이고도 동시에 구체적인 대상은 무엇인가? 이 문제는 특히 어렵다. 그 이유는 후에 알게 될 것이다. 여기서는 이 어려움을 파악하는 것에 그치기로 하자.

여타 과학은 그 연구 대상이 미리 주어져 있어, 여러 가지 관점에서 이를 고려할 수 있게 되어 있다. 그러나 우리 분야는 전혀 그렇지가 않다. 누군가 불어 단어 *nu*를 발음하면, 피상적인 관찰자는 거기서 하나의 구체적인 언어 대상만을 볼 것이다. 그러나 좀 더 주의 깊게 검토하면, 그 고찰하는 방식에 따라 완전히 다른 서너 가지의 현상을 잇달아 발견하게 될 것이다. 즉 음으로서, 개념의 표현으로서, 라틴어 *nūdum*의 해당어로서 등등. 대상이 관점을 선행하기는커녕, 관점이 대상을 만들어내는 것 같은 인상이다. 더구나 문제의 현상을 고찰하는 이 여러 가지 방식 중, 어느 것이 나머지에 비해 선행하거나 우월하다고 예견할 수 있는 근거는 전혀 없다.

또한 어떠한 방식을 채택하든 간에, 언어 현상은 언제나 두 가지 면을 보여주는데, 이 둘은 서로 상응하며, 상대편 존재에 의해서만 각자의 가치가 있게 된다. 예를 들어보자.

(1) 발음되는 음절들은 귀에 의해 감지되는 청각 인상이다. 그런데 음은 발음기관 없이는 존재하지 못할 것이다. 따라서 n이라는 것은 이 두 양상의 상응에 의해서만 존재한다. 그러므로 언어를 음으로 축소할 수도 없고, 구강 분절로부터 음을 분리시킬 수도 없다. 거꾸로 청각 인상을 제외한다면, 발음기관의 움직임을 정의할 수도 없다.(부록 1장 참고.)

(2) 그러나 음이 단순한 것이라고 가정해 보자. 그렇다고 해서 그것이 언어활동을 이루는 것인가? 아니다. 그것은 사고의 도구일 따름이고 그 자체로는 존재하지 않는다. 여기서 새롭고 골치 아픈 상응이 생기는데, 청각과 음성의 복합 단위인 음이, 이번에는 개념과 더불어, 생리적이고 정신적인 복합 단위를 형성한다. 이것 또한 아직 전부는 아니다.

(3) 언어활동에는 개인적 측면과 사회적 측면이 있는데, 이는 서로 분리해서 생각될 수 없다. 또 있다.

(4) 언어활동은 끊임없이 기존 체계와 동시에 진화를 내포한다. 언제나 이것은 현행 제도이자 과거의 산물이다. 언뜻 보기에는 이 체계와 그 역사, 언어활동의 현 상태와 과거 상태를 구별하는 것이 아주 단순한 것처럼 보이지만, 사실 이 두 사항을 결합하는 관계는 너무 긴밀해서 이들을 분리하기란 쉽지 않다. 만약 언어 현상을 그 기원에서 고찰한다면, 예컨대 어린이의 언어활동부터 연구한다면, 문제가 좀 더 간단해질 것인가? 그렇지 않다. 왜냐하면 언어활동에 있어 기원의 문제가 항구적 조건의 문제와 다르다고 믿는 것은 아주 잘못된 생각이기 때문이다. 그러므로 결국 문제를 풀지 못하고 맴돌게 된다.

따라서 어떤 측면에서 그 문제를 다루든, 어느 곳에서도 언어학의 전적인 대상은 우리에게 나타나지 않으며 어디에서나 이러한 딜레마에 봉착하게 된다. 혹은 각 문제에 대해 하나의 측면에만 전념하면, 앞에서 언급한 이중성을 보지 못할 위험이 있다. 혹은 만약 언어활동을 동시에 여러 면에서 연구한다면, 언어학의 대상은 서로 전혀 연관이 없는 잡다한 사항들의 혼란한 더미로 보이게 된다. 이렇게 하는 것은 바로 우리가 언어학과는 분명히 구별하고 있는 여러 과학들, 예를 들면 심리학, 인류학, 규범 문법, 문헌학 등에 문을 열어주는 셈이 되는데, 이들은 그 방법이 부정확하므로 충분히 언어활동을 그들의 대상 중의 하나로 주장할 수도 있는 것이다.

우리로서는 이 모든 어려움에 대해 단 한 가지 해결책만 있을 뿐이다. 우선 무엇보다 언어(langue)란 영역에 위치해서, 언어가 언어활동(langage)의 다른 모든 현상에 대한 규범이라고 생각해야 한다. 사실 이 많은 이중성 속에, 언어만이 자율적 정의가 가능해 보이고, 또한 언어만이 사고를 만족할 만한 지주를 제공한다.

그러나 언어란 무엇인가? 우리에게는 언어가 언어활동과 혼동되지는 않는다. 언어는 언어활동의 특정한 일부분일 뿐이다. 물론 본질적인 부분임에는 틀림없지만, 그것은 언어활동 능력의 사회적 산물인 동시에, 개개인이 이 능력을 발휘할 수 있도록 사회집단이 채택한 필요한 약정의 총체이다. 전체적으로 고려해 보면 언어활동은 다양하고 잡다하다. 여러 영역에 걸쳐 있고, 동시에 물리적, 생리적, 정신적인가 하면, 또한 개인적 분야와 사회적 분야에 속한다. 그것은 인간적 현상의 어떤 범주 안에도 들지 않는다. 왜냐하면 어떻게 그 단위를 밝혀내야 할지 막연하기 때문이다.

언어는 반대로 그 자체가 하나의 전체이며 분류 원칙이다. 우리가 언어활동 현상 중 언어에 첫째 지위를 부여하는 순간, 우리는 다른 어떤 식으로도 분류되지 않는 총체 속에 자연적 질서를 도입하는 것이 된다. 이런 분류 원리에 대해, 언어활동의 수행이란 자연적으로 우리가 지니고 있는 능력에 의존하는 반면에, 언어는 후천적이고 약정적인 것이어서, 자연적 본능보다 우위에 서기는커녕 그것에 종속되어야 한다고 반박할 수 있을 것이다.

이에 대해 다음과 같이 대답할 수 있다.

우선 우리가 말할 때 나타나는 대로의 언어활동 기능이 전적으로 자연적이라는 것, 다시 말해 다리가 걷기 위해 있는 것처럼 발음기관이 말하기 위해 있다는 것은 증명되지 않았다. 언어학자들도 이 점에서는 의견이 전혀 일치하지 않는다. 가령 휘트니는 언어를 다른 모든 사회제도와 마찬가지로 하나의 사회제도로 보는바, 우리가 발음기관을 언어 수단으로 사용하는 것은 우연한 것이었고 단순한 편의성 때문이었다고 생각한다. 몸짓을 택할 수도 있었고, 청각영상 대신 시각영상을 사용할 수도 있었으리라는 것이다. 이 주장은 너무 절대적일지 모른다. 언어는 다른 사회제도와 모든 점에서 유사한 사회제도는 아니다.(1부 2장 1절, 2절 참고.) 게다가 휘트니가 발음기관에 대한 우리의 선택이 우연이었다고 말한 것은 너무 지나쳤다. 말하자면, 자연이 이 선택을 강요한 것이다. 그러나 본질적인 점에서는 이 미국 언어학자가 옳은 듯이 보인다. 언어는 하나의 약정이며, 약정한 기호의 성격은 무관하다. 그러므로 발음기관의 문제는 언어활동 문제에 있어서 부수적인 것이다.

소위 분절 언어(langage articulé)라고 하는 것의 어떤 정의가 이러한 생각을 확인해 줄 수 있을 것이다. 라틴어로 articulus는 '지체(肢體), 부분, 일련의 사물 안에서의 세분'을 의미한다. 언어활동에 있어서 분절이란, 화언(話言) 연쇄(chaîne parlée)를 음절로 세분한 것을 가리킬 수도 있고, 혹은 의미 연쇄를 의미 단위로 세분한 것을 가리킬 수도 있다. 독어로 *gegliederte Sprache*(분절 언어)라고 말하는 것도 이런 의미에서이다. 이 두 번째 정의에 따르면, 인간에게 자연적인 것은 발화 언어활동(langage parlé)이 아니라 언어, 즉 구별되는 개념들에 해당하는 구별되는 기호들의 체계를 구성하는 능력이라 할 수 있을 것이다. 브로카(Broca)는 말하는 능력이 왼쪽 이마 부분의 세 번째 회전부에 위치한다는 것을 발견했다. 사람들은 언어활동에 자연성을 부여하기 위해 역시 이 점을 들고 나왔다. 그러나 이 위치는, 문자체계를 포함해서 언어활동에 관계되는 모든 것과 연관된다고 확인되었다. 이러한 확인은 이들 국소중추의 상해로 인해 생기는 여러 형태의 실어증(失語症)에 관한 관찰과 더불어 다음과 같은 것을 지적하는 것 같다. (1) 구두 언어활동의 각종 장애는 문자 언어활동의 장애와 매우 복잡다단하게 얽혀 있다. (2) 실어증과 실서증(失書症)의 모든 경우 손상되는 것은, 어떠어떠한 음을 발음하고 어떠어떠한 기호를 쓰는 능력이 아니라, 어떤 도구든 써서 정상적 언어활동의 기호들을 연상할 수 있는 능력이다. 이 모든 것으로 인해, 우리는 여러 기관의 기능을 초월하여 기호를 제어하는 보다 일반적인 능력이 존재한다고 믿게 되는데, 이것이야말로 언어 능력 바로 그것이리라. 이리하여 우리는 위에서와 마찬가지의 결론에 이르게 된다.

언어활동의 연구에 있어 언어에 첫째 지위를 부여하기 위해 끝으로 다음과 같은 논거를 내세울 수 있는데, 즉 화언을 분절하는 능력은, 자연적이든 아니든, 사회집단이 만들어주는 도구의 도움을 통해서만 발휘된다는 것이다. 그러므로 언어활동의 단위를 이루는 것이 언어라고 말해도 허황된 것은 아니다.

2절. 언어활동 현상에 있어서 언어의 위치

언어활동의 총체 속에서 언어에 해당하는 영역을 발견하기 위해서는, 화언의 순환을 재구성할 수 있게 하는 개인적 행위를 봐야 한다. 이 행위는 적어도 두 사람을 전제로 한다. 그것은 순환이 완전하기 위해 필요한 최소한의 것이다. A, B 두 사람이 대화하고 있다고 하자.

순환의 기점은 이 중 한 사람의 두뇌, 즉 A라는 사람의 두뇌 속에 있

는데, 거기서는 우리가 개념이라고 부르게 될 의식 현상들이 언어기호의 표상 혹은 이를 표현하는 수단인 청각영상에 결합되어 있다. 하나의 주어진 개념이 뇌 속에서 상응하는 청각영상을 불러일으킨다고 가정하자. 그것은 생리적 과정이 뒤따르는 완전히 정신적인 현상이다. 뇌는 발음기관에 그 영상과 관련되는 자극을 전한다. 그리고 음파는 A의 입으로부터 B의 귀까지 전파된다. 이것은 순수한 물리적 과정이다. 그리고 나서 순환은 역순으로 B에서 계속된다. 즉 귀에서 뇌까지 청각영상이 생리적으로 전달되고, 뇌 속에서 이 영상과 상응하는 개념의 정신적 결합이 이루어진다. 이번에는 B가 말하면, 이 새로운 행위는 그의 뇌에서 A의 뇌까지 첫 번째와 완전히 똑같은 단계를 밟고, 동일한 연속 단계를 거치게 될 것인데, 그 단계를 도형으로 나타내면 다음과 같다.

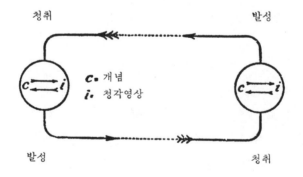

이 분석이 완전하다고 할 수는 없다. 또한 다음과 같이 구별할 수도 있을 것이다. 즉 순수한 청각, 이 감각과 잠재적인 청각영상과의 일치성 확인, 발성운동의 영상 등이다. 우리는 본질적이라고 판단된 요소만을 고려했다. 그래도 우리의 도형에서 물리적 부분(음파)과 생리적 부분(발성과 청취), 정신적 부분(낱말영상과 개념)을 단번에 구별할 수 있다. 사실 낱말영상은 음과 혼동되지 않으며, 이 영상과 연합된 개념과 똑같이 정신적이라는 것을 반드시 유의해야 한다.

우리 나름대로 표현하고자 했던 순환은 다음과 같이 또 나뉠 수 있다.

(a) 외적 부분(입으로부터 귀까지의 음의 진동)과 그 나머지 모두를 포함하는 내적 부분.

(b) 정신적 부분과 비정신적 부분: 후자는 개인의 외부에 있는 물리적 현상뿐만 아니라, 기관이 그 중심인 생리적 현상도 포함한다.

(c) 능동적 부분과 수동적 부분: 한 사람의 연합중추에서 다른 사람의 귀까지 가는 모든 것은 능동적이고, 후자의 귀에서 그의 연합중추까지 가는 모든 것은 수동적이다.

그래서 뇌 속에 위치한 정신적 부분 안에서 능동적인 것($c \rightarrow i$)은 모두 수행적이라 부를 수 있고, 수동적인 것($i \rightarrow c$)은 모두 수용적이라 부를 수 있다.

기호들이 고립되어 있지 않을 때 나타나는 연합과 등위 배열의 능력도 이에 덧붙여야 한다. 체계로서의 언어를 조직하는 데 가장 큰 역할을 하는 것이 바로 이 능력이다.(2부 5장 참고.)

그러나 이 역할을 잘 이해하기 위해서는, 언어활동의 초기 형태에 불과한 개인적 행위를 넘어서 사회현상에 접근해야 한다.

따라서 언어활동으로 맺어진 모든 개개인 사이에는 일종의 평균치가 이루어질 것이다. 모든 사람들은 동일한 개념에 결합된 동일한 기호를, 정확히는 아니더라도 대개는 비슷하게 재현할 것이다.

이 사회적 결정(結晶) 작용의 기원은 무엇인가? 순환의 여러 부분 중에서 어느 것이 여기에 관련되는가? 왜냐하면 모든 부분이 이에 동등하게는 관여하지 않을 터이기 때문이다.

물리적 부분은 단번에 제거될 수 있다. 우리는 미지의 언어를 들을 때, 음은 감지한다. 그러나 이해를 못하므로, 결국 우리는 사회현상의 외부에 있게 된다.

정신적 부분 역시 전부가 작용하는 것은 아니다. 수행적인 면은 관련이 없다. 왜냐하면 수행은 결코 집단에 의해 행해지지 않기 때문이다. 그것은 항상 개인적이고, 개인은 언제나 수행주(主)이다. 우리는 그것을 화언(parole)이라 부르겠다.

언어 인상들이 화자에게서 형성되는 것은 수용 및 등위 배열 능력의 기능에 의해서인데, 이들 언어 인상은 모든 사람의 머릿속에 거의 동일하게 남는다. 언어가 언어 외적인 요소 없이 그 자체로 나타나기 위해서는, 이 사회적 산물을 어떻게 상상해 봐야 할 것인가? 만약 모든 개인 속에 축적된 낱말영상의 총합을 포괄해서 생각할 수 있다면, 우리는 언어를 구성하는 사회적 유대 관계에 접할 수 있을 것이다. 언어는 화언 실행을 통해 동일한 공동체에 속하는 화자들 속에 저장된 보물이며, 각 뇌리 속에 혹은 좀 더 정확히 말한다면, 모든 개인의 뇌 속에 잠재적으로 존재하는 문법 체계이다. 왜냐하면 언어란 그 어느 개인 속에서도 완전할 수가 없고, 집단 속에서만 완전하게 존재하기 때문이다.

언어와 화언을 분리하면 동시에 다음과 같은 것도 분리된다. (1) 사회적인 것과 개인적인 것. (2) 본질적인 것과 부수적인 것 혹은 다소 우연적인 것.

언어란 화자의 기능이 아니라, 개인이 수동적으로 습득하는 산물이다. 언어는 결코 미리 숙고하는 행위를 전제하지 않으며, 성찰이 여기에 개입하게 될 때에는 2부 5장에서 논하게 될 분류 활동을 위해서만이다.

화언은 반대로 의지적이고 지적인 개인 행위인데, 이 행위에서는 다음과 같은 것을 구별할 필요가 있다. (1) 화자가 그의 개인적 사고를 표현하기 위해 언어 코드(법전)를 사용할 때 행하는 결합. (2) 화자가 이 결합을 표출하도록 해주는 정신적이고 물리적인 메커니즘.

우리가 정의한 것은 사물이지 낱말이 아니라는 것을 유의해야겠다. 그러므로 우리가 세운 구별들에 있어, 몇몇 모호한 용어들의 그 의미가 각 언어마다 서로 일치하지 않는다고 해서 두려워할 이유는 없다. 가령 독어 *Sprache*는 'langue'와 'langage'를 뜻하고, Rede는 거의 'parole'에 해당하지만 거기에 'discours(담화)'라는 특수 의미가 첨가된다. 라틴어 *sermo*는 오히려 'langage'와 'parole'을 의미하는 반면, *lingua*는 langue를 지칭한다. 어떤 낱말도 위에서 명시한 개념 중 그 어떤 것과도 정확히 일치하지는 않는다. 그렇기 때문에 낱말에 관한 모든 정의는 헛된 것이다. 따라서 사물을 정의하기 위해 낱말에서 출발하는 것은 잘못된 방법이다.

언어의 특성을 요약해 보자.

(1) 언어는 언어활동 현상의 잡다한 총체 속에 분명히 정의된 하나의 대상이다. 언어는, 청각영상이 개념과 결합하는 순환의 특정 부분에 위치할 수 있다. 언어는 언어활동의 사회적 부분이며, 개인의 외부에 있으므로 개인 혼자서는 창조할 수도, 변화시킬 수도 없다. 언어는 공동체 성원들 사이에서 맺어진 일종의 계약에 의해서만 존재한다. 한편 개인이 언어의 기능을 알기 위해서는 이를 습득해야만 한다. 어린아이는 조금씩밖에 언어를 자기 것으로 만들지 못한다. 언어는 너무나 독특한 것이어서, 화언 능력이 상실된 사람도 그가 듣는 음성기호를 이해한다면 언어를 보존하고 있는 것이다.

(2) 언어는 화언과 뚜렷이 구별되는바, 떼어서 연구할 수 있는 대상이다. 우리는 이미 죽은 언어는 쓰지 않으나, 그들의 언어 조직은 아주 잘 습득할 수 있다. 언어 과학은 언어활동의 기타 요소가 필요 없을 뿐만

아니라, 이 기타 요소들과 섞이지 않아야만 존재할 수 있다.

(3) 언어활동이 이질적인 데 반해, 이렇게 한정된 언어는 동질적 성격을 띤다. 그것은 기호의 체계인데, 거기서는 의미와 청각영상의 결합만이 본질적인 것이고, 기호의 두 부분은 똑같이 정신적이다.

(4) 언어는 화언과 마찬가지로 구체적 성격을 지닌 대상이며, 이 점은 연구하는 데 큰 이점이다. 언어기호는 본질적으로 정신적이긴 해도 추상적인 것은 아니다. 집단적 동의로 받아들여진 연합들은, 그 총체가 언어를 구성하는데, 이들은 뇌 속에 위치하는 실재 현상이다. 게다가 말하자면 언어기호들은 거의 손으로 느낄 정도이다. 문자체계는 이들을 규약적 영상 속에 고정시킬 수 있는 반면, 화언 행위를 그 세부 사항까지 사진 찍어놓는다는 것은 불가능하다. 아무리 작은 낱말이라도, 그 발성은 파악하고 형상화하기가 극히 힘든 수많은 근육운동에 상당하는 것이다. 반대로 언어에서는 청각영상만이 존재하며, 이것은 항구적 시각영상으로 표현될 수 있다. 왜냐하면 화언에서 이 청각영상을 실현하는 데 필요한 다수의 운동을 무시하면, 각각의 청각영상은, 앞으로 보겠지만, 한정된 수의 요소 즉 음소의 합계에 지나지 않기 때문이다. 이들 음소는 또한 동일한 숫자의 문자 기호로 표기될 수 있다. 언어와 관련된 사항들을 고정시킬 수 있는 바로 이 가능성 때문에 사전과 문법이 언어의 충실한 표상이 될 수 있는 것이다. 이는 언어가 청각영상의 축적이고, 문자체계가 이들 영상의 촉지할 수 있는 형태이기 때문이다.

3절. 인간적 현상 안에서 언어의 위치, 기호학

언어의 이런 특성들로 인해서, 우리는 더 중요한 또 다른 특성을 발견하게 된다. 이렇게 언어활동 현상의 총체 속에 한정된 언어는 인간적 현상의 하나로 분류할 수 있으나, 언어활동은 그렇지 않다.

우리는 방금 언어가 하나의 사회제도라는 것을 보았다. 그러나 언어는 몇 가지 특징에 의해 정치제도나 법률제도 등 다른 제도와는 구별된다. 언어의 특성을 이해하기 위해서는 새로운 종류의 현상들을 도입시켜야 한다.

언어는 관념을 나타내는 기호 체계이며, 따라서 문자체계, 수화법, 상징적 의식, 예법, 군용 신호 등에 비견할 만하다. 언어란 단지 이들 체계 중에서 가장 중요한 것일 뿐이다.

그러므로 사회생활 속에 있는 기호의 삶을 연구하는 과학을 생각할 수 있다. 그것은 사회심리학의 일부분을 이룰 것이며, 따라서 일반심리학의 일부분을 형성할 것이다. 우리는 그것을 기호학[1]('기호'를 뜻하는 그리스어 *sēmeîon*에서 유래)이라고 부르기로 한다. 기호학은 우리에게 기호가 무엇이며 어떤 법칙에 의해 지배되는지를 가르쳐줄 것이다. 기호학은 아직 존재하지 않기 때문에, 그것이 어떠한 것이 될지는 말할 수 없다. 그러나 그것은 존재할 권리가 있고 그 위치는 미리 정해져 있다. 언어학은 이러한 일반 과학의 한 부분에 지나지 않으며, 기호학이 발견하게 될 법칙들은 언어학에도 적용될 수 있을 것이다. 따라서 언어학은 인간적 현상의 총체 속에서 분명히 정의된 영역에 속할 것이다.

기호학의 정확한 위치를 결정하는 것은 심리학자가 할 일이다.[2] 언어학자의 임무는, 무엇 때문에 언어가 기호학적 현상의 총체 속에서 하나의 특수 체계를 이루게 되는가를 정의하는 것이다. 이 문제는 후에 재론될 것이다. 여기서는 하나의 사항만을 고려하자. 우리가 처음으로 여러

---

1) 기호학을 의미론과 혼동하지 말아야 한다. 의미론은 의미의 변화를 연구하는 것으로 소쉬르는 이에 대해 방법적인 설명을 하지 않았다. 그러나 그 근본 원리는 1부 2장 2절에 나타나 있다.
2) Ad. Naville, *Classification des sciences*, 2판, p.104 참조.

과학 사이에서 언어학에 한 자리를 부여할 수 있었던 것은 언어학을 기호학에 연결시켰기 때문이다.

왜 기호학은, 다른 과학과 마찬가지로 독자적인 대상을 가지고 있는 자율적인 과학으로 아직도 인정받지 못하는가? 그것은 한 테두리 속에서 맴돌고 있기 때문이다. 한편 기호학적 문제의 성격을 이해하는 데 언어보다 더 적절한 것은 없다. 그러나 이 문제를 적절히 제기하기 위해서는, 언어를 그 자체 내에서 연구해야 할 것이다. 그런데 지금까지는 거의 언제나 언어 외적인 것에 기준을 두고, 다른 관점으로 언어를 취급했었다.

우선 대중의 피상적 개념이 있다. 그들은 언어를 어휘집으로만 생각하는데(1부 1장 참고.) 이것이 언어의 진정한 성격에 관한 모든 연구를 말살한다.

그리고 심리학자의 관점이 있는데, 그들은 개인에 있어 기호의 메커니즘을 연구한다. 이것이 가장 쉬운 방법이나, 개인의 수행을 넘어서지 못하며, 근본적으로 사회성을 띤 기호에는 이르지 못한다.

또는 기호가 사회적으로 연구되어야 한다는 것을 알고도, 언어와 다른 제도의 공통점을 보여주는 특징만을 고려한다. 그런데 이들 제도는 다소간 우리 의지에 종속되기 마련이다. 이와 같이 일반적으로는 기호 체계에, 개별적으로는 언어에만 속하는 특성들을 무시함으로써 목표를 빗나가게 된다. 왜냐하면 기호는 항상 사회적, 개인적 의지를 어느 정도 벗어나기 때문인데, 이것은 기호의 본질적 특징이다. 그러나 얼핏 보아서는 이 특징이 가장 눈에 띄지 않는다.

이와 같이 이 특징은 언어 속에서만 분명히 드러난다. 그러나 연구가 가장 잘 안 되고 있는 사례에만 나타난 결과 사람들은 기호 과학 특유의 필요성이나 유용성을 알지 못한다. 그 반대로 우리에게는 언어학적 문제가 무엇보다도 기호학적이며, 우리 논지의 모든 전개는 이 중요한 현상으로부터 그 의미가 오는 것이다. 만약 언어의 진정한 특성을 찾으려 한다면, 우선 언어와 이의 동류인 다른 모든 체계의 공통점 속에서 언어를 파악해야 한다. 처음에 제일 중요한 것으로 보이는 언어적 요인들(예를 들어, 발음기관의 기능)도 언어의 여타 체계를 구별하는 역할만 한다면, 부수적인 것으로 생각해야 한다. 이렇게 함으로써 언어학적 문제를 밝힐 수 있을 뿐만 아니라, 의식이나 관습 따위를 기호로 고려할 때 이 현상들이 새로운 모습으로 나타날 것이고, 또 이들을 기호학 속에 묶어서 이 과학의 법칙에 따라 설명할 필요가 느껴지리라 생각된다.

4장

언어의 언어학과 화언의 언어학

언어활동 연구 내에서 언어 과학의 진정한 자리를 찾아줌으로써 결국 우리는 언어학 전체의 위치를 정한 것이나 다름없다. 언어활동의 다른 모든 요소는 화언을 구성하는바, 이들은 이 첫 번째 과학에 자발적으로 종속되는데, 이 종속으로 인하여 언어학의 모든 부분이 본연의 위치를 찾게 된다.

예를 들어 화언에 필요한 소리의 생산을 생각해 보자. 발음기관은, 모스부호를 전사(轉寫)하는 데 사용하는 전기기계가 그 부호와는 무관한 것처럼, 언어와는 무관하다. 그리고 발성, 즉 청각영상의 수행은 체계 자체에 아무런 영향을 미치지 않는다. 이 점에서 볼 때 언어를 교향악과 비교할 수 있는바, 교향악의 실재는 연주 방법과는 무관하다. 교향악을 연주하는 사람들이 저지르는 실수는 이 실재를 전혀 손상시키지 않는다.

발성과 언어의 이러한 구별에 대해 아마도 음성학적 변형, 즉 화언에서 생겨 언어 자체의 운명에 깊은 영향을 끼치는 음의 변화를 대립시키려 할지도 모른다. 과연 언어가 이러한 현상과는 무관하게 존재한다고 주장할 수 있을까? 그렇다. 왜냐하면 음의 변화는 낱말의 물질적 실체에만 영향을 미치기 때문이다. 비록 그 현상이 기호 체계로서의 언어를 침해한다 할지라도, 이는 단지 그 현상의 결과 뒤따르게 되는 해석상의 변화를 통해 간접적으로 일어날 뿐이다. 그런데 이 현상은 전혀 음성학적인 것이 아니다.(1부 3장 3절 참고.) 이러한 변화의 원인을 규명해 보는 것은 재미있을 것이며, 음의 연구는 이 점에 있어 도움이 될 것이다. 그러나 이것은 본질적인 것이 아니다. 언어 과학에서는 항상 음의 변형을 확인하고 그 결과를 측정해 보는 것으로 족하다.

또한 발성에 대해 얘기한 것은 화언의 다른 모든 부분에도 적용될 것이다. 화자의 행위는 언어학 내부에서의 위치가 언어와의 관계에 의해서만 정해질 수 있는 일련의 학문에서 연구되어야 한다.

그러므로 언어활동 연구에는 두 부분이 있다. 하나는 본질적인 것으로 언어를 그 대상으로 하는데, 언어는 본질상 사회적이며 개인과는 무관하다. 이 연구는 전적으로 정신적인 것이다. 또 다른 하나는 부차적인 것으로 언어활동의 개인적인 면, 즉 발성을 포함한 화언을 그 대상으로 한다. 이것은 정신적이고 물리적이다.

물론 이 두 대상은 밀접하게 연관되어 있고, 서로를 전제하고 있다. 화언이 이해되고 모든 효과를 발휘하기 위해서는 언어가 필요하다. 반면 언어가 확립되기 위해서는 화언이 필요하다. 역사적으로 보면 화언 현상이 항상 선행한다. 만약 화언 행위에서 우선 관념과 언어영상의 연합을 발견하지 못한다면, 어떻게 이 연합을 생각이나 할 수 있겠는가? 한편 우리는 다른 사람들의 말을 들음으로써 모국어를 습득한다. 수많은 경험을 통해서만 모국어는 우리의 뇌에 자리 잡게 된다. 결국 언어를 진화시키는 것은 화언이다. 다른 사람들의 말을 들을 때 받는 인상이 바로 우리의 언어 습관을 바꾸는 것이다. 따라서 언어와 화언 간에는 상호 의존 관계가 존재한다. 언어는 화언의 도구이자 동시에 산물이다. 그러나 이 모든 것에도 불구하고 언어와 화언은 전혀 별개의 것이다.

언어는 각 개인의 뇌 속에 축적된 인상의 총체적 형태로 사회에 존재하는데, 이는 동일한 사전의 일부씩을 각 개인이 소장하는 것과 대략 흡사하다.(서론 3장 2절 참고.) 따라서 그것은 모든 사람에게 공통되고 소유자의 의지와는 관계없지만, 그럼에도 각자가 소유하고 있는 그 무엇이다. 이러한 언어의 존재 양식은 다음과 같은 공식으로 표시될 수 있다.

1+1+1+1……=I(집단적 형태)

화언은 어떤 방식으로 바로 이 집단 속에 존재할까? 화언은 사람들이 말하는 것의 총합이며, 다음의 사항을 포함한다. (a) 말하는 사람의 의지에 의한 개인적 결합, (b) 이 결합을 수행하는 데 필요한 역시 의지적인 발성 행위.

그러므로 화언에는 집단적인 면이 전혀 없다. 화언 현상은 개인적이며 순간적이다. 여기에는 다음과 같은 공식에서 보듯이 모든 개별적 경우의 총합만이 있을 뿐이다.

(1+1′+1″+1‴……)

이 모든 이유로 해서, 언어와 화언을 동일한 관점 아래 모은다는 것은 망상에 불과하다. 언어활동의 전체란 균일한 것이 아니기 때문에 알 수 없는 것이나, 이미 제안한 바 있는 구별과 종속은 모든 것을 밝혀준다.

이것이 언어활동 이론을 만들고자 하는 사람들이 만나게 되는 첫 분기점이다. 두 길을 동시에 취한다는 것은 불가능하므로 어느 하나를 선택해야만 한다. 이 두 길을 따로따로 걸어야 한다.

부득이한 경우에는 언어학이란 용어를 이 두 학문 모두에 붙여, 화언의 언어학이라고 말할 수도 있겠다. 그러나 이것을 언어만을 대상으로 하는 엄밀한 의미의 언어학과 혼동해서는 안 된다.

우리는 전적으로 언어의 언어학만을 다루겠으며, 논증 과정에서 화언 연구의 도움을 받을 경우, 이 두 영역을 가르는 경계를 절대 지우지 않도록 노력하겠다.

5장

언어의 내적 요소와 외적 요소

언어에 대한 우리의 정의는 언어의 조직, 체계와 무관한 모든 것, 즉 한마디로 말해서 '외적 언어학'이라고 칭할 수 있는 모든 것을 배제함을 전제한다. 그러나 이 외적 언어학도 많은 중요한 것들을 다루는데, 우리가 언어활동을 연구할 때 생각하는 것이 주로 이것들이다.

이것은 우선 언어학이 민속학과 만나는 모든 지점, 한 언어의 역사와 한 종족 또는 한 문화의 역사 사이에 존재할 수 있는 모든 관계를 말한다. 이 두 역사는 서로 섞여 관계를 유지한다. 이것은 순전히 언어적인 현상들 사이에 확인된 대응성을 다소 연상시킨다.(서론 3장 1절 참고.) 한 국민의 풍습은 그 언어에 반영되고, 언어는 국민을 만드는 데 큰 몫을 한다.

두 번째로 언어와 정치사 사이에 존재하는 관계에 대해 언급해야겠다. 로마 정복과 같은 굵직한 역사적 사실은 수많은 언어 현상에 막대한 영향을 미쳤다. 정복의 한 형태에 불과한 식민지화는 하나의 고유 언어를 다른 여러 지역에 전파하는데, 이로 인해 이 고유 언어는 변화하게 된다. 다양한 역사적 사실들이 이를 증명한다. 예컨대 노르웨이는 정치적으로 덴마크에 병합되면서 덴마크어를 채용했다. 오늘날 노르웨이 사람들이 이 언어적 영향에서 벗어나려고 노력하고 있음은 사실이다. 국내 정치 역시 그에 못지않게 언어의 삶에 중요하다. 스위스와 같은 몇몇 정부는 여러 고유 언어의 공존을 허용한다. 반대로 프랑스 같은 나라는 언어의 통일을 갈망한다. 높은 문화 수준은 몇몇 특수 언어(법률용어, 학술용어 등)의 발달을 조장한다.

여기서 세 번째 문제를 만난다. 교회나 학교 등 모든 종류의 제도와 언어 사이의 관계가 그것이다. 이들 제도는 한 언어의 문학적 발달과 밀접하게 연결되는데, 이 현상은 그 자체가 정치사와 뗄 수 없는 관계를 가지므로 더욱더 보편적이다. 도처에서 문어(文語)는 문학이 설정해 놓은 듯한 한계를 뛰어넘는다. 살롱과 궁정, 아카데미의 영향을 생각해 보라. 한편 문어는 문어와 지방 방언 사이의 분쟁이라는 큰 문제를 제기한다.(4부 2장 2절 참고.) 언어학자는 책에 쓰이는 언어와 통용어의 상호 관계 또한 조사해야 한다. 왜냐하면 문화의 소산으로서 모든 문어는 자신의 존재 영역을 자연적인 영역, 즉 구어의 영역에서 분리하고야 말기 때문이다.

마지막으로 언어의 지리적 확장과 방언의 세분에 관계되는 모든 것은 외적 언어학의 영역에 속한다. 아마도 외적 언어학과 내적 언어학의 구분이 가장 역설적인 듯이 보이는 것은 바로 이 점에서일 것이다. 왜냐하면 지리적 현상이 모든 언어의 존재와 밀접하게 연관되어 있기 때문이다. 그러나 실제로 그러한 지리적 현상은 한 고유 언어의 내부 구조에 영향을 미치지 않는다.

이 모든 문제를 언어 자체의 연구로부터 분리한다는 것은 불가능하다고 주장한 사람들이 있었다. 특히 이것은 '실체지식(Realia)'을 매우 강조하게 되면서부터 우세해진 견해이다. 식물이 토지나 기후 등의 외적 요인에 의해 내부 조직이 바뀌듯이, 문법 구조도 언어 변화의 외적 요인에 의해 항상 좌우되는 것은 아닐까? 우리가 언어 속에 부지기수로 많은 전문용어나 차용어의 근원을 알지 않고는, 이 말들을 제대로 설명할 수 없을 것이다. 한 고유 언어의 자연적이고도 유기적인 발달과, 문어와 같이 외부 요인에 기인하며 따라서 비유기적일 수밖에 없는 인위적인 형태를 구분할 수 있을까? 지방 방언과 나란히 공통어가 발달하는 것이 항상 보이지 않는가?

외부 언어 현상에 대한 연구는 매우 유익하다고 생각한다. 그러나 이 연구 없이는 내부 언어 조직을 알 수 없다고 말한다면 잘못이다. 외래어 차용을 예로 들어보자. 이것이 언어의 삶에 있어서 항구적 요소는 결코 아님을 우선 알 수 있다. 외부에서 들어오는 단 하나의 인위적인 용어도 절대 용납하지 않았다고 말할 수 있는 어떤 산간벽지 지역이 있다. 이 지역의 언어가 언어활동의 정상적인 상황을 벗어나 있고, 언어활동에 대해 어떤 윤곽도 파악하게 해주지 못하며, 또한 혼합되어 본 일이 없기 때문에 '기형학적' 연구를 해야 한다고 말할 수 있을까? 그러나 특히 차용어가 체계 내에서 연구될 때에는, 이미 그 자체는 문제가 되지 않는다. 차용어는 다른 어떤 토착 기호나 마찬가지로 그와 결합된 낱말들과의 관계 및 대립에 의해서만 존재한다. 일반적으로 말해서 언어가 발전하게 된 환경을 안다는 것이 절대적으로 필요불가결한 것은 아니다. 젠드어와 고대 슬라브어 같은 몇몇 고유 언어에서는 어느 민족이 그러한 언어를 사용했는지조차도 정확히 알지 못하고 있다. 그러나 그것을 모른다는 것이, 그 언어를 내적으로 연구하고 그 언어가 겪어온 변형을 아는 데 장애가 되지는 않는다. 여하간 두 관점의 분리는 필수적이어서, 이 분리를 엄격히 지키면 지킬수록 더욱더 좋을 것이다.

그 가장 좋은 증거는 그 각자가 서로 구별되는 방법을 만들어낸다는 것이다. 외적 언어학은 체계의 구속을 받지 않고 세부 사항을 계속 축적할 수 있다. 예컨대 저자마다 한 언어의 외적인 영토 확장과 관련된 사실들을 자기 의사대로 모을 것이다. 방언에 대항하여 문어를 만들어낸 요인들을 찾고자 한다면, 항상 단순한 열거 방법을 사용할 수 있다. 사실들을 다소 체계적인 방법으로 정리하고자 한다면, 그것은 전적으로 명료성의 필요 때문일 것이다.

내적 언어학에 있어서는 양상이 전혀 다르다. 아무 질서나 용납하지는 않는다. 언어는 자기 고유의 질서만을 아는 하나의 체계이다. 체스 놀이와 비교해 보면 이와 같은 사실을 더 잘 감지할 수 있다. 이 경우 외적인 것과 내적인 것을 구분하기가 비교적 쉽다. 체스 놀이가 페르시아에서 유럽으로 왔다는 사실은 외적이다. 반대로 체계와 규칙에 관계되는 모든 것은 내적이다. 만약 내가 나무 대신 상아로 만든 말(馬)을 사용할 경우 이 변화는 체계와 아무 관계가 없다. 그러나 내가 말의 수를 줄이거나 늘린다면, 이러한 변화는 놀이 '문법'에 막대한 영향을 미치게 된다. 이러한 구별을 하기 위해서는 어느 정도 주의가 필요하다는 것 또한 사실이다. 따라서 각 경우에 우리는 현상의 성격 문제를 제기해야 할 것이며, 이 문제를 풀기 위해 다음과 같은 규칙을 따라야 할 것이다. 그 정도가 어떠하든 체계를 변화시키는 것은 모두 내적이다.

6장
문자체계에 의한 언어의 표기

1절. 이 주제를 연구할 필요성

　그러므로 우리 연구의 구체적 대상은 각 개인의 두뇌 속에 저장된 사회적 산물, 즉 언어이다. 그러나 이 산물은 언어 집단에 따라 다르다. 우리에게 주어진 것은 언어이다. 언어학자는 관찰과 비교를 통해 언어 사이에 있는 보편적인 것을 추출해 내기 위해 가능한 한 많은 언어를 알아야만 한다.

　그런데 우리는 일반적으로 문자체계에 의해서만 언어를 안다. 모국어만 하더라도 항상 문헌이 개입한다. 약간 먼 곳에서 쓰고 있는 고유 언어라면 더욱더 기록된 증언에 의존하지 않을 수 없다. 더욱이 이미 존재하지 않는 고유 언어에 대해서는 두말할 필요도 없다. 어떤 경우이든지 직접적인 문헌을 언제나 마음대로 사용할 수 있기 위해서는, 사람들이 현재 빈과 파리에서 하고 있는 것을 계속해 왔어야 할 것이다. 그것은 바로 모든 언어의 녹음 견본을 수집하는 일이다. 그렇다 할지라도 이런 식으로 보존된 텍스트들을 다른 사람이 알도록 하기 위해서는 문자체계에 의존하지 않을 수 없다.

　따라서 문자체계 그 자체는 내부 체계와 관계없지만, 언어를 끊임없이 형상화하는 수단으로서 그것을 제외한다는 것은 불가능하다. 그러므로 우리는 문자체계의 효용과 결점 및 위험을 알아야 할 필요가 있다.

2절. 문자체계의 위력 : 구어형에 대한 우월성의 원인

언어와 문자체계는 두 개의 구별되는 기호 체계이다. 후자의 유일한 존재 이유는 전자를 표기하는 것이다. 언어적 물체는 쓰인 낱말과 발음 된 낱말의 결합으로 정의되지 않는다. 후자 하나만으로도 이 물체를 구 성한다. 그러나 발음된 말의 영상에 불과한 쓰인 말은 이와 너무 밀접하 게 섞여 있어 결국 주된 역할을 빼앗아버리고 만다. 사람들은 음성기호 의 표기를 이 기호 자체만큼, 또는 그 이상으로 중요시한다. 이것은 마치 어떤 사람을 알기 위해서는 실물을 보는 것보다 사진을 보는 것이 더 낫 다고 생각하는 것과 같다.

이러한 착각은 언제나 존재했으며, 언어에 관해 유포된 세론(世論)은 그 영향 덕이다. 그리하여 문자체계가 존재하지 않으면 고유 언어가 더 욱 빨리 변질될 것이라고들 생각한다. 완전히 그릇된 생각이다. 물론 어 떤 상황에서는 문자체계가 언어의 변화를 늦출 수 있지만, 문자체계가 없다고 해서 언어의 보존이 위태로워지는 것은 아니다. 리투아니아어는 오늘날에도 여전히 동부 프러시아와 러시아 일부에서 사용되고 있지만, 기록된 문헌이 있었던 것은 겨우 1540년부터였다. 그러나 이렇게 기록이 뒤늦었을지라도 리투아니아어는 전체적으로 기원전 3세기의 라틴어만큼 이나 충실한 인도유럽어의 영상을 보여주고 있다. 이것만으로도 언어가 얼마나 문자체계와는 무관한 것인지를 족히 알 수 있다.

아주 미약한 몇몇 언어 현상이 그 어떤 표기의 도움을 받지 않고도 보존되어 왔다. 고대 고지(高地)독어 시기를 통틀어 *totēn, fuolen, stōzen*

이라고 쓰이던 것이, 12세기 말엽에 와서는 *stōzen*은 그대로 쓰인 데 반해 *töten, füelen*이라는 서기법이 나타났다. 이 차이는 어디에서 나온 것일까? 이 현상이 발생한 모든 곳에는 후속 음절에 *y*가 있었다. 즉 게르만원어로 *tōten, fuolen*은 †*daupyan*, †*fōlyan*이었는 데 반해, *stōzen*은 †*stautan*이었다. 문학기에 막 접어드는 800년경에는 이 *y*가 아주 약해져, 그 후 삼 세기 동안에는 문자체계에서 그 자취를 찾을 수 없었다. 그런데도 발음에는 약한 흔적이 남아 있었다. 그리하여 그것이 1180년경에 와서는 위에서 보듯이 '움라우트(umlaut)'의 형태로 기적적으로 다시 나타났다. 이처럼 문자체계의 도움 없이도 발음상의 이 미묘한 뉘앙스는 정확하게 전달되었다.

따라서 언어는 문자체계와는 독립된, 훨씬 확고한 구두 전승을 갖는다. 하지만 문자어형의 위력으로 우리는 그것을 제대로 보지 못하고 있다. 초기의 언어학자들은 그전의 인문주의자들처럼 그 점을 착각했다. 보프조차도 문자와 음을 분명히 구분하지 않고 있다. 그의 저서를 읽어보면 언어는 알파벳과 분리될 수 없는 것같이 보인다. 그의 직속 후계자들도 같은 함정에 빠졌다. 마찰음 *þ*의 서기법이 *th*이기 때문에 야코프 그림은 이 음이 이중음일 뿐만 아니라 대기 폐쇄음이라고 생각했다. 그리하여 그가 자신의 '자음교체 법칙(Lautverschiebung)'에서 이 음에 부여했던 위치는 이런 연유에서였다.(3부 2장 2절 참고.) 오늘날에도 여전히 소위 배웠다는 사람들이 언어와 철자법을 혼동하고 있다. 가스통 데샹 (Gaston Deschamps)은 베르틀로(Berthelot)가 철자법 개혁에 반대했다고 해서 "그는 불어가 붕괴되는 것을 막았다."라고 말하지 않았던가?

그러나 문자체계의 이 위력은 어떻게 설명될 수 있을까?

(1) 우선 낱말의 서기 영상은 영구적이고도 견고하여 세월의 흐름을 통해 언어의 통일성을 형성하는 데 음보다 더 적절한 대상이란 인상을 준다. 이 유대성은 피상적이며 순전히 허구적인 통일성을 만들어내고 있

으나 자연적인 유대, 유일하게 진정한, 즉 음의 유대보다 파악하기가 훨씬 더 쉽다.

(2) 대부분의 사람에게는 시각적 인상이 청각적 인상보다 더 명료하고 더 지속적이다. 따라서 사람들은 전자에 더 집착한다. 서기 영상이 마침내 음을 물리치고 강력히 들어서게 된다.

(3) 문어는 문자체계의 부당한 중요성을 더욱 증가시킨다. 그것은 자신의 사전, 자신의 문법을 갖는다. 학교에서 가르치는 것은 책에 따라서이고, 책에 의해서이다. 언어는 코드(법전)에 의해 지배되는 것처럼 보인다. 그런데 이 코드 자체가 엄격한 용법을 따르는 쓰인 규칙 즉 철자법이라, 이것이 바로 문자체계에 제1의 중요성을 부여하는 것이다. 마침내 사람들은 쓰는 것을 배우기 전에 말하는 것을 배운다는 사실을 잊게 되어, 이 자연스러운 관계가 도치된다.

(4) 끝으로 언어와 철자법 사이에 불화가 생길 때, 보통 언어학자 이외에는 그 누구도 이 분쟁을 해결하기가 어렵다. 그러나 언어학자들은 발언권이 없으므로, 문자어형이 대개 운명적으로 이기게 되는데, 이는 문자어형에 준거하는 모든 해결책이 더 쉽기 때문이다. 이렇게 해서 문자체계는 부당하게도 중요성을 가로챈다.

3절. 문자체계

문자체계에는 두 가지가 있을 뿐이다.

(1) 표의체계. 여기에서는 각 낱말이 그 구성음과는 관계없는 단독 기호로 표기된다. 이 기호는 낱말 전체에 해당하여 그 낱말이 나타내는 개념에 간접적으로 해당한다. 이 체계의 전형적인 예가 중국 문자체계이다.

(2) 속칭 '표음'체계. 이것은 낱말 속에 차례로 나오는 일련의 음을 재

생하고자 한다. 이 체계는 때로는 음절 체계이고, 때로는 알파벳 체계인데, 후자의 경우 최소한의 화언 요소에 기초를 두었다는 말이다.

더구나 표의문자체계는 쉽사리 혼합형이 된다. 몇몇 표의문자가 그들 본래의 가치에서 벗어나 결국 단독음을 표기하게 된다.

우리의 머릿속에는 표기된 말이 발음된 말을 대체하는 경향이 있다고 말했다. 이것은 두 문자체계에 다 해당되지만, 이 경향은 특히 전자에서 더욱 강하다. 중국 사람에게는 표의문자와 발음된 말이 모두 똑같이 개념의 기호이다. 그에게는 문자가 2차적인 언어여서, 회화하는 데 발음된 두 말이 같은 음을 가질 경우, 자기의 생각을 설명하기 위해 표기된 말에 의존하게 된다. 그러나 이러한 대체는 절대적일 수 있다는 사실 때문에 표음체계에서와 같은 귀찮은 결과가 없다. 동일한 개념에 상응하는 서로 다른 중국 방언들의 낱말도 역시 동일한 서기 기호에 합치한다.

우리는 표음체계, 특히 오늘날 사용되고 그 원형이 그리스 알파벳인 표음체계에 연구를 국한하겠다.

이러한 종류의 알파벳이 확립되었을 당시에는 매우 합리적인 방식으로 언어를 반영한다. 물론 그것이 빌려온 알파벳으로 이미 비합리성에 물들었다면 이야기는 다르지만. 논리적인 관점에서 그리스 알파벳은, 부록 1장 1절에서 보겠지만, 매우 괄목할 만한 것이다. 그러나 서기와 발음 사이의 이러한 조화는 지속되지 않는다. 무엇 때문인가? 이것이 검토해 봐야 할 문제이다.

4절. 서기법과 발음 사이의 불일치 원인

원인은 여러 가지이다. 그중 가장 중요한 것들만 살펴보자.

우선 언어는 끊임없이 진화하는 데 반해 문자체계는 부동적인 경향이 있다. 그 결과 서기법은 마침내 표기 대상에 상응하지 않게 된다. 어떤 한 시대에서는 합리적이던 표기라도 한 세기가 지나면 불합리해질 것이다. 얼마 동안 사람들은 서기 기호를 발음상의 변화에 맞추지만 곧 그 노력을 포기한다. 불어의 *oi*가 이 예에 해당한다.

		발음	표기
11세기	1.	*rei, lei*	*rei, lei*
13세기	2.	*roi, loi*	*roi, loi*
14세기	3.	*roè, loè*	*roi, loi*
19세기	4.	*rwa, lwa*	*roi, loi*

이와 같이 제2시기까지는 발음에서 생긴 변화를 고려하였다. 문자체계 역사의 각 단계가 언어 역사의 단계와 상응하고 있다. 그러나 14세기 이후로는 문자체계가 정체해 있는 데 반해 언어는 진화를 계속하여, 언어와 철자법 사이에 불일치가 계속 심해졌다. 마침내 일치하지 않는 낱말을 계속 연결하자, 이 사실은 문자체계에마저도 반향을 일으키게 되었다. *oi*의 서기 표현은 그 구성 요소와는 관계없는 가치를 취득한 것이다.

이러한 예는 수없이 많다. 예컨대 *mé, fé*로 발음하는 것을 왜 *mais*와 *fait*로 쓰는가? 어찌하여 불어에서는 *c*가 종종 *s*의 가치를 갖는가? 그 이유는 불어가 이미 존재 이유가 없는 서기법을 보존했기 때문이다.

이 원인은 모든 시기에서 볼 수 있다. 불어에서의 습음 *l*은 목하 요드 (jod)음으로 바뀌고 있다. 사람들은 *essuye, nettoyer*처럼 *éveyer, mouyer*로 발음한다. 그러나 여전히 *éveiller, mouiller*로 쓰고 있다.

서기법과 발음 사이에 불일치가 있게 된 또 다른 이유는 다음과 같다. 한 민족이 다른 민족으로부터 알파벳을 차용하는 경우, 그 서기 체계 능력이 흔히 새로운 기능에 적합하지 않을 수가 있다. 이럴 경우 궁여지책의 조처를 취할 수밖에 없게 된다. 즉 하나의 음을 나타내는데 두 개의 문자를 사용하게 될 것이다. 게르만어의 *þ*(무성치찰음)가 그 경우이다. 라틴어에는 이 음을 나타내는 기호가 없기 때문에 *th*가 사용되었다. 메로빙거 왕조의 왕인 힐페리히(Chilperic)는 이 음을 나타내기 위해 라틴 문자에 특별한 기호를 보태려고 하였다. 그러나 이 시도는 성공하지 못했고 관용에 의하여 *th*가 인정되었다. 중세 영어에는 폐음 *e*(예를 들면, '종자'라는 뜻의 *sed*)와 개음 *e*(예를 들면, '인도하다'라는 뜻의 *led*)가 있었다. 알파벳에는 이 두 음을 구별할 기호가 없었기 때문에, *seed*와 *lead*라는 철자를 고안해 냈다. 불어에서는 슈음 *š*를 표현하기 위해 *ch* 등의 이중 기호를 사용했다.

어원적인 배려가 또한 문제된다. 어떤 시기, 예컨대 르네상스에서는 이 현상이 두드러지게 강했다. 심지어는 틀린 어원이 서기법에 곧잘 영향력을 행사한다. 그리하여 불어의 *poids*라는 낱말은 마치 라틴어의 *pondus*에서 온 것인 양 *d*를 포함하고 있으나, 사실 *poids*는 *pensum*에서 온 것이다. 기실 원칙의 적용이 옳으냐 그르냐 하는 것은 거의 중요하지 않다. 잘못은 어원적 문자체계의 원칙 자체에 있다.

이들 이외에는 원인이 분명치 않다. 몇 개의 골칫덩어리는 어원 때문이라는 변명조차도 통하지 않는다. 독어에서 *tun* 대신에 왜 *thun*이라고 썼는가? *h*는 자음에 뒤따르는 대기음을 나타내는 것이라고들 한다. 그렇다면 대기음이 나타나는 곳에서는 항상 *h*가 있어야 할 텐데, 많은 낱말들이 *h*를 갖지 않았다.(*Tugend, Tisch* 등.)

5절. 불일치의 결과

문자체계의 모순을 분류하자면 너무 길어질 것이다. 가장 심각한 불일치 중 하나는 같은 음을 나타내는 기호가 여러 개 있다는 것이다. 불어에서는 *ž*음가를 나타내는 기호로 *j*, *g*, *ge*(*joli*, *geler*, *geai*)가, *z*음가로는 *z*와 *s*가, *s*음가로는 *c*, *ç*, *t*(*nation*), *ss*(*chasser*), *sc*(*acquiescer*), *sç*(*acquiesçant*), *x*(*dix*)가, *k*음가로는 *c*, *qu*, *k*, *ch*, *cc*, *cqu*(*acquérir*) 등이 있다. 반면 여러 개의 음가가 하나의 기호로 형상화된다. 예컨대 *t*가 *t*나 *s*음가를 나타내고, *g*는 *g*나 *ž*음가를 나타내는 것 등이다.

'간접 서기법' 또한 들지 않을 수 없다. 독어에서 *Zettel*, *Teller* 등에는 이중자음이 없으나, 그런데도 *tt*, *ll* 등으로 쓰는 것은 단지 선행 모음이 단음이자 개음임을 나타내기 위한 것에 불과하다. 영어에서 선행 모음을 길게 하기 위해 마지막에 묵음 *e*를 덧붙이는 것도 비슷한 착오에 의해서이다. *mad*(발음은 *mēd*), *made*(발음은 *măd*)를 비교해 보라. 여기에서 *e*는 사실상 단지 단독 음절에 관련되지만, 눈으로 보기에는 또 하나의 음절을 만드는 것 같다.

이러한 비합리적인 서기법은 그래도 언어에서 무엇인가에 상응한다. 그러나 다른 것은 전혀 아무 뜻도 없다. 현대 불어에서는 옛날부터 내려오는 미래형인 *mourrai*와 *courrai*를 제외하고는 이중자음이 없다. 그런데도 비합리적인 이중자음이 철자법상에는 수두룩하다.(*bourru*, *sottise*, *souffrir* 등.)

또한 문자체계는 고정되지 않고 자신의 규칙성을 모색하고 있기 때문에 흔들리는 일도 있다. 그 결과 여러 시기에 있어 음을 형상화하기 위한 시도를 보여주는 유동적인 철자법이 생겼다. 따라서 고대 고지독어의 *ertha*, *erdha*, *erda* 또는 *thrī*, *dhrī*, *drī*에서 *th*, *dh*, *d*는 동일한 음성 요소를 형상화하고 있다. 그러나 어떤 요소일까? 문자체계로는 알 수가 없다. 여기에서부터 다음과 같은 복잡성이 야기된다. 동일한 형태를 나타내는 데 두 개의 서기법이 있을 경우, 우리는 과연 두 개의 발음이 실제로 있는지 없는지 언제나 알 수 있는 것은 아니다. 이웃하고 있는 방언들로 쓰인 문헌에서, 동일한 낱말이 어떤 방언에서는 *asca*로, 또 다른 방언에서는 *ascha*로 쓰여 있다. 만약 그 음가가 같다면 이것은 유동적인 철자법의 경우이다. 만약 그 음가가 다르다면 그 차이는 그리스어의 *paízō*, *paízdō*, *paíddō*에서처럼 음운론적이거나 방언적이다. 혹은 또 잇달은 두 시대에서의 차이일 수도 있다. 영어의 *hwat*, *hweel* 등의 형태는 후에 *what*, *wheel*로 대체되었는데, 이것은 서기법의 변화일까 또는 음성학적 변화일까?

이 모든 것의 명백한 귀결점은 문자체계가 언어를 보지 못하게 가린다는 것이다. 문자체계는 언어의 의복이 아니라 하나의 변장이다. 이러한 사실은 불어 단어 *oiseau* 철자에서 잘 볼 수 있는바, 여기에서는 발음되는 말의 그 어떠한 음도 자기 고유의 기호로 적혀 있질 않다. 거기에는 언어의 영상이 하나도 남아 있지 않다.

또 다른 귀결점은, 문자체계가 나타내야 할 것을 제대로 표현하지 못하면 못할수록 문자체계를 기준으로 하려는 경향이 더욱 강해진다는 것이다. 문법학자들은 문자어형에 주의를 환기시키려고만 한다. 심리적으로 이러한 경향은 아주 쉽게 설명되지만, 그 결과는 난처하기 그지없다. '발음하다'와 '발음'이라는 말의 사용은 이러한 폐습을 용인해 주고 문자체계와 언어 사이에 존재하는 합법적이고도 실제적인 관계를 뒤엎는다. 이런 문자는 이러이러한 식으로 발음해야 한다고 말할 때 누구나 영상을 그 실재 원형으로 오인하게 된다. 불어에서 *oi*가 *wa*로 발음될 수 있기 위해서는 *oi*라는 철자가 그 자체로 존재해야만 할 것이다. 실상은 *wa*가 *oi*로 적히고 있는 것이다. 이 기묘한 현상을 설명하기 위해서, 사람들은 이 경우는 *o*와 *i*의 예외적인 발음이라고 둘러댄다. 이는 또 하나의 오류이다. 왜냐하면 언어가 문자어형에 의존한다고 암암리에 말하는 것이나 다름없기 때문이다. 마치 서기 기호가 규범이고 발음체계가 이에 거역하는 짓을 하려는 것처럼 느껴질 정도이다.

이러한 허구는 심지어 문법 규칙에까지 나타나는바, 예컨대 불어의 *h*의 규칙이 그것이다. 대기음 없이 모음으로 시작되지만 라틴어형의 흔적 때문에 *h*가 나타나는 낱말들이 있다. 따라서 *homme*(이전에는 *ome*)는 라틴어의 *homo* 때문이다. 그러나 게르만어에서 온 낱말에서는 *hache*, *hareng*, *honte*에서처럼 *h*가 실제로 발음되었다. 대기음이 존속하는 한 이 낱말들은 어두 자음을 지배하는 법칙에 따랐다. 그러므로 *deu haches, le hareng*이라고 말했던 반면, 모음으로 시작되는 낱말의 법칙에 따라서 *deu-z-ommes, l'omme*라고 말했다. 이 시기에는 '대기음 *h* 앞에서는 연독과 생략이 일어나지 않는다'는 규칙이 옳았다. 그러나 오늘날에 와서 이 공식은 의미가 없다. 대기음 *h*는 이미 존재하지 않는다. 물론 이 명칭이 음은 아니나 그 앞에서 연독도 생략도 할 수 없는 어떤 것을 지칭한다면 이야기는 달라지지만. 그리고 보면 이것은 일종의 악순환이고, *h*는 문자체계에서 생겨난 허구적 존재에 불과하다.

한 낱말의 발음을 고정시키는 것은 철자법이 아니라 역사이다. 어떤 특정 시기에 있어서의 낱말 형태는 진화상의 한 순간을 보여주는데, 낱말은 이 진화를 따르지 않을 수 없으며 이 진화는 뚜렷한 법칙에 의해 지배된다. 그러므로 각 단계는 선행 단계에 의해 결정될 수 있다. 고려해야 할 한 가지 유일한 사실이 가장 빈번하게 잊혀지고 있는데, 그것은 바로 낱말의 선조 즉 어원이다.

오슈(Auch) 시의 이름은 음성 표기로는 *oš*이다. 이것은 불어 철자법에서 *ch*가 어미에 올 때 *š*음가를 나타내는 유일한 경우이다. 그런데 '끝에 오는 *ch*는 단지 Auch에서만 *š*로 발음된다'라고 말한다면 설명이 되지 못한다. 유일한 문제는 라틴어의 *Auscii*가 변모하면서 어떻게 *oš*로 될 수 있었을까를 아는 것이다. 여기서 철자법은 중요하지 않다.

*gageure*를 *ö*로 발음해야 되는가 *ü*로 발음해야 되는가? 어떤 사람들은 *heure*가 *ör*로 발음되기 때문에 *gažör*라야 한다고 말한다. 또 다른 사람

들은 그런 게 아니라 *ge*는 *geôle*에서처럼 *ž*에 해당하기 때문에 *gažür*라야 한다고 말한다. 쓸데없는 논쟁이다. 정말로 중요한 문제는 어원에 있다. *tournure*가 *tourner*를 토대로 만들어진 것처럼 *gageure*는 *gager*를 기초로 해서 만들어졌다. 이 둘은 같은 유형의 파생에 속한다. *gažür*만이 옳다. *gažör*는 단지 문자체계의 애매성 때문에 나온 발음일 뿐이다.

그러나 문자의 횡포는 여기에서 더 나아가 대중에게 압도적으로 부각되어 언어에 영향을 주고 이를 변경시켜 버린다. 이러한 현상은 쓰인 문헌이 중요한 역할을 하는 매우 문학적인 고유 언어에서만 일어난다. 이경우 시각적 영상이 잘못된 발음을 만들어내게 된다. 이것이야말로 정말병적인 현상이다. 불어에서 이것을 자주 볼 수 있다. 예를 들어 *Lefèvre* (라틴어 *faber*에서 유래)란 성(姓)에는 두 가지 서기법이 있었는데, 하나는 *Lefèvre*로서 대중적이고 단순한 것이고, 또 다른 하나는 *Lefèbvre*로서학문적이고 어원적인 것이다. *v*와 *u*가 고대 문자체계에서 혼동되었기 때문에 *Lefèbvre*가 *Lefébure*로 읽혔는데, 이 *b*는 실제로 이 단어 안에 전혀 존재하지 않았던 것이고 *u*는 모호성에서 유래한 것이었다. 그런데 지금은 이 형태가 실제로 발음되고 있다.

이런 왜곡은 더욱 빈번해질 것이고, 사람들은 점점 더 쓸데없는 글자를 발음하게 될 것이다. 파리에서는 벌써 *sept femmes*의 *t*를 발음하고있다. 다르메스테테르(Darmesteter)는 철자법상 괴물 중의 괴물인 *vingt*의 마지막 두 글자까지도 발음하는 날이 올 것이라고 예견하고 있다.

이러한 음의 왜곡은 당연히 언어에 속하는 것이나, 이것만은 언어의자연스러운 기능으로부터 나온 것이 아니다. 그것은 언어와는 무관한 요인에서 기인한다. 언어학은 이들을 특수한 분야에서 관찰해야 한다. 그것들은 기형적인 사례이다.

7장
음운론

1절. 정의

문자체계가 없다고 생각해 보면, 사람들은 감지할 수 있는 영상을 빼앗기게 되므로, 처치 곤란한 형태 없는 덩어리만을 볼 위험이 있다. 이것은 마치 수영 초보자에게서 구명대를 빼앗는 것과 같다.

인위적인 것을 곧바로 자연적인 것으로 바꿔야 할 것이다. 그러나 언어의 음을 먼저 연구하지 않고는 불가능하다. 왜냐하면 음은 서기 기호와 떨어져서는 단지 모호한 개념만을 나타낼 뿐이고, 사람들은 문자체계가 기만적인데도 불구하고 여전히 이 버팀대를 좋아하기 때문이다. 초기의 언어학자들은 조음(調音)의 생리에 대해 아무것도 알지 못했기 때문에 계속 이 함정에 빠졌다. 글자를 버린다는 것은 그들에게는 발판을 잃는 것이었다. 그러나 우리에게는 이것이 진리를 향한 첫걸음이 된다. 왜냐하면 음 자체에 대한 연구가 우리가 찾고 있는 것에 도움을 주기 때문이다. 현대 언어학자들은 마침내 이것을 이해하였다. 그들은 다른 학자들(생리학자, 성악 이론가 등)에 의해 시작된 연구를 받아들였기 때문에, 쓰인 낱말로부터 언어학을 해방시켜 주는 보조 과학을 언어학에 부여했다.

음성생리학(독어로는 *Laut-* 또는 *Sprachphysiologie*)은 흔히 '음성학'

(독어로는 *Phonetik*, 영어로는 *phonetics*)이라고 불린다. 이 명칭은 부적당한 것 같다. 따라서 우리는 그 대신 음운론이란 명칭으로 바꾸겠다. 왜냐하면 음성학은 애초에 음의 진화에 대한 연구를 지칭했었는데, 지금도 그럴 필요가 있기 때문이다. 절대적으로 다른 두 개의 연구를 동일한 명칭으로 혼동할 수는 없을 것이다. 음성학은 역사적 과학이다. 이것은 사례와 변형을 분석하고 시간 속에서 움직인다. 음운론은 시간 밖에 있다. 왜냐하면 조음기관은 언제나 변화하지 않기 때문이다.

그러나 이 두 연구는 서로 혼동되지도 않지만 심지어 서로 대립된다고 볼 수조차도 없다. 음성학은 언어 과학의 본질적인 분야 중 하나이다. 되풀이해서 말하지만, 음운론 그것은 단지 보조 학문에 불과하며 오로지 화언에만 속한다.(서론 4장 참고.) 물론 언어가 존재하지 않는다면 발성운동이 무슨 소용이 있을지는 잘 알 수 없다. 그러나 발성운동은 언어를 구성하지 않으며, 각각의 청각 인상을 만들어내는 데 필요한 발음기관의 모든 운동을 설명했다고 하더라도 언어 문제를 해명했다고는 전혀 볼 수 없다. 마치 여러 색깔의 실로 짜인 양탄자가 시각적 대립에 의해 만들어진 하나의 예술품인 것과 마찬가지로 언어는 청각 인상의 정신적 대립에 바탕을 둔 체계이다. 그런데 분석상 중요한 것은 이러한 대립의 역할이지 색깔이 얻어진 방법은 아니다.

음운론 체계의 개요는 부록에 실렸으므로, 여기서는 단지 언어학이 문자체계의 기만에서 벗어나기 위해 이 학문으로부터 어떤 도움을 기대할 수 있는지를 연구해 보기로 하겠다.

2절. 음운론적 문자체계

언어학자들은 무엇보다도 모든 모호성을 제거해 줄 조음 표기 수단을 필요로 한다. 사실 많은 서기 체계가 제안되었다.

진정한 음운론적 문자체계의 원칙은 무엇인가? 화언 연쇄의 각 요소를 하나의 기호로 표시하는 것을 목표로 해야 한다. 이 요구는 항상 고려되고 있진 않다. 따라서 영국 음운학자들은 분석보다 오히려 분류에 전념하여, 몇몇 음들에 2개 심지어는 3개의 문자를 사용한다. 그 밖에 또한 외파음과 내파음의 구분(부록 2장 1절 참고.)이, 다음에 보다시피, 엄격하게 이루어져야 할 것이다.

상용되고 있는 철자를 음운론적 알파벳으로 바꾸어야 할 이유가 있을까? 여기에서는 이 흥미로운 문제가 간략하게 언급될 수밖에 없겠다. 우리 생각으로는 음운론적 문자체계는 단지 언어학자들만이 사용해야 될 것 같다. 우선 어떻게 영국인, 독일인, 프랑스인 등에게 동일한 체계를 채택하도록 할 수 있겠는가! 게다가 모든 언어에 적용할 수 있는 알파벳이 있다면, 그것은 구분 부호들로 뒤엉켜 버릴 위험이 있다. 그리고 그러한 텍스트의 한 페이지가 보여줄 한심한 양상은 덮어두고라도, 너무 세밀하게 하려다가 오히려 그 문자체계가 표현하려던 것조차도 모호하게 함으로써 독자를 혼란시킬 것이다. 이러한 불편을 상쇄할 만한 충분한 이점은 없을 듯하다. 과학의 테두리를 벗어나서는 음운론적 정확성이 그리 바람직하지 못하다.

독서 방법에도 역시 문제가 있다. 우리는 두 가지 방식으로 읽는다. 새롭거나 알지 못하는 낱말은 한 글자씩 뜯어 읽는다. 하지만 상용되는 친밀한 낱말은, 그 낱말을 구성하는 글자와는 관계없이 한눈에 읽어버린다. 그리하여 이 낱말의 영상은 우리에게 있어 표의문자의 가치를 갖게 된다. 여기에서 전통적인 철자법이 자리의 권리를 주장하고 나설 수가 있다. *tant*과 *temps*, —*et*, *est*와 *ait*, —*du*와 *dû*, —*il devait*와 *ils devaient* 등을 구분하는 것은 유익하다. 단지 상용 문자체계가 가장 심한 불합리로부터나마 벗어나기만을 바랄 수밖에 없다. 언어를 가르치는 데는 음운론적 알파벳이 유익하겠지만, 그 사용을 일반화시킬 수는 없다.

3절. 문자체계의 증언에 대한 비판

문자체계의 기만적 성격을 인식하고 나서 첫 번째 해야 할 일이 철자법의 개혁이라고 생각한다면 이 또한 잘못이다. 음운론의 참된 공로는 우리가 언어에 도달하기 위하여 반드시 거쳐야 할 문자어형에 대해 어느 정도 조심을 하게끔 해준 일이다. 문자체계의 증언은 해석되어야 한다는 전제하에서만 가치를 갖는다. 각 경우에 있어서, 연구되는 고유 언어의 음운 체계 즉 사용되는 음의 도표를 작성해야만 한다. 사실 각 언어는 잘 분화된 일정한 수의 음소를 바탕으로 작용한다. 이 체계가 언어학자의 관심사인 유일한 실재이다. 서기 기호는 단지 영상에 불과하며, 이 영상의 정확도는 우리가 정해야 한다. 이를 정하는 데 있어서의 난점은 고유 언어와 환경에 따라 다르다.

과거에 속하는 언어를 다룰 때에는, 우리는 결국 간접적인 자료에 의존하게 된다. 이런 상황에서 음운 체계를 세우기 위하여 사용할 수 있는 수단은 무엇일까?

(1) 첫째로 외적 지표, 특히 그 시대의 음과 발음을 기술한 당대인의 증언이다. 이를테면 16세기와 17세기의 프랑스 문법학자들, 특히 외국인에게 정보를 주고자 했던 학자들은 우리에게 재미있는 고찰들을 많이 남겼다. 그런데 이 저자들은 그 어떤 음운론적 방법도 갖지 못했기 때문에 이 정보의 근원은 매우 불확실하다. 그들이 남긴 기술(記述)은 과학적 엄밀성을 결여한 임시방편의 용어로 되어 있다. 따라서 그들의 증언 자체도 해석해서 받아들여야만 한다. 그리하여 음에 붙여진 명칭은 아주 빈번히 모호한 지표를 주고 있다. 그리스의 문법학자들은 유성음(*b*, *d*, *g*

와 같은)을 '중간'자음(*mésai*)이라 하고, 무성음(*p, t, k*와 같은)을 *psīlaí*라고 하였는데, 로마의 문법학자들은 이를 *tenuēs*라고 번역했다.

(2) 이와 같은 외적 자료를 내적 지표와 연결시켜 보면 더 정확한 정보가 얻어지는데, 우리는 이 내적 지표를 두 항목으로 나눠보겠다.

(a) 음운 진화의 규칙성에서 얻어지는 지표.

어떤 글자의 가치를 결정할 때에는, 그 글자가 표시하는 음이 전 시대에는 어떤 것이었는지를 아는 것이 매우 중요하다. 그것의 현 가치는 진화의 결과인바, 이 진화는 몇몇 가설들을 단숨에 배제해 버리도록 해준다. 예를 들어 산스크리트어의 *ç*의 가치가 어떤 것이었는지는 정확히 알수 없지만, 그것이 인도유럽어의 구개음 *k*를 계승한 것이라는 사실은 추측의 범위를 뚜렷이 한정시킨다.

출발점은 물론 동시대 동일 언어에서 볼 수 있는 여러 유사한 음의 평행적 진화를 안다면, 유추에 의해 추리할 수 있고 비례 관계도 추출해 낼 수 있다.

음의 출발점과 기착점을 모두 알 때는 물론 그 중간음을 결정짓는 문제가 더 쉬워진다. 불어에서의 *au*(예컨대 *sauter*에서)는 중세기에는 틀림없이 이중음이었을 것이다. 왜냐하면 이것이 고대의 *al*과 현대 불어의 *o* 중간에 위치하기 때문이다. 그리고 다른 방면에서 이중음 *au*가 어떤 시대에 역시 존재했음을 알게 된다면, 그것은 또한 그 전 시대에도 존재했음이 분명하다. 우리는 고대 고지독어의 *wazer*와 같은 낱말에서 *z*가 무엇을 형상화해 주고 있는지 정확히는 알지 못한다. 그러나 한편으로는 가장 오래된 형태인 *water*가, 또 다른 한편으로는 현대어형인 *wasser*가 길잡이가 된다. 그러므로 이 *z*는 *t*와 *s*의 중간음임이 틀림없다. 따라서 *t*나 *s* 중 하나와만 양립하는 가설은 그 어떤 것이건 간에 배제할 수 있다. 예를 들어 *z*가 구개음을 나타낸다고는 생각할 수 없는데, 이는 두 개의 치조음 사이에서는 치음만을 가상할 수 있기 때문이다.

(b) 동시대의 지표. 이는 몇 가지 유형이 있다.

예컨대 철자의 다양성이 있다. 어떤 시대의 고대 고지독어에서는 *wazer, zehan, ezan*으로 쓰였지, 결코 *wacer, cehan* 등으로 쓰이지 않았다. 한편 *esan*과 *essan, waser*와 *wasser* 등의 형태를 보면, 우리는 이 *z*가 *s*와 아주 가까운 음가를 갖지만 그 당시 *c*로 나타내는 것과는 매우 다르다고 결론지을 수 있다. 그러나 그 후에 *wacer* 등과 같은 형태와 마주치게 된다면, 이 두 음소가 원래는 서로 분명히 구별되었지만 그 후 어느 정도 혼동되었다는 것이 증명될 것이다.

시(詩) 텍스트들은 발음을 연구하는 데 귀중한 문헌들이다. 작시법의 체계가 음절 수, 음의 길이, 또는 음의 일치(두운, 모운, 각운) 중 어느 것에 근거를 두고 있느냐에 따라 이 걸작들은 이상의 여러 가지 점에 대해 정보를 제공해 줄 것이다. 그리스어는 몇몇 장모음을 서기법으로 구별하지만(예컨대 ō는 *w*로 표기된다.) 다른 장모음에 대해서는 그렇게 세분하지 않는다. *a, i*와 *u*의 길이를 알기 위해서는 시인에게 물어봐야 한다. 예컨대 고대 불어에서 *gras*와 *faz*(라틴어로 '내가 하다'라는 의미의 *facio*)의 마지막 자음이 어느 시대까지 달랐으며, 어느 시대부터 그들이 서로 접근하여 혼동되었는가 하는 것을 각운을 통해 알 수 있다. 또한 각운과 모운을 보면, 고대 불어에서 라틴어의 *a*로부터 유래한 *e*(예컨대 *père*는 *patrem*으로부터, *tel*은 *talem*으로부터, *mer*는 *mare*로부터)가 여타의 *e*들과는 아주 다른 음가를 가졌음을 알 수 있다. 이들 낱말은 *elle*(*illa*에서 유래), *vert*(*viridem*에서 유래), *belle*(*bella*에서 유래) 등과는 결코 각운이나 모운을 이루지 않았다.

마지막으로 외국어로부터 차용된 낱말의 서기법, 말놀이, 두서없는 이야기 등에 대해 언급해 보자. 예를 들어 고트어에서 *kawtsjo*는 라틴 속어 *cautio*의 발음에 대해 가르쳐주고 있다. *roi*가 *rwè*로 발음된 것은 18세기 말엽쯤이었는데, 이것은 니롭(Nyrop)이 쓴 『불어의 역사적 문법

(*Grammaire historique de la langue française*)』(I³, p.178)이란 책 속에 인용된 다음과 같은 일화에 의해 입증되고 있다. 혁명재판소에서 한 부인이 증인들 앞에서 왕이 필요하다고 말한 적이 없는지에 대해 심문을 받고 있었다. 그녀는 대답했다. "카페(Capet) 왕가나 또는 그 어떤 다른 부류의 왕(*roi*)에 대해 말한 것이 아니라 실 잣는 도구인 물레(*rouet maître*) 이야기를 한 거예요."

이런 모든 정보 수집 방식은 한 시대의 음운 체계를 어느 정도 아는 데 도움을 주며, 문자체계의 증언을 이용하면서도 이를 바로잡는 데 도움을 준다.

살아 있는 언어를 다룰 경우, 유일한 합리적인 방법은 (a) 직접 관찰에 의해서 드러난 대로 음의 체계를 세우는 것과 (b) 이들 음을 표기하는 데, 불완전하게나마, 사용하는 기호 체계를 이에 대비시키는 것이다. 많은 문법학자들이 여전히, 우리가 앞에서 비판한 바와 같이, 자기들이 기술하고자 하는 언어에서 각 글자가 어떻게 발음되는가를 논하는 낡은 방법에만 매달리고 있다. 이런 방법으로는 고유 언어의 음운 체계를 명확하게 제시할 수가 없다.

그럼에도 불구하고 이미 이 영역에서 커다란 발전이 이루어졌고, 음운 학자들이 문자체계와 철자법에 대한 우리의 생각을 고치는 데 크게 공헌한 것은 분명하다.

부록 음운론의 원리

1장

음종

1절. 음소의 정의

이 부분에 관해서는 1897년에 소쉬르가 음절 이론에 대해 행한 바 있는 세 강의의 속기록 복사본을 이용할 수 있었다. 이 세 강의에서 그는 1장의 일반 원칙에 대해서도 언급하고 있다. 게다가 그 자신이 한 메모의 많은 부분이 음운론에 할애되고 있다. 이들 메모는 여러 점에서 첫 번째 강의와 세 번째 강의에서 제시된 주제들을 밝혀주고 보완해 준다.

—— 편집자 주

많은 음운학자들은 거의 전적으로 발성 행위, 말하자면 발음기관들(후두, 입 등)이 내는 소리의 생산에만 전념하여, 청각적인 측면을 무시해 버린다. 이러한 방법은 옳지 않다. 청각 인상은 발음기관의 역동적 영상 못지않게 직접적으로 우리에게 주어질 뿐만 아니라, 또한 모든 이론의 토대이기도 하다.

음운 단위를 다루고자 할 때, 청각적인 여건은 이미 무의식적으로 존재한다. b음, t음 등이 무엇인지를 알 수 있는 것은 귀를 통해서이다. 소리 연쇄를 발하는 입과 후두의 움직임 전부를 영화 촬영 기술을 써서 재현할 수 있다 할지라도, 계속되는 이들 조음 운동의 하위 구분을 알아내는 것은 불가능할 것이다. 즉 하나의 음이 어디서 시작되며, 그 이전 음이 어디서 끝나는지는 알 수 없다. 청각 인상이 없다면, 가령 *fāl*에 둘이나 넷이 아닌 세 단위가 있다고 어떻게 단정 지을 수 있단 말인가? 하나의 소리가 그대로인지 변했는지의 여부를 즉각적으로 지각할 수 있는 것은 바로 귀로 듣는 화언 연쇄 안에서이다. 즉 동질적인 것이란 인상을 주는 한, 그 소리는 단일하다. 중요한 것은, 음의 길이가 8분음표에 해당하는지 16분음표에 해당하는지(*fāl*과 *făl* 참조.)가 아니라, 인상의 특질이다. 청각 연쇄는 동일 시간으로 등분되는 것이 아니라 인상 단위에 의해 특징지어진 동질적 시간으로 나뉘는바, 바로 이 점이 음운 연구에 있어 본연의 출발점이다.

이런 점에서 원시 그리스어 알파벳은 참으로 훌륭한 것이라 할 만하다. 여기에서는 각 단음이 서기 기호로 표기되며, 역으로 각 기호는 항상 동일한 하나의 단음에 해당한다. 이러한 것은 아주 독창적인 발상으로, 라틴 민족이 이를 이어받았다. *bárbaros*(미개한)란 낱말의 표기,
$$\text{B A P B A P O} \Sigma$$
에서 각 문자는 하나의 동질적 시간에 해당한다. 위 도식에서 가로선은 소리 연쇄를 나타내고, 작은 세로줄은 한 음에서 다른 음으로의 전이를 나타낸다. 원시 그리스어의 알파벳에는 불어에서처럼 *š*음을 '*ch*'로 나타내는 복합 서기법이 없으며, *s*라는 단일 음을 '*c*'와 '*s*'가 동시에 나타낼 수 있는 식의 이중 표기도 없고, *ks* 발음을 '*x*'로 표기하는 것과 같은 이중음에 대한 단일 기호도 없다. 훌륭한 음성학적 문자체계의 필요충분조건이라 할 이 원칙을 그리스인은 거의 완벽하게 실현시켰던 것이다.[1]

---

1) 물론 그리스인들은 *kh, th, ph*를 *X, θ, Φ*로 표기했다. 따라서 *ΦEPΩ*은 *phérō*를 나타낸다. 그러나 그것은 나중에 일어났던 변혁일 뿐, 옛날 기록에는 *XAPIΣ* 아닌 *KHAPIΣ*로 표기되어 있다. 동일한 기록에서 *k*가 *kappa*와 *koppa*란 두 기호로 나타나는데,

다른 민족들은 이 원칙을 깨닫지 못해, 이들 알파벳은 화언 연쇄를 그 동질적인 청각 단계로 분류하지 않았다. 가령 키프로스인은 *pa*, *ti*, *ko*와 같은 식의 더욱 복잡한 단위에 머물렀다. 이러한 표기법은 음절주음주의 (syllabique)라 불린다. 이와 같은 지칭은 다소 부정확한데, 이는 음절이 란 가령 *pak*, *tra* 등과 같은 또 다른 유형으로 형성될 수 있기 때문이다. 한편 셈족은 단지 자음만을 표기했다. *bárbaros* 같은 단어는 그들 표기 방식대로 쓴다면 BRBRS가 되었을 것이다.

따라서 화언 연쇄상의 소리 구분은 오로지 청각 인상에 의존할 수밖에 없다. 그러나 그 소리들을 기술하는 경우에는 양상이 달라진다. 기술은 조음 행위를 바탕으로 할 수밖에 없는데, 그 이유는 청각 단위란 연쇄상에서 파악되는 경우 분석이 불가능하기 때문이다. 따라서 발성운동 연쇄에 의존해야만 한다. 이 경우 동일 음에는 동일 행위가 상응하고 있음을 알 수 있다. 즉 b(청각 시간)=b'(조음 시간). 화언 연쇄를 세분함으로써 얻게 되는 최초 단위는 b와 b'로 구성될 것이다. 이를 '음소'라 한다. 음소란 청각 인상과 조음 운동의 총체, 즉 들리는 단위와 말해지는 단위의 총체로, 이들은 서로를 조건 지운다. 이리하여 음소는 이미 하나의 복합 단위로서 두 연쇄상에 걸쳐 있다.

화언 연쇄를 분석함으로써 제일 먼저 얻게 되는 요소들은 일종의 연쇄고리와도 같은데, 이들 요소는 환원 불가능한 순간들로서 그것들이 차

이것은 경우가 다르다. 즉 이것은 *k*가 때로는 경구개음 때로는 연구개음이므로, 실제 발음상의 이 두 뉘앙스를 구별하기 위한 것이었다. 게다가 *koppa*는 그 이후에 사라졌다. 마지막으로 더욱 미묘한 것은, 그리스와 라틴의 고대 기록에 흔히 단일 문자에 의한 이중자음이 나타나는바, 라틴어 단어인 *fuisse*는 *FUISE*로 표기되었다. 따라서 이것은 원칙 위반인데, 그 이유는 이 이중 *s*가 두 개의 시간 길이 동안 지속되기 때문이다. 이 두 개의 시간 길이는, 앞으로 보겠지만, 동질적인 것이 아니며 주는 인상이 상이하다. 그렇다고 할지라도 이 두 소리는 서로 혼동되지 않고 공통된 하나의 특성을 나타내기 때문에, 변명의 여지가 있는 오류라 하겠다.(부록 2장 2절 참조.)

지하는 시간을 고려하지 않고서는 파악할 수 없다. 가령 *ta*라는 전체는 항상 어떤 순간에 또 다른 순간을 더한 것으로, 특정 시간 길이를 지닌 하나의 단편에 또 다른 하나의 단편을 더한 것이리라. 이와는 반대로 환원 불가능한 단편 *t*는, 이것만을 분리해서 본다면, 시간을 넘어서서 추상적으로 파악될 수 있다. 오로지 변별적 특성에만 전념하여 시간상의 연속에 의존하는 모든 것을 무시하면, 일반적인 *t* 즉 *T*음종(音種)(각 음종은 대문자로 표시하기로 한다.), *i* 즉 *I*음종에 대해 논할 수 있다. 매한가지로 도, 레, 미라는 음악적 총체는 단지 시간상의 구체적 계열로서만 취급할 수 있지만, 이들 종국적 요소 중 하나를 대상으로 삼게 되면 추상적으로 파악할 수 있다.

여러 언어에 속하는 충분한 수효의 화언 연쇄를 분석하면 이들 언어가 취급하는 요소들을 알 수 있고 분류할 수 있게 된다. 이때 청각적으로 대수롭지 않은 뉘앙스를 무시하면, 주어진 음종의 수효는 무한하지 않다는 것을 알 수 있다. 이들 음종의 목록과 상세한 기술은 전문 저서에서 찾아볼 수 있을 것이다.[2] 여기서 우리가 보여주고자 하는 것은, 이런 유형의 분류 전반이 너무나 항구적이고도 단순한 원칙에 기반을 두고 있다는 점이다.

그러나 이에 앞서 우선 발음기관, 각 기관의 가능한 작용, 그리고 이들 기관이 음 생산체로서 하는 역할에 대해 간략히 언급하고자 한다.

---

2) Sievers, *Grundzüge der Phonetik*(5판, 1902), Jesperson, *Lehrbuch der Phonetik*(2판, 1913), Roudet, *Eléments de phonétique générale*(1910) 참조.

2절. 발음기관과 그 기능[3]

기관에 대한 설명은 아래 그림에 한정하겠다. A는 비강을, B는 구강을, C는 후두를 나타내는데, 여기에는 두 성대 사이의 성문(聲門) ε가 포함된다.

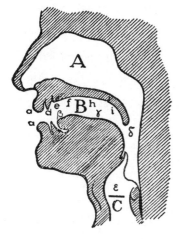

구강에서 기본적으로 구분하여야 할 것은, 입술 α와 a, 혀 β-γ(β는 혀끝, γ는 나머지 전부를 나타낸다.), 윗니 d, 입천장 중 뼈가 있고 움직이지 않는 앞부분 f-h와 부드럽고 움직이는 뒷부분 즉 연구개 i, 마지막으로 목젖 δ이다.

그리스 문자는 조음 작용에 있어서 능동적인 기관을, 라틴 문자는 수동적인 부분을 가리킨다.

성문 ε는 평행한 두 개의 근육인 성대로 형성되어, 이들이 분리되면 열리고, 수축되면 닫힌다. 말하자면 완전 폐쇄는 고려할 필요가 없다. 열릴 때는 넓게 열릴 수도 있고 좁게 열릴 수도 있다. 전자의 경우 공기가 자유롭게 통과하므로 성대는 진동하지 않는다. 후자의 경우에는 공기의 통과가 소리의 진동을 야기시킨다. 정상적인 발성을 하는 데 그 외 다른 방법은 없다.

비강은 완전히 부동적인 기관이다. 단지 목젖 δ이 올라가면 공기의 통과가 막힐 수 있을 뿐이다. 즉 비강은 열리거나 닫히는 문에 불과하다.

---

3) 다소 간략한 소쉬르의 기술은 Jespersen의 *Lehrbuch der Phonetik*에 의해 보완되었으며, 다음에 설정될 음소의 공식도 그 원칙을 Jespersen으로부터 차용했다. 그러나 이는 형식과 정리의 문제이므로 이러한 변화가 소쉬르의 생각을 전혀 훼손하지 않는다고 해도 무방할 것이다.

구강은 매우 다양한 작용을 한다. 입술로 통로의 길이를 늘릴 수 있는가 하면, 볼을 팽창시키거나 수축시킬 수 있고, 입술과 혀를 무한히 다양하게 움직임으로써 구강을 좁히거나 심지어 폐쇄시킬 수도 있다.

음 생산체로서 이들 기관의 역할은 그 가동성(可動性)에 정비례한다. 그래서 후두와 비강 기능의 단일성은 구강 기능의 다양성에 대응된다.

허파에서 배출되는 공기는 우선 성분을 통과하는데, 이때 성대가 접합하게 되면 후두음이 발생할 수 있다. 그러나 후두의 작용으로 언어의 소리를 구분하고 분류할 수 있도록 해주는 음운론적 변이체가 생길 수는 없다. 이 점에 있어 후두음은 단일하다. 성문에서 발생된 그대로의 음을 직접 들으면 그 특질이 우리에게는 거의 불변적인 것처럼 보인다.

비강 통로는 그 안을 통과하는 소리의 진동에 공명기 역할을 할 뿐이다. 따라서 이 비강 통로도 소리 생산체의 역할은 하지 않는다.

이와는 달리 구강은 소리 생산체와 공명기로서의 두 기능을 동시에 담당하고 있다. 성문이 넓게 열리면 어떠한 후두 진동도 일어나지 않는바, 지각되는 소리가 있다면 이는 단지 구강에서 나온 것일 뿐이다.(그것이 음성인지 아니면 단순한 자연 소리인지를 결정하는 일은 물리학자에게 맡기기로 하자.) 반대로, 두 성대의 접근으로 성문이 진동하게 되면, 입은 주로 후두음의 수정에 사용된다.

이렇게 음의 생산에 작용할 수 있는 요인은 공기의 내쉼, 구강의 조음 작용, 후두의 진동, 그리고 비강의 공명이다.

그러나 소리의 생산에 관여하는 이러한 요인들을 열거했다 하여 음소의 이화적(異化的) 요소들을 규정한 것은 아니다. 이들 음소를 분류하기 위해서는, 이들이 무엇인지보다는 이들 각자를 구별해 주는 것이 무엇인지를 아는 게 훨씬 더 중요하다. 그런데 이 분류에 있어서는 소극적 요인이 적극적 요인보다 더 중요할 수 있다. 가령 적극적 요소이지만 음성 행위 전반에 관여하는 공기 내쉼은 이화적 가치를 지니지 않는다. 반면,

소극적 요인인 비강 공명은 있거나 없거나 마찬가지로 음소를 특정짓는다. 따라서 근본적인 것은, 위에서 든 요인 중 다음의 두 가지는 소리의 생산에 있어 항구적이며 필요충분하다는 점이다.

(a) 공기 내쉼.

(b) 구강 조음 작용.

반면 나머지 두 가지는 없어도 좋고 위의 두 요인에 첨가되어도 좋다.

(c) 후두 진동.

(d) 비강 공명.

한편 (b)는 무한한 다양성을 내포하고 있는 반면, (a), (c), (d)는 단일하다는 것을 우리는 이미 알고 있다.

그 외에 기억해야 할 것은, 발성 행위가 규정되면 음소가 밝혀지고 거꾸로 발성 행위 모두가 밝혀지면 모든 음종이 규정된다는 점이다. 그런데 이들 발성 행위는, 소리 발생에 작용하는 요인에 대한 우리의 분류가 보여주듯이, 단지 마지막 세 요인에 의해서만 구별된다. 따라서 각 음소에 대해서는 다음과 같은 것이 정해져야 할 것이다. 즉 구강 조음 작용은 어떠한 것이며, 후두음을 포함하고 있는지(～～～) 아닌지(❪❫), 비강 공명을 수반하는지(……) 아닌지(❪❫)를 아는 일이다. 이 세 요소 중 하나라도 규정되지 않으면 소리에 대한 판정은 불완전하다. 그러나 이 세 요소가 모두 알려지면, 이들의 다양한 결합이 발성 행위의 근본적인 종류 모두를 규정하게 된다.

이렇게 하여 가능한 변이체의 도식을 다음과 같이 얻을 수 있다.

I열은 무성음을, II열은 유성음을, III열은 비음화된 무성음을, IV열은 비음화된 유성음을 가리킨다.

그러나 한 가지 밝혀지지 않은 사항이 남는다. 바로 구강 조음 작용의 성질이다. 따라서 그 작용의 가능한 변이체를 규정하는 일이 중요하다.

	I	II	III	IV
a	공기 내쉼	공기 내쉼	공기 내쉼	공기 내쉼
b	구강 조음	구강 조음	구강 조음	구강 조음
c	[]	~~~	[]	~~~
d	[]	[]	.....	.....

3절. 구강 조음 작용에 따른 소리의 분류

소리는 일반적으로 그 조음 위치에 따라 분류된다. 우리의 출발점은
이와 다를 것이다. 조음 위치가 어디든 간에 조음 작용은 항상 일정한
열림(aperture), 즉 완전 폐쇄와 최대 열림이라는 두 극한 사이에 열림의
등급을 수반한다. 이러한 기준하에 최소 열림에서 최대 열림으로 이행하
게 되면, 소리는 0, 1, 2, 3, 4, 5, 6의 숫자로 표시되는 일곱 가지 부류로
분류될 것이다. 앞으로 우리가 각 음소의 조음 위치에 따라 음소를 여러
유형으로 나누는 것은 단지 이러한 각 유형에서일 뿐이다.

비록 어떤 관점에서 보면 현재 쓰이는 용어는 불완전하고 부정확하긴
하지만, 지금은 그것에 따르기로 하겠다. 가령 후음, 구개음, 치음, 유음
등의 용어는 모두가 다소 비논리적이다. 입천장을 몇 개의 구간으로 나
눈다면 더 합리적일 것이다. 이렇게 하면서 혀의 조음 작용을 참작하면,
각 경우에 있어 주된 수축이 어떤 지점에 대하여 일어나는지를 언제나
말할 수 있을 것이다. 우리는 이러한 생각에 따라 본 장 2절 첫 번째 그
림의 문자를 사용하여 각 조음 작용을 공식으로 나타내 보겠다. 이 공식
에서 열림 등급의 숫자는, 능동적 기관을 가리키는 그리스 문자(왼쪽)와
수동적 기관을 지칭하는 라틴 문자(오른쪽) 사이에 표시된다. 가령 $\beta 0 e$

는, 열림 등급은 완전 폐쇄에 해당하고 혀끝 β는 윗니 e의 잇몸에 붙는다는 것을 의미한다.

결국 각 조음 작용의 내부에서 각종 음소는 부대 사항 ─ 후두음과 비강 공명 ─ 에 의해 구별되는데, 여기에서 이들 부대 사항은, 부재하거나 존재하거나 마찬가지로, 이화적 요소가 될 것이다.

바로 이러한 원칙에 의거하여 소리를 분류하고자 한다. 이는 합리적인 분류에 관한 단순한 도식일 뿐이다. 따라서 그 실제적 중요도가 어떻든 간에 복잡하고 특수한 성질을 지닌 음소들, 가령 대기음(ph, dh 등), 파찰음(ts, $d\check{z}$, pf 등), 습자음, 약모음(묵음 ∂ 또는 e 등)을 여기서 찾으려고 기대해서는 안 된다. 반대로 실제적 중요성이 없고 이화된 소리로 간주되지 않는 단순한 음소 또한 기대해서는 안 된다.

A. 열림 등급 0 : 폐쇄음

이 부류는 구강의 완전 닫힘, 즉 순간적인 완전 폐쇄에 의해 생기는 모든 음소를 포함한다. 소리가 닫히는 순간에 나는지 열리는 순간에 나는지는 검토할 필요가 없다. 사실상 소리는 그 두 가지 방식으로 다 발생될 수 있다.(부록 2장 2절 참고.)

조음 위치에 따라서 폐쇄음은 세 가지 주된 유형으로 구분할 수 있다. 순음형(p, b, m), 치음형(t, d, n), 속칭 후음형(k, g, $\acute{n}$)이다.

순음은 두 입술로 조음된다. 치음은 혀끝이 입천장 앞부분에 닿고, 후음의 경우 혀의 등이 입천장 뒷부분에 접촉된다.

많은 언어에서 특히 인도유럽어에서, 인후 조음은 두 가지로 명백히 구분되는데, 그 하나는 f-h상의 구개음이고, 다른 하나는 i상의 연구개음이다. 그러나 다른 언어에서는 예컨대 불어에서는, 이러한 차이가 무시되며, 우리의 청각은 $court$에서와 같은 연구개음 k와 qui에서의 경구개음 k를 동일시한다.

순 음			치 음			후 음		
p	b	(m)	t	d	(n)	k	g	(n)
αOα	αOα	αOα	βOe	βOe	βOe	γOh	γOh	γOh
[]	~~~	~~~	[]	~~~	~~~	[]	~~~	~~~
[[	[]	.....	[]	[]	.....	[]	[]	.....

위의 도표는 이러한 각종 음소에 대한 공식을 나타낸다.

비음 *m*, *n*, *ñ*은 고유한 의미에서의 비음화된 유성폐쇄음이다. *amba*를 발음하면 목젖이 올라가서 *m*음에서 *b*음으로 전이하는 순간에 비강을 폐쇄시킨다.

이론상 각 유형은 성대의 진동이 없는, 즉 무성의 비음을 내포한다. 이리하여 스칸디나비아어에서는 무성 *m*이 무성음 다음에 존재한다. 불어에서도 그러한 실례를 찾아볼 수는 있을 것이나, 화자들은 거기에서 이화적 요소를 보지 못한다.

도표에서 비음은 괄호로 표시되어 있다. 사실 이들이 조음될 때 구강음은 완전히 폐쇄되지만, 비강 통로의 열림은 이들 음에 더욱 높은 열림등급의 특성을 부여한다.(C 부류 참고.)

B. 열림 등급 1: 마찰음 또는 협착음

그 특징은 구강의 불완전 폐쇄인데, 이 때문에 공기가 통과할 수 있다. 협착음(*spirante*)이라는 용어는 아주 보편적인 것이고, 마찰음(*fricative*)이라는 용어는 폐쇄 정도에 대해서는 아무런 암시도 주지 않지만 공기 통과로 인한 마찰이라는 인상을 불러일으킨다.(라틴어 *fricāre*.)

이 부류는 앞에서처럼 세 가지 유형으로만 그칠 수 없다. 우선 고유한 의미에서의 순음(폐쇄음 *p*와 *b*에 해당한다.)은 매우 드물게 사용되므로

순치음		치 음					
f	*v*	*þ*	*đ*	*s*	*z*	*š*	*ž*
ɑɪd	ɑɪd	βɪd	βɪd	β'ɪd	β'ɪd	β"ɪd	β"ɪd
[]	[]	[]	[]	[]	[]	[]	[]

경구개음		후 음	
χ'	γ'	χ	γ
γɪf	γɪf	γɪi	γɪi
[]	[]	[]	[]

þ : 영어 *thing*에서의 *th*

đ : 영어 *then*에서의 *th*

s : 불어 *si*에서의 *s*

z : 불어 *rose*에서의 *s*

š : 불어 *chant*에서의 *ch*

ž : 불어 *génie*에서의 *g*

x' : 독어 *ich*에서의 *ch*

r' : 북부 독어 *ligen*에서의 *g*

x : 독어 *Bach*에서의 *ch*

r : 북부 독어 *Tage*에서의 *g*

제외하겠다. 이들 음은 대개 아랫입술과 윗니가 근접함으로써 발생되는 순치음으로 대체된다.(불어에서의 *f*와 *v*.) 치음은 혀끝이 수축할 때 취하는 형태에 따라 몇 가지 변이체로 나뉜다. 혀끝의 다양한 형태는 자세한 구분 없이 β, β', β"로 표시하고자 한다. 입천장이 관여하는 음에 있어서는 일반적으로 청각에 의해 전부(前部) 조음 작용(경구개음)과 후부(後部) 조음 작용(연구개음)이 구분된다.[4]

폐쇄음 *n*, *m*, *ñ* 등에 해당하는 음, 즉 비음 *v*나 비음 *z*와 같은 음이 마찰음에 존재하는가? 이를 상상하기는 쉽다. 가령 불어 *inventer*에서 비음 *v*를 지각할 수 있다. 그러나 일반적으로 비음 마찰음이란 언어가 의식하고 있는 음이 아니다.

C. 열림 등급 2 : 비음(앞의 A 부류 참고.)

D. 열림 등급 3 : 유음(流音)

두 종류의 조음 작용이 이 부류에 속한다.

(1) 설측 조음 : 혀가 입천장 전반부에 닿으면서도 좌우에 틈을 남기는 것으로, 우리의 공식에서는 그 위치가 *l*로 표시된다. 조음 위치에 따라 치음 *l*, 경구개음 또는 '습음' *l'*, 그리고 후음 또는 연구개음 *ł*로 나뉜다. 거의 모든 언어에 있어서 이들 음소는 *b*, *z* 등과 마찬가지로 유성음이다. 그렇다고 무성음이 불가능한 것은 아니다. 그러한 음은 심지어 불어에도 존재하여, 무성음 뒤에 오는 *l*은 후음의 개재 없이 발음된다.(가령 *pluie*에서의 *l*은 *bleu*의 *l*과 대립된다.) 그러나 우리는 이 차이를 의식하지 않는다.

비음 *l*은 존재하긴 하여 특히 비음 다음에 올 수 있지만(가령 불어 *branlant*에서), 이는 매우 드물고 또 이화적이 아니므로 거론할 필요가 없다.

(2) 진동 조음 : 혀가 *l*에서보다 입천장에 덜 접근한다. 그러나 혀가 구

---

4) 인도유럽어에 있어서 K₁과 K₂의 두 계열이 갖는 괄목할 만한 중요도에도 불구하고, 소쉬르는 자신의 단순화라는 방법론에 충실하여, *A* 부류에 대해 이와 같은 구분의 필요성을 느끼지 않았다. 즉 이 점에서는 아주 의도적인 생략이 게재된 것이다.

i	l'	l	r	
$\beta^l\,3\,e$	$\gamma^l\,3/-h$	$\gamma^l\,3\,i$	$\beta^\upsilon\,3\,e$	$\gamma\,3\,\delta\upsilon$
~~	~~~	~~~	~~~	~~~
[]	]]	[]	[]	[]

르는 수는 일정치 않으나 진동은 하여(공식에서 υ 기호), 이 때문에 측음에 해당하는 열림 등급이 생긴다. 이러한 진동 작용은 두 가지 방식으로 발생한다. 첫째는 혀끝을 앞으로 내밀어 잇몸에 닿게 하는 경우(속칭 불어의 '굴리는' r)이고, 둘째는 혀 뒷부분을 뒤로 당기는 경우(목구멍으로 발음하는 r)이다. 무성 또는 비음 진동음에 대해서는 위에서 측음을 설명했던 것과 똑같은 식으로 말할 수 있다.

열림 등급 3을 넘어서면 우리는 다른 영역에 들어서게 된다. 즉 '자음'에서 '모음'으로 넘어간다. 지금까지는 이러한 구분을 암시하지 않았는데, 그 이유는 발성의 메커니즘이 동일하기 때문이다. 모음 공식은 그 어떤 유성자음의 공식과 모든 점에서 비교될 수 있다. 구강 조음의 관점에서 볼 때 구분이 필요 없다. 다른 것이 있다면 단지 청각적인 효과뿐이다. 특정의 열림 등급을 넘어서면 구강은 주로 공명기로서의 기능을 한다. 후음의 음색이 완전히 나타나고 입 안에서의 자연 소리는 소멸한다. 즉 입이 닫히면 닫힐수록 후음이 차단되고, 반면 입이 많이 열리면 열릴수록 자연 소리는 감소한다. 이리하여 순전히 기계적으로 음성은 모음에서 주를 이룬다.

E. 열림 등급 4 : i, u, ü

다른 모음에 비교해 볼 때, 이들 음은 아직도 상당한 폐쇄를 전제하는데, 자음들의 폐쇄와 아주 가깝다. 여기에서 비롯되는 결과들은 다음에 나타나는데, 일반적으로 이들 음소에 부여되는 반모음이라는 명칭을 합리화해 준다.

*i*는 입술을 좌우로 당겨(기호 ‾) 전반부 조음 작용에 의해 발음되고, *u*는 입술을 동그랗게 하여(기호 °) 후반부 조음 작용에 의해 발음되며, *ü*는 입술 위치는 *u*같이 하고 조음 작용은 *i*같이 함으로써 발음된다.

모음이 다 그렇듯이 *i*, *u*, *ü*는 비음화된 형태를 지닌다. 그러나 이들 비음화 형태는 드물어서 무시해도 좋을 것이다. 특기할 것은 불어 철자에서 *in*과 *un*으로 표기된 소리들이 다른 것에 해당한다는 점이다.(다음의 내용 참고.)

무성음 *i*, 즉 후음의 개재 없이 조음되는 *i*음이 존재할까? 동일한 질문이 *u*와 *ü* 그리고 모든 모음에서도 제기된다. 무성자음에 해당할 이들 음소는 존재하기는 한다. 그러나 이들을 속삭이는 모음, 즉 성문을 이완시켜 조음하는 모음들과 혼동해서는 안 된다. 무성모음은 그 앞에서 발음되는 대기음 *h*와 동일한 것으로 볼 수 있다. 가령 *hi*에서 우선은 진동 없는 *i*가 들리고 난 다음에 정상적인 *i*가 들린다.

F. 열림 등급 5: e, o, ö

이들의 조음 작용은 각기 *i*, *u*, *ü*의 것과 상응한다. 비음화된 모음은 빈번하다.(가령 불어 *pin*, *pont*, *brun*에서의 *ẽ*, *õ*, *ṏ*.) 무성음 유형은 *he*, *ho*, *hö*에서의 대기음 *h*이다.

e	*o*	*ð*	*é*	*õ*	*ö̃*
⁻γ5ƒ	°γ5i	°γ5ƒ	⁻γ5ƒ	°γ5i	°γ5ƒ
〜〜	〜〜	〜〜	〜〜	〜〜	〜〜
▯	▯	▯	·····	·····	·····

※ 주의 : 많은 언어가 이 *F* 부류에서 몇 가지 열림 등급을 구분한다. 가령 불어에서는 적어도 두 계열이 있는데, 그 하나는 소위 폐음 계열로 *ẹ, ọ̈, ọ*(가령 *dé, dos, deux*에서)이고, 다른 하나는 개음 계열로서 *ẹ, ọ, ọ̈*(가령 *mer, mort, meurt*에서)이다.

G. 열림 등급 6 : a

최대 열림으로, 더 수축된 것은 사실이나 *ã*(가령 *grand*)이라는 비음 형태와 *ha*의 *h*라는 무성음 형태가 있다.

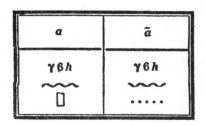

2장

화언 연쇄상의 음소

1절. 소리를 화언 연쇄상에서 연구해야 할 필요성

전문적인 학술 논문, 특히 영국 음성학자들의 저서에서 언어활동의 소리에 관한 상세한 분석을 찾아볼 수 있다.

음운론이 언어학의 보조 과학으로서 자신의 역할을 해낼 만큼 이들 분석이 충분한가? 축적된 그 많은 세부 자료는 그 자체로는 가치가 없으며, 단지 종합만이 중요하다. 언어학자는 통달한 음운학자가 될 하등의 필요가 없다. 그가 요구하는 것은 단지 언어 연구에 필요한 어느 정도의 자료를 부여받는 일이다.

한 가지 점에 있어 이러한 음운론의 방법이 유난히도 빗나가 있다. 즉 언어에는 소리만이 아니라 발음된 소리들이 모일 수 있다는 사실을 음운론에서 지나치게 망각하고 있는 것이다. 이들 소리의 상호 관계가 아직도 충분한 관심을 받지 못하고 있다. 그런데 바로 이런 관계는 처음부터 우리에게 주어지는 것이 아니다. 음절이 그 구성음들보다 더욱 직접적으로 제시된다. 앞에서 보았듯이 어떤 원시 문자체계는 음절 단위를 나타내고 있으며, 훨씬 나중에야 알파벳 체계에 다다랐다.

게다가 단순 단위는 언어학에서 결코 귀찮은 존재가 아니다. 가령 특정 시기 특정 언어에서 모든 *a*가 *o*로 되었다고 해도, 거기에서 비롯되는 결과는 전무하다. 이 현상을 음운론적으로 설명하려 하지 않고 확인하는 것으로 그칠 수도 있다. 소리의 과학은 둘 또는 그 이상의 요소가 어떤 내적 의존 관계에 있을 때만 귀중한 것이 된다. 왜냐하면 한 요소가 변화하는 데 따라 다른 요소가 변화하는 데 한계가 있기 때문이다. 두 가지 요소가 존재한다는 사실 그 자체만으로도 어떤 관계와 어떤 규칙이 생기는바, 이는 확인과는 전혀 다르다. 따라서 음운론은 음운 원칙 연구에 있어 개별음에 치중함으로써 그릇되게 진행되고 있는 것이다. 사람들은 두 음소만 있어도 금방 당황한다. 가령 고대 고지독어에서 *hagl, balg, wagn, lang, donr, dorn*은 나중에 *hagal, balg, wagan, lang, donnar, dorn*이 되었다. 이렇게 음소 그룹에 있어 음소의 성질과 순서에 따라 그 결과가 다르다. 즉 하나의 모음이 두 자음 사이에서 발달할 수도 있고, 또 그룹 전체가 밀집 상태로 남아 있을 수도 있다. 그러나 이에 관한 법칙을 어떻게 세운단 말인가? 그러한 차이는 어디에서 비롯된 것일까? 아마도 이들 낱말에 담긴 자음 그룹(*gl, lg, gn* 등)에서 비롯된 것이리라. 이들 자음 그룹이 모두 하나의 폐쇄음으로 형성되어 있고, 이 폐쇄음이 어떤 경우에는 유음 또는 비음 뒤에 오고 또 어떤 경우에는 앞에 온다는 사실은 명백하다. 그렇지만 그 결과는 어떤가? *g*와 *n*을 동질적 양으로 간주하는 한 *g-n*관계가 왜 *n-g*와는 다른 효과를 가져오는지 알 수 없다.

따라서 음종을 다루는 음운론 이외에 이음소(二音素) 그룹들과 음소의 연속을 그 출발점으로 삼는 또 다른 과학이 있을 수 있는데, 이 과학은 음운론과는 판이하다. 개별음의 연구에서는 발음기관의 위치를 확인하는 것으로 충분하며, 음소의 청각적 특질은 문제시되지 않는다. 청각적 특질은 귀에 의해서 규정되기 때문이다. 조음 작용은 마음대로 할 수 있는 것이다. 그러나 결합된 두 음을 발성하는 경우에는 문제가 그리 간단하지 않다. 우리가 원했던 대로 언제나 발음할 수 있는 것은 아니다. 음종들을 연결시키는 자유는 조음 운동들을 연결시킬 수 있는 가능성에 의해 한정된다. 음소 그룹 안에서 일어나는 현상을 고찰하기 위해서는, 조음 운동을 방정식처럼 다룰 수 있는 음운론이 확립되어야만 한다. 하나의 이음소 그룹은 상호 조건 지우는 특정 수효의 기계적이고 청각적인 요소들을 내포한다. 그중 한 음소가 변하면, 이 변이는 다른 음소에 필연적인 반향을 일으키게 되는데, 이 반향은 계산할 수 있을 것이다.

발성 현상에 있어서 만약 어떤 것이 보편성을 드러내 음소의 모든 지엽적 다양성보다 우월한 것으로 보인다면, 아마도 이는 방금 문제시되었던 그러한 규칙적인 기계장치일 것이다. 바로 여기에서 음소 그룹에 대한 음운론이 일반언어학에서 지녀야 할 중요성을 볼 수 있다. 모든 소리, 즉 언어의 가변적이고도 우연적인 요소를 조음하기 위한 규칙을 제시하는 것에 일반적으로 만족하는 것과는 대조적으로, 이 결합적 음운론은 가능성을 한정하고 상호 의존적인 음소들 간의 항구적인 관계를 고정해 준다. 가령 *hagl*, *balg* 등의 경우에는 그토록 많이 토의되었던 인도유럽어 명음(鳴音)의 문제가 제기된다. 그런데 바로 이 분야가 이런 식으로 이해되는 음운론을 가장 필요로 하는바, 그 이유는 음절 구분이야말로 이 음운론이 처음부터 끝까지 그 대상으로 삼는 것이기 때문이다. 그것이 위의 방법으로 해결해야 할 유일한 문제는 아니다. 그럼에도 한 가지 분명한 사실은, 음소들의 결합을 지배하는 법칙에 대한 정확한 평가 없이는 명음의 문제를 거의 다룰 수가 없다는 점이다.

2절. 내파와 외파

하나의 근본적인 관찰에서 시작하기로 하자. *appa*라는 음소 그룹을 발음할 때 두 *p* 사이의 차이를 감지할 수 있는데, 전자는 닫힘에 해당하고 후자는 열림에 해당한다. 이 두 인상은 매우 유사해서 pp라는 연속이 심지어는 단일 p로 표기됐을 정도이다.(부록 1장의 각주 1 참고.) 그러나 바로 이 차이로 인해 $appa$의 두 p를 특수 기호 (⌃⌣)로써 구별할 수 있으며 $appa(a\overset{\frown}{p}\overset{\smile}{p}a)$, 또한 그들이 연쇄상에서 계속되지 않을 때라도 $(a\overset{\frown}{p}ta,\ atp\overset{\smile}{a})$ 이들 각자를 특징지을 수 있다. 이와 동일한 구분이 폐쇄음 이외에도 계속 적용될 수 있어, 파찰음($a\overset{\frown}{f}\overset{\smile}{f}a$), 비음($a\overset{\frown}{m}\overset{\smile}{m}a$), 유음($a\overset{\frown}{l}\overset{\smile}{l}a$), 그리고 일반적으로 a를 제외한 모음들($a\overset{\frown}{o}\overset{\smile}{o}a$)에 이르기까지 모든 음소에 적용된다.

닫힘은 내파, 열림은 외파라 불린다. p는 내파적($\overset{\frown}{p}$) 또는 외파적($\overset{\smile}{p}$)이라 불린다. 이와 동일한 의미에서 닫히는 소리 또는 열리는 소리라 말할 수 있다.

$appa$와 같은 음소 그룹에서는, 내파와 외파 이외에 폐쇄가 마음대로 연장될 수 있는 정지 시간을 아마도 식별할 수 있을 것이다. $alla$ 음소 그룹에서처럼 좀 더 높은 열림 등급의 음소인 경우에는, 발음기관이 움직이지 않는 사이에 지속되는 것은 소리 그 자체의 발성이다. 일반적으로 말해서, 모든 화언 연쇄상에는 이러한 중간적 단계가 있는바, 이를 지속음 또는 정지 조음 작용이라 부르고자 한다. 그러나 이들 단계는 내파 조음 작용과 동일시될 수 있는데, 그 이유는 그들의 효과가 유사하기 때문이다. 이 다음에서는 내파와 외파만을 고찰하겠다.[1]

이러한 방법은, 음운론에 대한 완벽한 저술에서라면 채택될 수 없겠지만, 음절 구분 현상의 근본적 요인을 되도록 간단한 도식이 되게 하는

---

1) 논란의 여지가 가장 많은 이론적 쟁점 중의 하나가 바로 이 점이다. 몇몇 반론에 대처하기 위해서, f의 경우와 같은 모든 정지 조음 작용은 두 힘의 작용에서 비롯된 것이라고 지적할 수 있다. 즉 앞을 막는 구강벽에 대한 공기 압력과, 이 압력에 맞서 수축하는 이들 구강벽의 저항력이다. 따라서 지속음은 계속되는 내파에 불과하다. 바로 이 때문에 하나의 내파음과 동질의 지속음을 차례로 오게 하면 그 효과는 시종일관 계속된다. 이러한 이유로 이 두 종류의 조음 작용을 기계적이고 청각적인 한 단위로 통합하는 것은 비논리적이라 볼 수 없다. 이와는 반대로 외파음은 결합된 내파음과 지속음 모두에 대립된다. 외파음은 본래 일종의 이완이다. 6절 참고.

논술에서는 정당화될 수 있다. 이렇게 함으로써 화언 연쇄를 음절로 분할할 때 제기되는 모든 난점이 해결된다고 주장하는 것은 아니고, 단지 이 문제의 연구를 위한 합리적인 토대를 제시하고자 할 뿐이다.

한 가지 더 주목할 것이 있다. 발성이 요하는 닫히고 열리는 운동과, 그 소리 자체의 다양한 열림 등급을 혼동하지 말아야 한다. 어떤 음소든지 외파적이며 내파적일 수 있다. 그러나 소리의 열림 등급이 높아짐에 따라 내파와 외파라는 두 근육 움직임의 구별이 그만큼 희미해진다는 점에서 볼 때, 열림 등급이 이 둘에 영향을 미치는 것은 사실이다. 가령 i, u, $\ddot{u}$에서는 그 차이를 아직도 매우 잘 지각할 수 있다. $a\overset{>}{i}\overset{<}{i}a$의 경우 닫히는 i와 열리는 i를 포착할 수 있다. 마찬가지로 $a\overset{>}{u}\overset{<}{u}a$ $a\overset{>}{\ddot{u}}\overset{<}{\ddot{u}}a$에서도 내파음은 뒤따르는 외파음과 확연히 구별된다. 보통 때와는 달리 구별은 매우 뚜렷해서 문자체계가 종종 이를 표시해 줄 정도이다. 가령 영어의 w, 독어의 j, 그리고 종종 불어의 y($yeux$ 등에서)도 $\overset{>}{u}$와 $\overset{>}{i}$에 쓰이는 u와 i에 대립해서 열림 소리($\overset{<}{u}$, $\overset{<}{i}$)를 나타낸다. 그러나 좀 더 높은 열림 등급에서는 (e와 o) 내파와 외파가 이론상으로는 생각할 수 있어도($a\overset{>}{e}\overset{<}{e}a$, $a\overset{>}{o}\overset{<}{o}a$), 실제상으로는 구별하기 매우 힘들다. 마지막으로 최상위 열림 등급에 이르면 위에서 지적했던 것처럼 a는 내파도 외파도 내보이지 않는데, 그 이유는 이 음소의 경우 열림 정도가 이와 같은 차이를 모두 말소시켜 버리기 때문이다.

$\overset{>}{p}$	$\overset{<}{p}$	등
$\overset{>}{f}$	$\overset{<}{f}$	등
$\overset{>}{m}$	$\overset{<}{m}$	등
$\overset{>}{r}$	$\overset{<}{r}$	등
$\overset{>}{i}$	$\overset{<}{y}$	등
$\overset{>}{e}$	$\overset{<}{e}$	등
$a.$		

따라서 a만 제외하고는 음소의 일람을 이분하여 환원 불가능한 단위 목록을 위와 같이 작성해야 한다.

우리는 서기법에 의해 인정된 구분을 없애지 않고 오히려 이를 신중하게 고수하겠다. 이러한 관점의 정당성은 이후에 나올 7절에서 볼 것이다.

처음으로 우리는 추상에서 벗어났다. 화언 연쇄상에서 한 자리를 차지하고 한 시간 길이를 나타내는 구체적이고도 분해할 수 없는 요소들이 이제야 드러난 셈이다. p는 $\acute{p}$와 $\grave{p}$의 공통성을 합친 하나의 추상적 단위일 뿐이라고 할 수 있는데, 실제로는 이들 후자만을 보게 된다. 매한가지로 B, P, M은 순음이라는 상층의 추상적 개념에 통합된다. P를 동물의 종처럼 말할 수 있다. 즉 암수의 표본은 있지만 종의 관념적인 표본은 없다. 지금까지 우리가 구별하고 분류한 것은 바로 이들 추상 개념이다. 그러나 거기에서 더 나아가 구체적 요소에 도달하는 것이 필요했다.

단위에 대한 정의를 더욱 면밀히 검토하지 않은 채 이러한 추상적 개념들을 현실적인 단위로 간주한 것은 음운론의 커다란 과오였다. 그리스 알파벳은 이 추상적 요소들을 구별하기에 이르렀고, 그 알파벳이 전제하는 분석은, 이미 말했듯이, 가장 괄목한 만한 것이었다. 그러나 이 분석은 어느 정도에 그치고 말았으므로 불완전한 것이었다.

사실 다른 규정이 없다면 p란 과연 무엇이란 말인가? p를 화언 연쇄상의 성분으로 간주해 시간 속에서 고찰해 보면, 그것은 특별히 $\acute{p}$도 아니고 $\grave{p}$도 아니며 $\acute{p}\grave{p}$는 더욱 아닌바, 그 이유는 $\acute{p}\grave{p}$란 음소 그룹은 확실히 분해할 수 있기 때문이다. 또한 p를 화언 연쇄나 시간의 개입 없이 고려하게 되면, 그것은 이미 고유한 존재도 없고 아무 소용도 없는 것에 불과하다. $l+g$와 같은 음소 그룹은 그 자체로 무엇을 의미한단 말인가? 두 가지 추상 개념은 시간 속에서 한 순간을 형성할 수 없다. $\acute{lk}$, $\grave{lk}$, $\acute{l}\grave{k}$, $\grave{l}\acute{k}$에 대해 논하면서 화언의 진정한 요소들을 결합시키는 것은 전혀 별개의 문제이다. 왜 두 요소만 있어도 전통적 음운론이 곤란해하는가는 이 때문이라는 것을 알 수 있다. 따라서 전통적 음운론이 한 것처럼 추상적 음운 단위를 가지고 연구할 수는 없다는 것이 입증된다.

가령 *pa*나 *apa*에서의 *p*처럼 연쇄상에서 고찰된 모든 단순 음소에는 연달아 내파 현상과 외파 현상이 발생된다($\widehat{apa}$)는 이론이 표명된 바 있다. 물론 모든 열림에는 닫힘이 선행된다. 또 다른 실례를 들자면, $\widehat{rp}$를 발음할 때에는 *r*의 닫힘을 거친 후 *p*의 폐쇄가 입술에 의해 이루어지는 동안 열리는 *r*을 목젖으로 조음해야만 할 것이다. 그러나 이러한 반대 이론에 답하는 데에는 우리의 관점이 어떠한 것인지를 명시하는 것으로 충분하다. 우리가 분석하려는 발성 행위에 있어 고찰 대상이 되는 것은 단지 이화적 요소들뿐인바, 이들은 청각에 직접적으로 지각되고 화언 연쇄상에서 청각 단위들의 경계를 뚜렷이 해줄 수 있다. 단지 이들 청각-역동 단위만이 고려되어야 한다. 따라서 외파음 *p*의 조음을 동반하는 외파음 *r*의 조음은 우리에게는 존재하지 않는다. 왜냐하면 이러한 조음은 지각할 수 있는 소리를 발생시키지 않거나, 또는 적어도 음소의 연쇄상에서는 중요하지 않기 때문이다. 바로 이것이 이론 전개를 이해하기 위해 철저히 인식해야 할 근본적 관점이다.

3절. 연쇄상에서의 외파와 내파의 각종 결합

이제 외파와 내파의 연속으로부터 야기되는 결과가 어떠한 것인지를 이론상 가능한 다음과 같은 네 가지 결합에서 살펴보자. (1) <>, (2) ><, (3) <<, (4) >>.

(1) 외파-내파 그룹(<>): 한 외파 음소와 한 내파 음소는 화언 연쇄를 단절하지 않고 항상 결합될 수 있다. 예를 들어 $\overset{<>}{kr}$, $\overset{<>}{ki}$, $\overset{<>}{ym}$ 등.(산스크리트어 $\overset{<>}{krta}$-, 불어 $\overset{<>}{kite}$ 'quitter(떠나다)', 인도유럽어 $\overset{<>}{ymto}$- 등 참조.) 물론

$\overset{\scriptstyle\smile}{kt}$ 등과 같은 몇몇 결합은 실제적으로 실현될 가능성이 있는 청각적 효과를 갖지 않는다. 그렇다고 해도 열린 k를 조음한 다음에 발음기관들이 어떤 한 지점에서 수축 작용을 하기 위해 바람직한 자세를 취하는 것은 사실이다. 이 두 발성 단계는 서로 방해하지 않으면서 연속될 수 있다.

(2) 내파-외파 그룹(＞＜): 동일한 조건과 동일한 제한 아래서라면 내파음 하나와 외파음 하나가 결합하지 못할 하등의 이유가 없다. 예컨대 $\overset{\scriptstyle >\!\!<}{im}$, $\overset{\scriptstyle >\!\!<}{kt}$ 등.(그리스어 *haîma*, 불어 *actif* 등 참조.)

물론 이들 연속적 조음 순간들이 앞의 경우에서만큼 그렇게 자연스럽게 이어지지는 않는다. 처음에 내파음이 오느냐 외파음이 오느냐에 따라 다음과 같은 차이가 있다. 외파의 경우 입술은 중립적 모양을 하는 경향이 있으므로 뒤따르는 순간은 이에 얽매이지 않는 반면, 내파는 어떠한 특정 모양을 만드는데 이 모양은 그 어떤 외파의 출발점도 될 수 없다. 따라서 두 번째 음소를 조음할 때, 발음기관의 모양을 적응시키기 위한 운동이 항상 필요하다. 가령 $\overset{\scriptstyle >\!\!<}{sp}$ 그룹의 s를 발음하는 동안 입술을 다물어 열린 p를 준비하고 있어야 한다. 그러나 경험에 의해 그 적응 운동은 아무런 눈에 띌 만한 것도 산출하지 않는다는 것을 알 수 있다. 단지 산출한다면 찰나적인 소리일 뿐인데, 이는 고려할 가치도 없을 뿐너러 화언 연쇄의 연속을 전혀 방해하지도 않는다.

(3) 외파 고리(＜＜): 두 가지 외파가 연속적으로 일어날 수 있다. 그렇지만 만약 두 번째 외파가 열림 등급이 더 낮거나 동등한 음소일 경우에는, 그 반대 경우에서 볼 수 있거나 앞의 두 경우에서 나타났던 단위라는 청각적 느낌은 없을 것이다. $\overset{\scriptstyle <\!\!<}{pk}$는 발음할 수는 있지만(*pka*) 연쇄를 형성하지는 못하는바, 그 이유는 P와 K라는 음종이 동일한 열림 등급에 속하기 때문이다. *cha-$\overset{\scriptstyle <\!\!<}{pka}$*에서 첫 번째 *a* 다음에 정지함으로써 생길 수 있는 별로 자연스럽지 못한 발음이 바로 그렇다.[2] 이와는 반대로 $\overset{\scriptstyle <\!\!<}{pr}$

는 연속의 인상을 준다.(*prix* 참조.) $\overset{<<}{ry}$ 또한 별로 어렵지 않다.(*rien* 참조.) 왜일까? 그 이유는 맨 처음의 외파가 발생하는 순간 발음기관들은 두 번째 외파를 발음하기에 적합한 자세를 이미 취하고 있으며, 이 때문에 첫 번째 외파의 청각적 효과가 지장을 받지는 않기 때문이다. 가령 *prix*에서 *p*가 발음되는 동안 발음기관들은 이미 *r*조음 자세를 취하고 있다. 그렇지만 반대 방향의 계열인 $\overset{<}{rp}$를 계속되는 고리상에서 발음하는 것은 불가능하다. 그 이유는, 열린 $\overset{<}{r}$를 조음함과 동시에 $\overset{<}{p}$의 자세를 취하는 것이 기계적으로 불가능하기 때문이 아니라, 이 $\overset{<}{r}$의 운동이 열림 등급이 더 낮은 $\overset{<}{p}$에 부딪힘으로써 지각될 수 없을 것이기 때문이다. 따라서 $\overset{<}{rp}$가 잘 풀리게 하기 위해서는 두 번에 걸쳐 조음해야 할 것이므로 발성은 단절될 것이다.

연속되는 외파 고리는 낮은 열림 등급에서 더 높은 등급으로 이행되기만 하면 두 가지 이상의 요소를 포함할 수 있다.(가령 $\overset{<<<}{krwa}$.) 우리가 자세히 다룰 수 없는 몇몇 특수 경우를 제외한다면,[3] 가능한 외파 수효의 자연적 한계는 실제적으로 구별할 수 있는 열림 등급의 수효이다.

---

2) 이런 유형의 몇몇 음소 그룹은 몇 가지 언어에 있어서는 매우 흔하게 사용된다.(가령 그리스어 낱말의 첫머리음 *kt. kteinō* 참조.) 이들 음소군은 발음하기는 쉽지만 청각 단위를 이루지는 못한다.

3) 여기서는 의도적으로 단순화하기 위해 음소에 있어 그 열림 등급만을 고려하고, 조음 위치나 조음의 개별적 특성은 무시하고 있다.(가령 무성음/유성음의 구분이나 진동음/설측음의 구분 등.) 따라서 열림 등급이란 유일한 원칙에서 나온 결론은 모두 실제 경우에 예외 없이 적용될 수는 없다. 가령 *tyra*와 같은 음소 그룹에서 처음의 세 요소는 연쇄의 단절 없이 발음되기는 어렵다. $\overset{<}{tyra}$(적어도 $\overset{<}{y}$가 $\overset{<}{r}$을 구개음화시켜 이와 혼합되지 않는 한 말이다.) 그럼에도 세 요소 *try*는 완벽한 외파 고리를 형성한다.(이외에 본 장 7절의 (2)에 있는 *meurtrier* 등에 관한 사항 참조.) 그와는 반대로 *trwa*는 전혀 어려움이 따르지 않는다. 또한 *pmla* 등과 같은 고리를 예로 들자면, 여기에서는 비음을 내파적으로 발음하지 않는다는 것이 매우 어렵다($\overset{<}{pm}\overset{<}{la}$). 이러한 변칙적인 경우는 특히 외파에서 나타나는데, 그 이유는 외파란 그 본질상 순간적 행위이며 지연될 수 없는 것이기 때문이다.

(4) 내파 고리($>>$) : 이는 정반대 법칙에 지배된다. 한 음소가 뒤따르는 음소보다 더 많이 열리는 경우 연속의 느낌을 받기 마련이다.(가령 $\overset{>>}{ir}$, $\overset{>>}{it}$) 이러한 조건이 충족되지 못하면, 즉 뒤따르는 음소가 앞선 음소보다 더 많이 열리거나 동등한 열림 등급에 속할 때는, 발음은 가능하나 연속의 인상은 사라지고 만다. 가령 $\overset{>>>}{asrta}$의 $\overset{>>}{sr}$는 cha-pka(본 장 3절 참고.)에서의 $\overset{>}{pk}$ 음소 그룹과 동일한 특성을 지닌다. 이러한 현상은 우리가 이미 외파 고리에서 분석했던 것과 모든 점에서 대등하다. 즉 $\overset{>>}{it}$에서 $\overset{>}{i}$의 더 낮은 열림 등급으로 인해 $\overset{>}{r}$는 외파하지 않아도 된다. 또한 동일한 지점에서 조음되지 않는 두 음소를 지닌 $\overset{>>}{rm}$ 같은 고리를 살펴보면, $\overset{>}{m}$ 때문에 $\overset{>}{r}$가 외파하지 않아도 되는 것은 아니지만, 더욱 닫힌 자신의 조음 작용에 의해 $\overset{>}{r}$의 외파를 완전히 덮어버림으로써 마찬가지 결과가 초래된다. 그렇지 않으면 반대 경우인 $\overset{>>}{mr}$에서처럼, 기계적으로는 없어서 안 될 찰나적 외파가 화언 연쇄를 단절시키게 된다.

내파 고리는 외파 고리와 마찬가지로 두 개 이상의 요소를 포함할 수 있음을 알 수 있다. 이때 물론 그 요소들 각자는 뒤따르는 요소보다 열림 등급이 더 높아야만 한다.($\overset{>>>}{arst}$ 참조.)

고리가 단절되는 경우는 차치하고, 이제 정상적인 연쇄를 고찰하기로 하자. 이 연쇄는 '생리학적'이라고 칭할 수 있는데, 이는 불어 낱말인 *particulièrement* 즉 $\overset{<\ >><>\ <<>>\ <}{partikülyermã}$에 의해서 나타나는 그대로의 연쇄이다. 이 연쇄는 단계적인 외파 고리와 내파 고리의 연속을 그 특징으로 하는데, 이들 고리는 구강 기관의 열림과 닫힘의 연속에 해당한다.

이렇게 정의된 정상적 연쇄로부터 다음과 같은 확인을 할 수 있는데, 그 중요성은 절대적이다.

4절. 음절의 경계와 모음점

소리의 연쇄에서 내파로부터 외파로 옮겨갈 때(> | <), 예를 들어 *particulièrement*의 *i̯k*처럼, 음절 경계의 지표가 되는 특수한 효과를 얻게 된다. 하나의 기계적인 조건이 특정한 청각 효과와 이렇게 규칙적으로 일치할 때, 내파-외파군은 음운 질서 내에서 고유하게 존재하게 된다. 즉 그 구성 음종들이 무엇이든 간에 그 특성은 지속된다. 이것은 하나의 유형이 되는데, 여기에는 가능한 결합의 수만큼 음종의 수가 있다.

음절 경계는 어떤 경우에 있어서는 내파에서 외파로의 이행이 빠르냐 느리냐에 따라, 동일한 음소 계열에서도 다른 두 지점에 놓일 수 있다. 가령 *ardra*란 음소 그룹에서 *ar̂d̂ra*로 나누든 *ar̂d̂r̂a*로 나누든 간에 연쇄는 단절되지 않는다. 왜냐하면 내파 고리인 *ar̂d*는 외파 고리인 *d̂r*와 똑같이 단계적으로 발음되기 때문이다. 이러한 점은 *particulièrement*의 *ülye*에서도 마찬가지일 것이다.(*ül̂ye* 또는 *ül̂ye*.)

두 번째로, *artiste*의 *ar̂t*처럼 침묵 상태에서 최초의 내파(>)로 이행하는 곳에서나, 또는 *particulièrement* *par̂t*처럼 외파에서 내파로 이행하는 곳에서는, 이 최초의 내파가 발생되는 소리는 고유한 효과 즉 모음 효과로 말미암아 인접한 소리들과는 구별된다. 이 효과는 *a*음이 갖는 보다 높은 열린 등급과는 전혀 무관한데, 그 이유는 *p̂r̂t*에서 *r* 또한 그러한 효과를 잘 내기 때문이다. 음종이 어떻건 간에, 즉 열림 등급이야 어쨌건 간에 이러한 효과는 최초의 내파에 고유한 것이다. 또한 이 내파가 침묵 상태 다음에 오느냐 외파 다음에 오느냐 하는 문제도 중요하지 않다. 자신이 최초의 내파음이라는 특성 때문에 이러한 인상을 주는 소리를 모음점(點)이라 부를 수 있을 것이다.

이러한 단위는 또한 자명음(自鳴音)이라는 명칭으로도 지칭됐으며, 동일 음절 안에서 앞서거나 뒤따르는 다른 모든 소리는 공명음(共鳴音)이라 지칭됐다. 모음과 자음이라는 용어는 이미 부록 1장 마지막 부분에서 드러난 바와 같이 서로 다른 음종을 지칭한다. 이와는 반대로 자명음과 공명음은 음절 내에서의 기능을 지칭하는 것이다. 이렇게 용어를 이원화함으로써 오랫동안 지속되었던 혼동을 피할 수 있게 된다. 가령 음종 I는 *fidèle*와 *pied* 모두에서 동일한 것으로 하나의 모음이다. 그러나 *fidèle*에서는 자명음이고, *pied*에서는 공명음이다. 분석해 보면 자명음은 항상 내파음이며, 공명음은 때로는 내파음(가령 영어에서 'boy'로 표기되는 *boi*의 *i̭*)이고, 때로는 외파음(가령 불어에서 'pied'로 표기되는 *pyḙ*의 *y̭*)이다. 이 사실은 두 차원 간에 확립된 구별을 확인해 줄 뿐이다. 사실 *e*, *o*, *a*는 항상 자명음이다. 그러나 그것은 단순한 일치에 불과하다. 이들 소리는 다른 모든 소리보다 열림 등급이 더 높으므로, 항상 내파 고리의 시작이 된다. 거꾸로 최소 열림 등급을 지닌 폐쇄음은 항상 공명음에 속한다. 실제에 있어서는 바로 열림 등급 2, 3, 4에 속하는 음소들(비음, 유음, 반모음)이 그 주위 환경과 조음 성질에 따라 두 역할을 다 할 수 있다.

5절. 몇 가지 음절 구분 이론에 대한 비판

우리의 청각은 모든 화언 연쇄상에서 음절상의 구분을 지각하고 또한 모든 음절 내에서 하나의 명음을 지각한다. 이 두 현상은, 이미 알려진 바이지만, 그 존재 이유에 대해 생각해 볼 수 있다. 이에 관해 여러 설명이 제시되어 왔다.

(1) 특정 음소들이 다른 것들보다 유성음적이라는 점에 착안하여, 음절을 음소들의 소리 울림에 근거하여 정의하려는 경향이 있었다. 그러면 왜 *i*와 *u* 같은 유성 음소들이 반드시 음절을 구성하지는 않을까? 그리고 또, 가령 *pst*에서의 *s*음과 같은 마찰음들은 음절을 구성할 수 있는데, 과

연 어디에서 소리 울림이 멈추는 것일까? 그것이 단지 인접한 소리들의 상대적 소리 울림이라면, 가장 낮은 소리 울림의 요소가 음절을 구성하는 $\overset{\frown}{wl}$과 같은(예를 들어, '늑대'라는 의미의 인도유럽어 †wlkos) 음소 그룹들은 어떻게 설명할 것인가?

(2) 모음으로 분류된 한 음이 모음의 인상을 주지 않을 수도 있다는 사실을 제기한 최초의 사람은 지페르스이다.(가령 y와 w는 i와 u에 지나지 않는다는 것을 이미 보았다.) 그러나 그러한 이중 기능 또는 이중 청각 효과(기능이라는 낱말이 의미하는 것은 바로 이것이므로)가 과연 무엇에 의거하여 생기는지를 물으면, 특정 소리는 '악센트'가 있는지의 여부에 따라 특정 기능을 지닌다고 대답한다.

그것은 순환론이다. 만약 명음을 발생시키는 음절 악센트를 어느 경우에서나 마음대로 붙일 수 있다면, 이 악센트를 명음 악센트라는 말 대신 구태여 음절 악센트라고 지칭할 아무런 이유가 없다. 만약 음절 악센트란 말이 어떤 의미를 지닌다면 필경 음절 악센트가 음절 법칙을 따르기 때문일 것이다. 사람들은 이러한 법칙을 제시하지도 않을 뿐더러, 마치 음절 형성이 이번에는 이 악센트에 의존하고나 있듯이 이러한 명음적 특질에 'silbenbildend(음절 규칙에 의한)'이라는 명칭을 부여하고 있다.

우리의 방법이 위의 두 방법에 얼마나 대립되는지는 자명하게 드러난다. 즉 화언 연쇄상에 나타나는 대로의 음절 분석에 의거하여 우리는 열린 음과 닫힌 음이라는 환원 불가능한 단위를 얻어낼 수 있었고, 다음에는 이들 단위를 결합시킴으로써 음절 한계와 모음점을 규정할 수 있었다. 이렇게 되면 이러한 청각적 효과가 어떠한 생리적 조건에 따라 발생하는 것인지를 알게 된다. 그러나 위에서 비판한 두 방법은 정반대의 방향을 취하고 있다. 즉 개별적 음종들을 고찰하여, 여기에서 음절 한계와 명음 위치를 추출하려 하는 것이다. 그런데 하나의 음소 계열이 있는 경우 이들 음소를 좀 더 자연스럽고 좀 더 편리하게 조음하는 방법이 있을 수 있다. 그러나 열리는 조음 작용과 닫히는 조음 작용 사이의 선택 능력은 그래도 남아 있으므로, 음절 구분은 바로 이 선택에 의존하는 것이지 음종에 직접 의존하는 것은 아니다.

물론 이러한 이론이 모든 문제점을 다 규명하거나 해결하는 것은 아니다. 가령 그토록 빈번히 사용되는 모음 충돌은 의도했건 안 했건 간에 단절된 내파 고리일 뿐이다. 예컨대 $\overset{>}{i\text{-}a}$(il cria에서) 또는 $\overset{>}{a\text{-}i}$(ébahi에서). 이러한 모음 충돌은 열림 등급이 높은 음종에서 더 쉽게 일어난다.

또한 단절된 외파 고리의 경우가 있는데 점진적 단계를 거치지 않고도 정상적인 음소 그룹과 마찬가지로 음적 연쇄 속에 들어간다. 우리는 이미 본 장 각주 2)와 3)에서 그리스어 kteínō에 대해 말할 때 이 경우를 언급한 바 있다. 가령 또 pzta라는 음소 그룹이 있다고 하자. 이 음소 그룹을 정상적으로 발음하면 $\overset{<<<}{pzta}$로밖에는 되지 않는다. 따라서 이것에는 두 음절이 있을 것인데, 사실 후음 z를 분명히 발음하기만 하면 두 음절이 생긴다. 그러나 z는 최소 열림을 요하는 음소 중 하나이므로 무음화될 수 있는데, 이 경우 z와 a의 대립으로 말미암아 들리는 것은 하나의 음절로 거의 $\overset{<<<}{pzta}$가 된다.

이런 모든 경우에 있어 의도나 의지가 개입하여 속임수를 써서 어느 정도 생리적 필요성을 우회할 수 있다. 두 차원의 요인에 있어 그 각 역할이 어떠한 것인지를 정확히 말하기 힘들 때가 종종 있다. 그러나 어떻든 간에 발성은 내파와 외파의 연속을 전제하는바, 이것이야말로 음절 구분의 근본 조건이다.

6절. 내파와 외파의 지속

외파와 내파의 작용으로 음절을 설명하다 보면 중요한 고찰에 이르게 되는데, 이는 운율학적 현상의 일반화에 불과하다. 그리스나 라틴 낱말에서는 두 종류의 장음이 구분되고 있다. 본래의 장음(*māter*)과 위치적 장음(*făctus*)이 그것이다. *factus*에서 *fac*이 왜 길게 측정되는가? 이에 관해 흔히 음소 그룹 *ct* 때문이라고 답변한다. 그러나 그러한 사실이 음소 그룹 자체에 기인한다면, 두 개의 자음으로 시작되는 모든 음절이 다 마찬가지로 장음의 성질을 지니게 될 것이다. 그러나 사실은 그렇지가 않다. (*cliĕns* 등 참조.)

그 진정한 이유는 지속의 관점에서 볼 때 외파와 내파가 근본적으로 다르기 때문이다. 전자는 항상 매우 빨라서 우리의 청각으로는 듣지 못할 정도이다. 바로 이러한 이유로 말미암아 외파는 결코 모음의 인상을 주지 않는다. 단지 내파만이 평가 가능하다. 바로 이 때문에 내파의 출발점인 모음이 더 오래 지속되는 듯한 느낌을 받는다.

한편, 폐쇄음 또는 파찰음+유음으로 형성된 음소 그룹 앞에 놓인 모음들이 두 가지 방식으로 취급된다는 것은 이미 알려진 사실이다. 즉 *patrem*에서 *a*는 장음일 수도 있고 단음일 수도 있는데, 이것 또한 같은 원칙에 기인한다. 사실 $\overset{\smile}{tr}$와 $\overset{\frown}{tr}$은 똑같이 발성 가능하다. 첫 번째 조음 방식에 따르면 *a*가 단음이 되고, 두 번째 방식에 따르면 장음이 생긴다. *factus*와 같은 낱말에서는 *a*를 이와 같이 이중 처리할 수 없는데, 이는 $\overset{\frown}{ct}$ 만이 발음 가능하고 $\overset{\smile}{ct}$는 안 되기 때문이다.

7절. 열림 등급 4의 음소들, 이중모음, 서기법상의 문제점

마지막으로 열림 등급 4의 음소들은 몇 가지 고찰을 요한다. 본 장 2절에서 이미 본 바와 같이, 다른 소리에서 확인된 것과는 반대로 이들 음소에 있어서는 용법상 이중 서기법이 인정되었다($w=\overset{\smile}{u}$, $u=\overset{\frown}{u}$; $y=\overset{\smile}{i}$, $i=\overset{\frown}{i}$).

그 이유는 *aiya, auwa* 같은 음소 그룹에서는 <와 >로 나타낸 구분이 다른 어느 음소 그룹에서보다도 더 잘 감지되기 때문이다. 즉 *i*와 *u*는 모음의 인상을 뚜렷이 주고 *i*와 *u*는 자음의 인상을 뚜렷이 준다.[4] 이 현상을 설명하고자 하는 것이 아니라, 이 자음 *i*가 닫히는 음으로는 결코 존재하지 않는다는 것을 주의하고자 한다. 가령 *ai*에서 *i*가, *aiya*의 *y*와 동일한 효과를 발휘하는 것은 불가능하다.(영어 *boy*와 불어 *pied*를 비교해 보라.) 따라서 *y*가 자음이고 *i*가 모음인 것은 그 위치에 의한 것이다. 그 이유는 음종 I의 이러한 변이체들이 어디에서나 동일하게 나타날 수는 없기 때문이다. *u*와 *w*, 그리고 *ü*와 *ẅ*에 대해서도 동일한 지적을 할 수 있다.

이러한 사실은 이중모음 문제를 밝혀준다. 이중모음이란 내파 고리의 특수한 경우에 불과하다. *ȧrta*와 *ȧuta*라는 두 음소 그룹은 완전히 대등하다. 즉 이들 사이에 차이가 있다면 두 번째 요소의 열림 등급뿐이다. 이중모음이란 두 음소의 내파적 고리인데 두 번째 음소가 비교적 열려 있어, 이 때문에 특이한 청각적 인상이 생긴다. 마치 음소 그룹의 두 번째 요소에 명음이 지속되고 있는 것과 같다. 반대로 *tya*와 같은 음소 그룹은 마지막 외파음의 열림 등급에 의하지 않고서는 *tra* 같은 음소 그룹과 전혀 구별되지 않는다. 이러한 사실이 결국 말해 주는 것은, 음운학자들이 상승 이중모음이라 불렀던 음소 그룹이 이중모음이 아니라 외파-내파 음소 그룹이라는 것인데, 여기에서 첫 번째 요소는 비교적 열려 있으면서도 청각적인 관점에서는 아무런 특수성도 야기하지 않는다(*tya*). 몇몇 독일어 방언에서 발견되는 것으로 *u*와 *i*에 악센트가 있는 *uo, ia* 유형의 음소 그룹(*buob, liab*)도 그릇된 이중모음에 불과하여 *ȯu, ȧi* 등처럼 단위라는 인상을 주지 않는다. 따라서 본래 없던 단위를 인위적으로

---

4) 열림 등급 4에 해당하는 이 요소를 구개 마찰음과 혼동해서는 안 된다.(북부 독어의 *liegen*.) 이 음종은 자음에 속하며 자음의 모든 특성들을 지닌다.

부여하지 않는 한, *u̇ó*를 내파＋내파로 발음하면 화언 연쇄가 단절된다.

이중모음에 관한 이러한 정의는, 이중모음을 내파 고리라는 일반 원칙에 귀결시킴으로써 이중모음이, 흔히 생각하듯, 음운 현상 속에 분류할 수 없는 불협화적 요소가 아니라는 것을 보여준다. 이중모음을 별개의 사항으로 분류하려 드는 것은 무용한 일이다. 그것이 지니는 속성은 현실적으로 아무런 관심사도 아무런 중요성도 지니지 않는다. 즉 결정해야 할 중요한 점은 명음의 끝이 아니라 그 시작인 것이다.

지페르스를 포함한 많은 언어학자들은 문자체계를 사용하여 *i, u, ü, r̩*, *ṇ* 등과 *i̯, u̯, ü̯, r, n* 등을 구별하며(*i̯* =‘unsilbisches : 1음절을 이루지 않는’ *i*, *i* =‘silbisches : 1음절을 이루는’ *i*), 우리가 *mirta, mairta, myarta*라고 쓰는 것과 대조적으로 *mir̩ta, mai̯rta, mi̯arta*로 표기한다. *i*와 *y*가 동일 음종이라고 확인하자, 사람들은 무엇보다도 동종의 기호를 원했다.(이것은 여전히 소리 연쇄가 병치된 음종들로 구성되었다는 바로 그 생각 때문이다.) 그러나 이러한 표기는, 비록 청각의 증언에 근거하고 있다 할지라도, 상식에 역행하는 것이며 꼭 해야 할 중요한 구분을 오히려 지워버리는 것이다. 그렇게 함으로써, (1) 열리는 *i, u*(=*y, w*)와 닫히는 *i, u*를 혼동하게 되어, 가령 *newo*와 *neuo* 간에 아무런 구별도 할 수 없게 된다. (2) 반대로 닫히는 *i*와 *u*를 나눈다.(*mirta, mairta* 참조.) 이러한 서기법의 몇 가지 불편한 점을 예로 들어보자. 그리스어 *dwís*와 *dusí*, 그리고 *rhéwō, rheûma*가 있다고 하자. 이 두 가지 대립은 정확히 동일한 음운 조건에서 발생하며 대개 동일한 서기법의 대립으로 표현된다. *u*는 그 뒤에 오는 음소가 더 열렸는가 덜 열렸는가에 따라 열리는 음(*w*)이 되거나 닫히는 음(*u*)이 된다. *du̯is, dusi, rheu̯ō, rheu̯ma*로 쓴다면 모든 것은 지워지고 만다. 마찬가지로 인도유럽어에서 *māter, mātrai, māteres, mātrsu*와 *sūneu, sūnewai, sūnewes, sūnusu*의 두 계열은 각자 *r*와 *u*에 대한 이중 처리 방식에 있어 정확히 대등하다. 적어도 두 번째 계열에 있어 내파와 외파의 대립이 표기에서 현저히 드러나는 데 반해, 여기에서 우리가 비판하는 서기법에서는 그러한 대립이 모호해진다(*sūnye, sūneyai, sūneyes, sūnusu*). 열리는 음과 닫히는 음에 대한 관용적 구별(*u, w* 등)을 보존해야 할 뿐 아니라, 이를 체계 전체에 확장 적용해서, 가령 *māter, mātρai, māteρes, mātrsu*로 표기해야 할 것이다. 그렇게 되면 음절 구분의 작용이 명백히 드러날 것이다. 모음점이나 음절 한계도 저절로 추출될 것이다.

이들 이론은 몇몇 문제점을 밝혀주는바, 소쉬르는 그의 강의에서 그중 몇 가지를 언급했다. 이제 그중 몇 가지 전형적인 것을 소개하고자 한다.
—— 편집자 주

1. 동일음이 번갈아서 두 번은 자명음으로 두 번은 공명음으로 작용할 수 있다는 사실의 전형적인 예로, 지페르스는 *beritŋŋŋn*(독어 *berittenen*)을 들고 있다.(사실은 *n*이 여기에서 단지 한 번밖에는 공명음으로 작용하고 있지 않으므로 *beritnnn*으로 표기해야 하나, 이 점은 중요하지 않다.) '소리'와 '음종'이 동의어가 아니라는 것을 입증하기 위해서는 바로 이보다 더 좋은 실례가 없다. 사실 만약 동일한 *n*에만 머문다면, 즉 내파와 정지 조음 작용에만 머문다면, 단지 하나의 장음절만이 생길 것이다. *n*이 번갈아 자명음과 공명음이 되려면, 내파(첫 번째 *n*)에 외파(두 번째 *n*)가 뒤따르게 한 다음 다시 내파(세 번째 *n*)를 오게 해야 한다. 그 두 내파에 어떤 다른 내파도 선행되지 않으므로 이들 내파는 명음적인 특성을 지닌다.

2. *meurtrier, ouvrier* 유형의 불어 단어에서 마지막 *-trier, -vrier*는 옛날에 단지 하나의 음절이었다.(그 발음이 어떠했던가는 중요치 않다.)(본장 각주 1 참고.) 그러다가 나중에 이들이 두 음절로 발음되기 시작했다.(*meur-tri-er*, 모음 충돌을 하거나 또는 피하면서, 즉 $-tri\overset{<>}{e}$ 또는 $tri\overset{<><}{ye}$로.) 이러한 변화는 *i*라는 요소에 '음절 악센트'를 둠으로써 발생한 것이

아니라, 그 외파 조음을 내파 조음으로 변형시킴으로써 발생했다.

민중들 사이에서 *ouvrier*가 *ouvérier*로 발음되는데, 이 현상도 매우 유사하다. 단지 차이가 있다면 조음 작용의 변화로 인하여 명음이 된 것이 세 번째 요소가 아니라 두 번째 요소라는 점이다. 즉 *uvrye*가 *uvrye*로 되었다. *e*는 나중에, 명음 *r* 앞에서 생겨날 수 있었던 것이다.

3. 또 매우 잘 알려진 경우로, 불어에서 자음이 뒤따르는 *s* 앞에 놓이는 어두 모음을 들어보자. 즉 라틴어 *scūtum* → *iscūtum* → 불어 *escu*, *écu*이다. 본 장 2절에서 이미 보았듯이 음소 그룹 *sk*는 단절된 고리인데, *sk*가 훨씬 자연스럽다. 그러나 이 내파음 *s*는 문장의 머리에 위치하거나 앞선 낱말이 약한 열림 등급의 자음으로 끝날 때, 모음점을 구성함이 틀림없다. 어두의 *i* 또는 *e*는 이 명음적 특성을 과장해 줄 뿐이다. 별로 지각되지 않는 모든 음운 특성은, 그것을 보존하고자 하면, 확대되는 경향이 있는 것이다. *esclandre* 경우와 *esquelette, estatue*의 대중 발음도 이와 동일한 현상이다. *ed*로 표기되는, 전치사 *de*의 통속 발음에서 볼 수 있는 현상 또한 바로 그것이다. 가령 *un œil ed tanche*. 모음 소실 현상에 의해 *de tanche*가 *d'tanche*로 되었다. 그러나 이러한 위치에서 *d*가 지각될 수 있으려면 내파음, 즉 *dtanche*가 되어야 하므로, 앞의 경우에서와 마찬가지로 그 앞에 하나의 모음이 생겨난다.

4. 인도유럽어의 명음 문제를 다시 거론하여, 가령 *balg*는 그대로 남아 있는데, 왜 고대 고지독어의 *hagl*은 *hagal*로 변형되었는가 하고 자문해 보는 것은 거의 불필요한 일이다. *balg*의 *l*은 내파 고리(*balg*)의 두 번째 요소로서 공명음의 구실을 하므로 기능상의 변화를 일으킬 이유가 전혀 없었다. 이와는 반대로, *hagl*의 *l*은 똑같이 내파이지만 모음점을 형성하고 있었다. 이 *l*은 명음이기 때문에 그 앞에 좀 더 열린 모음이 생길 수 있었던 것이다.(서기법의 증언을 그대로 따라야 한다면 *a*가 발생된 셈이다.) 더군다나 오늘날 *Hagel*이 다시 *hagl*로 발음되는 것을 보면, 그 모음

이 시간이 흐르면서 희미해졌던 것으로 보인다. 이 낱말과 불어 *aigle*의 발음 차이는 다름 아니라 바로 여기에서 비롯된다. 즉 *l*이 게르만어 낱말에서는 닫히는 음이지만, 불어 낱말에서는 열리는 음으로 마지막 묵음 *e*를 수반한다(*egle*).

1장

언어기호의 성격

1절. 기호, 기의, 기표

어떤 사람들에게는 언어가 그 기본 원칙에 있어 하나의 어휘집, 달리 말하면 사물의 수만큼에 해당하는 용어들의 목록이다. 가령 다음의 그림에서처럼 말이다.

이러한 견해는 여러 관점에서 비판할 수 있다. 즉 그것은 낱말들에 선행하여 존재하는 기성 관념들을 전제하고 있다.(2부 4장 1절 참고.) 명칭이라는 것의 성격이 음성적인지 심리적인지를 밝혀주지 못하고 있는데, 그 이유는 가령 *arbor*라는 명칭이 이 양자 중

: *ARBOR* 나무

: *EQUOS* 말

등   등

어느 면으로도 고찰될 수 있기 때문이다. 마지막으로, 한 사물에 한 명칭을 결합시키는 관계가 지극히 단순한 작용에 불과하다는 것을 암시해 주고 있는데, 이는 전혀 옳다고 볼 수 없다. 그럼에도 불구하고 이러한 단순한 관점이 진리에 접근할 수 있게 해주는바, 그것은 언어 단위가 두

요소의 접합으로 형성된 사물임을 보여주기 때문이다.

우리는 서론 3장 2절에서 화언의 순환에 관하여 이야기할 때, 언어기호에 내포된 두 요소는 모두 정신적이며, 우리들의 뇌 속에서 연합 관계에 의해 결합되어 있다는 것을 이미 보았다. 바로 이 점에 중점을 두고 고찰하기로 하자.

언어기호가 결합시키는 것은 한 사물과 한 명칭이 아니라, 하나의 개념과 하나의 청각영상[1]이다. 이 청각영상이란 순전히 물리적 사물인 실체적 소리가 아니라, 그 소리의 정신적 흔적, 즉 감각이 우리에게 증언해주는 소리의 재현이다. 따라서 청각영상은 감각적이며, 우리가 '실체적'이라고 규정한다 할지라도 이는 바로 위와 같은 의미에서이고, 또한 연합의 다른 한 요소, 즉 일반적으로 보다 추상적인 개념에 대립하여 규정한 것에 불과하다.

청각영상의 정신적 특성은 우리 스스로의 언어활동을 관찰해 보면 자명하게 드러난다. 입술이나 혀를 전혀 움직이지 않고서도 우리는 우리 자신에게 말하거나 시 한 구절을 마음속으로 암송할 수 있다. 우리에게는 언어를 이루는 낱말들이 청각영상이기 때문에, 그 낱말들의 구성 요소인 '음소'라는 말을 쓰면 안 된다. 이 음소라는 용어는 음성 작용이라는 관념을 내포하고 있으므로, 단지 발화된 낱말 또는 담화를 통한 내적 영상의 실현에나 적합할 뿐이다. 한 낱말의 소리와 음절이란 말을 씀으로써 그러한 오해는 해소될 수 있다. 물론 이때 청각영상이 문제되고 있

---

1) 이 청각영상이라는 용어는 지나치게 편협한 것으로 보일지도 모르는데, 이는 한 낱말이 가진 소리의 재현 이외에도 분절의 재현 및 발성 행위의 운동 영상도 있기 때문이다. 그러나 소쉬르에 있어서는, 언어는 본질적으로 하나의 축적물로서 외부에서 받아들인 것이다.(서론 3장 2절 참고.) 청각영상이야말로 화언의 어떤 실현과도 상관없는 잠재적 언어 현상이기 때문에, 전형적으로 낱말의 자연적인 재현이라 할 수 있다. 따라서 운동적인 면은 내포될 수 있거나 또는 최소한 청각영상에 비해 하위의 자리를 차지할 뿐이라고 볼 수 있겠다.

다는 것을 잊지 말아야 한다.

　따라서 언어기호는 양면을 지닌 일종의 정신적 실체로서 다음과 같은
도형으로 표현 가능하다.

　이 두 요소는 밀접하게 결합되어 있으며, 상호 전제한다. 우리가 만약
라틴어 낱말 *arbor*의 뜻을 알려 하거나 라틴어에서 '나무'라는 개념을 지
칭하는 낱말을 알고자 할 때, 언어에 의해 인정된 접합들만이 실상에 적
합한 것으로 나타난다는 것은 자명하다. 따라서 상상 가능한 다른 어떤
접합도 배제된다.

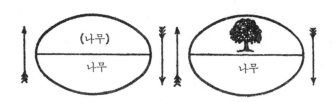

　이러한 규정은 매우 중요한 용어상의 문제를 제기한다. 우리는 개념과
청각영상의 결합을 기호라고 부른다. 그러나 일상 용법에서는 이 용어가
일반적으로 청각영상 ── 가령 하나의 낱말(*arbor* 등) ── 만을 지칭한다.
*arbor*를 기호라고 부르는 것은, 단지 이 낱말이 '나무'라는 개념을 지니
고 있어, 그 결과 감각 부분의 관념이 전체의 관념을 내포하고 있기 때
문이라는 것을 망각하고 있는 것이다.

　이제 서로 대립되면서도 서로 전제하는 용어들을 가지고 지금 여기에

서 문제되는 세 개념들을 지칭한다면 모호성은 사라질 수 있을 것이다. 그래서 우리는 그 전체를 지칭하는 데 기호(signe)라는 낱말을 그대로 사용하고 개념과 청각영상에는 각각 기의(signifié)와 기표(signifiant)를 대체 사용할 것을 제안한다. 후자의 두 용어는, 때로는 양자를 구분하고 때로는 전체와 이들을 구분하는 대립성을 나타내 주는 이점이 있다. 한편 기호에 대해서 우리가 이 용어 자체로 만족하는 이유는, 일상 언어가 다른 어떤 용어도 암시해 주지 않는 만큼 무슨 용어를 써서 그것을 대체하여야 할지 난감하기 때문이다.

이렇게 정의된 언어기호는 두 가지 근원적 특성을 지닌다. 이 두 가지 특성을 기술하면서 우리는 이런 모든 연구의 원칙을 제시하고자 한다.

2절. 제1원칙 : 기호의 자의성

기표를 기의에 결합시키는 관계는 자의적이다. 또는 좀 더 간략히 언어기호는 자의적이라고 말할 수 있는바, 그 이유는 우리가 기호를 기표와 기의의 연합에서 비롯되는 전체라는 의미로 사용하기 때문이다.

가령 'sœur(누이)'이라는 개념은 그것의 기표 구실을 하는 s-ö-r라는 일련의 소리들과는 아무런 내적 관계도 맺고 있지 않다. 그 개념은 다른 어떤 소리에 의해서도 똑같이 표현될 수 있을 것이며, 그 증거로 언어들 사이의 차이점과 서로 다른 언어들의 존재 그 자체를 들 수 있다. 한 가지 실례를 들자면, 'bœuf(황소)'라는 기의가 국경선 한쪽에서는 b-ö-f를 기표로 갖는 반면에 다른 한쪽에서는 o-k-s(Ochs)를 그 기표로 갖는다.

기호의 자의성이라는 원칙은 이론의 여지가 없다. 그러나 어떤 진리를 발견하는 일이 그 진리의 진정한 위치를 정해 주는 일보다 종종 더 용이하다. 위에서 말한 원칙은 언어의 언어학(linguistique de la langue) 전반을 지배한다. 그 원칙의 결과는 무수히 많다. 이들 결과가 모두 똑같이 명료하게 단번에 드러나지 않는 것은 사실이다. 이들 결과와 동시에 그 원칙의 근원적 중요성은 갖은 우회적 수단을 거친 후에야 드러난다.

한 가지 지적하고 넘어가자. 기호학이 하나의 학문으로 정립되는 날, 기호학은 순전히 자연적인 기호들에 의존하는 표현 양식들——무언극과 같은——이 과연 당연히 기호학의 분야인가 하는 점을 자문하게 될 것이다. 설령 기호학이 그러한 표현들을 자신의 분야로 취한다 할지라도, 기호학의 주된 대상은 여전히 기호의 자의성에 입각한 각종 체계의 총체일 것이다. 사실상 한 사회에 채택된 표현 수단 전반은 원칙적으로 집단적 습관에 토대를 두고 있다. 즉 같은 말이 되겠지만 일종의 규약에 의존한다. 가령 일종의 자연적인 표현성을 흔히 가진 예절 기호들도(황제에게 절할 때 아홉 번 땅에 무릎을 꿇는 중국인들처럼) 역시 어떤 규칙에 의해 정립되어 있는 것이다. 이러한 기호들을 사용하도록 강요하는 것은 바로 그 규칙이지, 기호들에 내재하는 가치가 아니다. 따라서 완전히 자의적인 기호들이야말로 다른 기호들보다 기호학적 방식의 이상을 더 잘 실현하며, 바로 이러한 연유로 표현 체계 중 가장 복잡하고 가장 널리 보급된 언어는 모든 체계 중에서 가장 특징적인 것이다. 이러한 의미에서, 비록 언어는 하나의 특수한 체계에 불과하지만, 언어학은 기호학 전반의 일반적 모형이 될 수 있다.

언어기호, 좀 더 정확히 말하자면 우리가 기표라고 부르는 것을 지칭하는 데 상징(symbole)이라는 낱말이 쓰여왔다. 이것은 인정하기 곤란한데, 그 이유는 바로 우리가 규정한 제1원칙 때문이다. 상징은 결코 완전히 자의적이지는 않다는 점을 그 특성으로 한다. 즉 상징은 비어 있지 않은바, 기표와 기의 간에 얼마간의 자연적 결합이 있다. 정의의 상징인 저울은 아무것으로나, 가령 마차 따위로 대체할 수 없을 것이다.

자의적(*arbitraire*)이라는 낱말 또한 언급을 요한다. 이 말은 기표가 화자의 자유로운 선택에 의존한다는 의미로 이해되어서는 안 된다.(개인에게는, 한 언어 집단에 일단 정립된 기호를 바꿀 수 있는 힘이 없다는 것을 나중에 보게 될 것이다.) 우리가 지적하고 싶은 것은, 기표가 무연적(無緣的, *immotivé*)이라는 점, 즉 기의에 대해 자의적이며, 기의와는 현실 속에서 아무런 자연적 관계도 없다는 점이다.

이 제1원칙의 설정에 예상될 수 있는 두 가지 반론을 고찰함으로써 마무리를 짓기로 하자.

(1) 의성어에 근거하여, 기표의 선택이 항상 자의적이지는 않다고 말할 수 있을 것이다. 그러나 이들 의성어는 언어 체계의 조직 요소들이 결코 아니다. 더군다나 이들 의성어의 수효는 흔히 생각하는 것보다 훨씬 적다. *fouet*(채찍), *glas*(조종, 弔鐘) 같은 낱말은 무엇인가를 상기시키는 음향으로 어떤 사람들을 자극할 수 있다. 그러나 이들 낱말이 처음부터 그러한 특성을 지니고 있지 않았다는 것은, 이들 낱말의 라틴어 형태로 거슬러 올라가기만 해도 충분히 알 수 있다.(*fouet*는 *fāgus* '너도밤나무'에서 파생했고, *glas*=*classisum*.) 이들이 현재 지니는 소리의 성질, 또는 이들 소리에 대해 사람들이 추정하고 있는 성질은 음성 진화의 우연한 결과이다. 진정한 의미에서의 의성어(*glou-glou*, *tic-tac*[2] 등등)는 그 수효가 극소수일 뿐만 아니라, 그 선택도 이미 어느 정도 자의적인바, 이는 이들이 어떤 소리들을 비슷하게, 그러니까 벌써 반쯤을 규약에 따라 모방한 것에 지나지 않기 때문이다.(불어 *ouaoua*와 독어 *wauwau*[3]를 비교해 보라.) 게다가 이들 의성어도 일단 언어에 도입되면, 정도의 차이는 있지만, 다른 낱말들과 마찬가지로 음성적, 형태적 등의 진화에 휩쓸리게 된다.(*pigeon*[4]은 그 자체 의성어에서 파생된 라틴 속어 *pīpiō*에서 유래했

---

2) 역주 | *gou-glou*: 칠면조 울음 소리 또는 병에서 나는 물소리. *tic-tac*: 시계 소리.
3) 역주 | *ouaoua*, *wauwau*: 개 짖는 소리.
4) 역주 | *pigeon*: 비둘기.

다.) 이는 이들 의성어가 그 원래의 특성을 얼마간 상실하여, 그 결과 무연적인 일반적 언어기호의 특성을 다시 띠게 되었다는 뚜렷한 증거이다.

(2) 의성어와 매우 비슷한 양상을 지닌 감탄사에 대해서도 유사한 언급을 해야 하는데, 이들이 우리의 논지에 더 큰 위협이 되지는 못한다. 이들 감탄사는 현실의 자발적인 표현, 말하자면 자연이 구술해 주는 표현으로 생각하게 된다. 그러나 대부분의 감탄사에 기의와 기표 간의 필연적인 관계가 있다는 것은 부인할 수 있다. 이 점에 관해서 두 가지 언어를 비교하기만 해도 이들 표현이 언어마다 얼마나 다른지 알 수 있다. (가령 불어 *aïe*!에 해당하는 독일어 감탄사는 *au*!이다.) 더군다나 많은 감탄사들이 원래는 특정한 의미가 있는 낱말들이었다는 것은 널리 알려진 사실이다.(*diable*!, *mordieu*! = *mort Dieu*[5] 등.)

요컨대 의성어와 감탄사는 부차적 중요성밖에 없으며, 그 상징적 기원은 부분적으로 의심스럽다.

3절. 제2원칙 : 기표의 선적인 특성

기표는 그 청각적인 본질 때문에 단지 시간 속에서 전개되며 또한 시간의 속성에서 비롯되는 특징들을 지니게 된다. 따라서 기표는 (a) 시간의 길이를 반영하고, (b) 이 길이는 단일 차원에서 측정 가능한바, 이는 선(線)을 말한다.

이 원칙은 명백하다. 그러나 여태껏 그것을 기술하는 일이 경시된 듯한데, 이는 아마도 너무나 단순한 사실로 여겼기 때문이리라. 그러나 이 원칙은 기본적인 것이며, 또한 그 결과는 헤아릴 수 없다. 이 원칙은 제1

---

5) 역주| diable : 원래 의미는 '악마'이며 감탄사로는 '빌어먹을!'에 해당. mordieu : 'mort Dieu', 즉 '죽다+신'에서 나온 감탄사로 의미는 '제기랄! 빌어먹을!'.

원칙과 똑같이 중요하다. 언어 메커니즘 전반이 바로 이 원칙에 의존한다.(2부 5장 1절 참고.) 여러 차원에 걸친 동시적 복합성을 제공할 수 있는 시각적 기표들(해상 표지 등)에 반해, 청각적 기표들은 단지 시간이라는 선만을 이용한다. 따라서 이들 청각 기표 요소는 하나하나 차례로 나타나며, 하나의 사슬을 형성한다. 이들 요소를 문자체계로 나타내거나 시간 속의 연속을 철자 기호들의 공간적인 선으로 대체해 보면, 그러한 특성은 금방 나타난다.

이러한 사실이 명확하게 나타나지 않는 경우가 더러 있다. 가령 한 음절에 강세를 주게 되면, 상이한 여러 의미 요소를 하나의 시점 위에 축적하는 것처럼 보인다. 그러나 그것은 그릇된 생각이다. 음절과 그 악센트는 단일 발성 행위를 구성한다. 이 행위 내부에 이중성이 있는 것은 아니고, 단지 인접한 음절과의 다양한 대립이 있을 뿐이다.(이 점에 관해서는 2부 6장 2절 참고.)

2장

기호의 불변성과 가변성

1절. 불변성

기표는, 그 표현 대상인 개념에 관련하여 생각해 볼 때 자유스럽게 선택되는 것처럼 보이지만, 그것을 사용하는 언어 집단과 관련하여 생각해 보면 자유로운 것이 아니라 강요된 것이다. 사회집단의 의견은 고려되지 않으며, 언어가 선택한 기표는 다른 기표로 대체될 수 없을 것이다. 일말의 모순성을 내포하고 있는 듯이 보이는 이 사실을 가리켜 흔히 하는 말로 '요술쟁이 카드'[1]라 지칭할 수 있을 것이다. 언어에서 말하길 "자, 골라보시지요!" 하면서도, "바로 이 기호라야지 다른 기호는 안 됩니다." 하고 덧붙이는 식이다. 한 개인이, 설령 원한다 할지라도, 이미 행해진 선택을 변경할 수는 도저히 없을 뿐더러, 심지어는 대중도 한 단어에 대해서조차도 절대권을 행사할 수 없다. 대중은 있는 그대로의 언어에 매여 있다.

---

1) 역주 | '요술쟁이가 골라내게 하는 카드'라는 뜻으로 실제로는 선택의 여지가 없이 강요당하는 일을 가리키는 친숙한 말투.

따라서 언어는 단순한 계약과 동일시될 수 없으며, 언어기호를 연구하는 것이 특별히 흥미로운 것은 바로 이 측면에서이다. 그 이유인즉, 한 집단 내에서 인정된 법칙은 자유로이 받아들인 규칙이 아니라 어쩔 수 없이 받아들인 것이라는 점을 입증하고자 할 때, 언어야말로 가장 명백한 증거를 제공해 주기 때문이다.

그러므로 이제 어떻게 하여 언어기호가 우리의 의지를 벗어나는가를 살펴보고, 그다음에는 이러한 현상으로부터 비롯되는 중대한 결과들을 추출해 보자.

어떤 시대를 막론하고, 그리고 제아무리 옛날로 거슬러 올라간다 할지라도, 언어는 항상 앞선 시대의 유산으로서 나타난다. 어느 특정 시기에 각 사물에 명칭을 부여하고 개념과 청각영상 간에 계약을 성립시킨 행위, 바로 그 행위를 우리는 생각해 볼 수는 있으나 한번도 확인한 일은 없다. 이러한 식으로 일이 진행되었으리라는 생각은 기호의 자의성에 대한 우리의 강한 느낌에서 비롯된다.

사실 그 어떤 사회에서도 언어는 이전 세대로부터 물려받은 산물이며, 그대로 취할 수밖에 없는 것으로만 생각되고, 또 생각되어 왔다. 언어의 기원 문제가 일반적으로 으레 생각하듯 그렇게 중요하지 않은 것은 바로 그 때문이다. 그것은 제기될 성질의 문제조차 되지 못한다. 언어학의 진정한 단 하나의 대상은 이미 형성된 고유 언어의 정상적이고 규칙적인 삶 그 자체이다. 특정한 언어 상태는 항상 역사적인 요인들의 산물이며, 바로 이 요인들이야말로 왜 기호가 불변적인지, 다시 말해 왜 어떠한 자의적 대체에도 저항하는지를 설명해 준다.

그러나 이에서 더 나아가지 못한다면, 언어가 하나의 유산이라는 말은 아무것도 설명해 주지 못한다. 물려받은 기존 법칙들을 언제라도 변경하지 못한다는 말인가?

이러한 반론 때문에 우리는 언어를 그 사회적인 테두리 속에 놓게 되고, 다른 모든 사회제도에 적용할 수 있는 질문을 제기하게 된다. 이들 사회제도는 어떻게 전승되는가? 바로 이것이야말로 불변성의 문제를 포함하는 보다 일반적인 문제이다. 우선 다른 제도들이 누릴 수 있는 자유의 많고 적음을 평가해야 한다. 이들 각 제도에 있어 강요된 전통과 사회의 자유 행위 사이에는 상이한 균형이 있다는 것을 알게 될 것이다. 그리고 나서 왜 하나의 주어진 영역에서, 전자의 요인들이 후자의 요인들보다 더 우세하거나 덜 우세한가를 살펴야 한다. 마지막으로 다시 언어로 되돌아와, 왜 전승이라는 역사적 요인이 언어 전반을 지배하고, 전면적이고도 돌연한 언어 변화를 배제하는가를 생각해 봐야 한다.

이 문제에 답변하기 위해 많은 논거들을 내세울 수 있는바, 가령 언어의 변경이 세대들 간의 연속과는 무관하다고 말할 수도 있을 것이다. 세대들이란 가구의 서랍처럼 차곡차곡 포개지는 것이 전혀 아니라, 뒤섞이고 상호 침투하며, 각 세대에는 온갖 연령의 사람들이 다 있기 때문이다. 모국어 습득에 요구되는 엄청난 노력 또한 들고 나와, 여기에서 전면적인 언어 변화의 불가능성을 끌어내려 할 것이다. 한 고유 언어의 사용에 성찰이 끼어들지 않는다는 점도 끌어댈 수 있고, 언어 행위 주체들이 대개는 언어 법칙들을 의식하지 않는다는 점도 덧붙일 수 있을 것이다. 따라서 언어 법칙들을 이해하고 있지 못하면서 어떻게 이를 변경시킬 수 있단 말인가? 설령 의식하고 있다 할지라도, 각 민족이 일반적으로 물려받은 언어에 만족하고 있다는 의미에서 볼 때, 언어 사실들은 별로 비판을 유발하지 않는다는 것을 상기하여야 할 것이다.

이러한 고찰들은 중요한 것이기는 하나, 문제의 핵심을 찌른 것은 아니다. 우리는 차라리 다음 몇 가지 고찰을 제시하고자 하는바, 이들은 보다 근본적이며 보다 직접적인 것으로서, 다른 모든 고찰의 지주가 된다.

(1) 기호의 자의적 특성. 위에서 보았듯이 이 특성 때문에 우리는 변화의 이론적 가능성을 인정하게 되었다. 더 깊이 파고들어 가보면, 실상은

바로 기호의 자의성이 언어를 변경시키고자 하는 모든 시도로부터 언어를 보호해 준다는 점을 알게 된다. 사회 대중의 의식이 지금보다 더 커진다 할지라도, 결코 언어를 가지고 왈가왈부할 수는 없을 것이다. 왜냐하면 어떤 것이 문제시되기 위해서는 합당한 규범에 근거를 두어야 하기 때문이다. 가령 일부일처제가 일부다처제보다 더 합당한가를 논할 수도 있고, 양자 중 어느 하나가 옳다고 주장하기 위해 근거를 제시할 수도 있다. 그리고 상징은 그 의미 대상과 합리적 관계에 있기 때문에, 하나의 상징 체계에 대해 논할 수도 있을 것이다.(1부 1장 2절 참고.) 그러나 자의적인 기호들의 체계인 언어에 있어서는 그러한 기반이 없어, 언어를 문제 삼는 이상 어떠한 확고한 지반도 없게 된다. 즉 *sister*보다 *sœur*를, *bœuf*보다 *Ochs* 등을 선호할 아무런 근거도 없는 것이다.

(2) 어떠한 언어의 구성에도 필요한 기호의 다수성. 이 사실은 더할 수 없이 중요하다. 20자 내지 40자로 된 문자체계는 부득이하다면 다른 체계로 대체할 수도 있다. 만약 언어가 한정된 수효의 요소들만 포함하고 있다면 언어도 이와 마찬가지일 것이다. 그러나 언어기호는 헤아릴 수 없이 많다.

(3) 체계의 지나친 복합적 특성. 언어는 체계를 이룬다. 다음에 보겠지만, 바로 이러한 면에서 볼 때 언어가 완전히 자의적인 것이 아니고 상대적 이유가 지배하는 것이라면, 사회 대중이 언어를 변경시킬 수 없는 무능력 또한 바로 이 점에서 나타난다. 왜냐하면 이 체계는 복잡한 메커니즘이기 때문이다. 그것은 단지 성찰을 통해서만 이해할 수 있다. 이 체계를 일상적으로 사용하는 사람들마저도 이에 대해 너무 모르고 있다. 그러한 변화는 문법학자나 논리학자 등의 전문가들이 참여하지 않고서는 생각할 수도 없다. 그러나 경험에 비추어 보건대, 이런 성질의 개입은 여태까지 한번도 성공한 적이 없다.

(4) 모든 언어 혁신에 대한 집단적 무기력의 저항성. 언어는——이 고찰

이야말로 다른 어떠한 고찰보다 중요하다——항상 만인의 문제이다. 대중 속에 두루 퍼져 그들에 의해 다루어지는 언어는 모든 개인들이 하루 종일 사용하는 것이다. 이 점에서 볼 때 언어와 다른 제도들 간에는 어떠한 비교도 성립될 수 없다. 법 조항, 종교의식, 해상 신호 등은 몇 명의 개인에게만 동시에 관련되는데, 그것도 한정된 시간에서일 뿐이다. 그와 반대로 언어는, 모든 사람이 언제나 참여하므로, 모든 사람의 영향을 끊임없이 받는다. 이 주요한 사실만으로도 혁명의 불가능성을 충분히 알 수 있다. 언어는 모든 사회제도 중에서 주도적 행위에 가장 좌우되지 않는 제도이다. 언어는 사회 대중의 생활과 혼연일체가 되어 있고, 사회 대중은, 자연히 무기력한 존재이므로, 무엇보다도 보전의 요인으로서 나타난다.

그렇지만 언어가 사회적 영향력의 산물이라고 말한다고 해서 언어가 자유롭지 못하다는 것을 명백히 밝히는 것은 아니다. 언어가 항상 앞선 시기의 유산이라는 점을 상기하고, 이에 덧붙여 그러한 사회적 영향력이 시간에 따라 작용한다는 점 역시 알아야 한다. 언어에 부동성의 특징이 있다면, 그것은 언어가 집단의 쇠사슬에 매여 있기 때문만이 아니라 시간 속에 위치하고 있기 때문이기도 하다. 이 두 사실은 불가분의 관계에 있다. 항상 과거와의 유대성이 선택의 자유를 막는다. 앞선 세대에서 *homme*와 *chien*이라고 말했기에 우리도 *homme*와 *chien*이라고 말한다. 그렇다고, 현상 전체 속에서 볼 때, 이율배반적인 이 두 요인 사이에 관계가 없다고 할 수는 없다. 즉 선택이 자유롭도록 해주는 자의적 규약, 그리고 선택이 고정되도록 하는 시간이 그것이다. 기호가 단지 전통이라는 법칙만을 갖는 것은 자의적이기 때문이며, 자의적일 수 있는 것은 전통에 기반을 두고 있기 때문이다.

2절. 가변성

시간은 언어의 계속성을 보장하는 것 외에 또 다른 효과를 지니는데, 그것은 첫 번째 효과에 모순되는 듯이 보이기도 한다. 다른 효과란, 그 속도에 정도의 차이는 있지만 언어기호들을 변질시키는 것으로, 어떤 의미에서는 기호의 불변성과 가변성을 동시에 거론할 수 있게 된다.[2]

결국 이들 두 현상에는 유대 관계가 있다. 기호는 지속적인 것이기에 변질될 수밖에 없다. 어떠한 변질에서도 지배적인 것은 옛날 것이 지속한다는 것이다. 과거에 대한 불충실성은 상대적인 것에 불과하다. 바로 이 때문에 변질의 원칙이 지속의 원칙에 기반을 두는 것이다.

시간 속에서의 변질은 여러 가지 양상을 띠는데, 그 각각은 언어학에서 매우 중요한 항목의 내용이 될 것이다. 세부적인 사항에 들어가기에 앞서 밝혀야 할 중요한 점을 들면 다음과 같다.

우선, 여기서 변질이라는 낱말에 딸린 의미에 대해 오해가 없도록 하자. 이 낱말을 보고 여기에서 말하고 있는 것이, 특히 기표의 음성 변화이거나 또는 지칭되는 개념에 미치는 의미 변화라고 자칫 생각할지도 모른다. 그러나 이러한 견해는 불충분할 것이다. 변질 요인이 무엇이건, 그것이 단독으로 작용하건 결합적으로 작용하건, 이들 요인은 항상 기표와 기의 관계의 변화를 초래한다.

몇 가지 실례를 들어보자. '죽이다'를 의미하는 라틴어 *necāre*는 불어에서 *noyer*가 되어, 우리가 알고 있는 의미 '물에 빠뜨리다'로 쓰이고 있다. 청각영상과 개념이 둘 다 변했지만, 그렇다고 해서 이 현상의 두 부

---

2) 이 두 모순되는 성질을 언어에 부여했다 하여 소쉬르를 비논리적이거나 역설적이라 비난한다면 잘못일 것이다. 현저히 드러나는 이 두 사항의 대립을 통하여 그는 단지 하나의 진리를 확연히 드러내고자 한바, 즉 언어는 변화되 언어 행위 주체들이 그것을 변경시킬 수는 없다는 것이다. 언어는 감히 범할 수 없는 것이되 변질될 수 없는 것은 아니라고 말할 수도 있을 것이다.

분을 구별하려 드는 것은 쓸데없는 일이다. 개념과 기호의 관계가 이완되었으며, 이들 관계에 변화가 일어났다고 대체적인 확인을 하는 것으로써 충분하다. 만약 고전 라틴어 *necāre*와 불어 *noyer*를 비교하는 대신, 이것을 당시에 '물에 빠뜨리다'를 의미했던 4세기와 5세기의 라틴 속어 *necare*에 대립시킨다면 경우가 약간 달라진다. 그러나 여기서도, 비록 기표에 이렇다 할 변질이 없다손 치더라도 개념과 기호의 관계에는 변화가 있다.

고대 독어 *dritteil*(3분의 1)은 근대 독어에서 *Drittel*이 되었다. 이 경우 개념은 불변했더라도, 관계는 두 가지 방식으로 변했다. 즉 기표가 물리적인 면에서만 변한 것이 아니고, 문법적 형태에서도 변했다. 그것은 이미 *Teil*(부분)의 개념을 내포하지 않으며, 단순어에 불과하다. 양상이야 어찌 됐든 이것 역시 관계의 변화이다.

앵글로색슨어에서, 문어 이전의 형태인 *fōt*(발)가 *fōt*(현대 영어 *foot*) 그대로 남아 있는 반면에, 그 복수형인 †*fōti*(발들)는 *fēt*(현대 영어 *feet*)가 되었다. 이것이 어떠한 변질을 전제하든 간에, 한 가지 확실한 것은 관계의 변화가 일어났다는 점이다. 즉 음성 재료와 개념 간에 다른 식의 상응 관계가 생겼다는 것이다.

기의와 기표의 관계를 순간순간 변화시키는 요인들에 맞서, 언어는 스스로를 방어하기에 근본적으로 무력하다. 그것은 기호의 자의성이 낳은 결과의 하나이다.

다른 인간 제도들, 관습, 법칙 등은 모두 정도의 차이는 있지만 사물들의 자연적인 관계에 기반을 두고 있다. 이들 제도에서는 사용 수단이, 추구하는 목적과 필연적으로 일치한다. 우리의 의복을 정착시키는 유행마저도 완전히 자의적이지는 않다. 인간 신체에 의해 규정되는 여러 조건에서 정도 이상 벗어날 수는 없는 노릇이다. 반대로 언어는 그 수단의 선택에 있어 아무런 제약도 받지 않는다. 왜냐하면 임의의 개념과 임의의 소리 연속을 결합시키지 못할 이유가 없기 때문이다.

언어가 완전히 하나의 제도임을 잘 인식시켜 주기 위해 휘트니는 아주 적절하게 기호의 자의적 특성을 강조했다. 그렇게 함으로써 그는 언어학을 올바른 방향에 올려놓았다. 그러나 그는 끝까지 가지 못했으며, 바로 이 자의성으로 인해 언어가 다른 모든 제도와 근본적으로 구별된다는 것을 파악하지 못했다. 이 점은 언어가 진화하는 방식을 보면 잘 알 수 있다. 그 이상 복잡한 것은 없다. 사회 대중과 시간 속에 동시에 위치하고 있는 이상 아무도 언어를 변경시킬 수 없으며, 또 한편, 이들 기호의 자의성은 음의 재료와 개념 사이에 어떠한 관계도 세울 수 있는 자유를 이론적으로는 인정하는 것이 된다. 그 결과, 기호 속에 결합된 이 두 요소는 다른 곳에서는 볼 수 없을 정도로 각자 독자적인 삶을 영위하고 있으므로, 언어가 변질되거나 진화하는 것은 소리나 의미에 타격을 줄 수 있는 모든 동인(動因)의 영향 때문이다. 이러한 진화는 숙명적인 것이어서, 그것을 거스르는 언어는 하나도 없다. 어느 정도 시간이 흐른 뒤에는 언제나 현저한 변화가 있었음을 확인할 수 있다.

이 현상은, 그 원칙이 인위적인 언어에서도 확인될 정도이다. 인위적 언어 하나를 창조해 낸 사람은 그것이 유포되지 않는 한, 자기 수중에 그것을 장악하고 있는 것이나 마찬가지이다. 그러나 그 언어가 제 역할을 하게 되어 만인의 것이 되는 순간, 바로 그러한 통제력은 사라지고 만다. 에스페란토어는 이러한 시도의 일종이다. 그런데 그것이 성공하는 경우, 과연 필연적인 법칙을 벗어날 수 있을까? 첫 순간이 지나가고 나면 언어는 거의 틀림없이 자신의 기호학적 삶을 시작할 것이다. 언어는 성찰에 의해 창조된 법칙과는 아무런 상관도 없는 법칙에 의해 전승될 것이며, 이때는 이미 후퇴할 수가 없을 것이다. 하나의 부동 언어를 만들어 후대가 그대로 받아들이기를 원하는 사람이 있다면, 그 사람은 오리 알을 품은 암탉에 유사하리라. 그가 창조한 언어는, 싫건 좋건, 모든 언어를 싣고 가는 흐름에 떠내려가 버리고 말 것이다.

기호가 시간 속에서 갖는 지속성은 시간 속에서의 변질과 결부되어, 일반 기호학의 한 원칙이 된다. 문체 체계, 농아 언어 등이 이를 입증해 줄 것이다.

그러나 변화의 필연성은 과연 그 무엇에 기반을 두고 있는 것일까? 이 점에 관해서, 불변성의 원칙에서 한 만큼 명확한 입장을 밝히지 않은 데 대한 비판이 있을 수 있다. 이는 우리가 변질의 여러 다른 요인을 구별하지 않았기 때문이다. 과연 어느 정도로까지 이들 요소가 필연적인 것일까 하는 점을 알기 위해서는, 이들을 그 다양한 양상 속에서 고찰해야 할 것이다.

지속성의 원인은 선험적으로 관찰자에게 금방 인식된다. 그러나 시간을 통한 변질의 원인은 사정이 다르다. 지금으로서는 이 문제에 대한 정확한 설명을 단념하고, 단지 관계들의 변화에 대해 일반적인 언급을 하는 데 그치는 것이 더 낫겠다. 시간은 삼라만상 모두를 변질시킨다. 언어라고 이 보편적인 법칙을 벗어나야 할 이유는 없다.

서론에서 설정한 원칙에 근거하여, 우리의 논증 단계를 요약해 보자.

(1) 우리는 낱말에 관한 무의미한 정의를 회피하면서, 언어활동이라는 전체 현상에서 두 요인을 우선 구분하였다. 즉 언어와 화언이다. 우리에게 있어서 언어는 언어활동에서 화언을 뺀 것이다. 그것은 언어 행위 주체로 하여금 외부 세계를 이해하고 또한 자신을 이해시키도록 해주는 언어 습관의 총체이다.

(2) 그러나 이러한 정의는 아직도 언어를 사회적 현실 외부에 두고 있는 것이다. 이 정의는 언어를 비현실적인 것으로 만드는데, 이는 그 정의가 현실의 여러 국면 중 단 하나, 즉 개인적인 국면밖에는 포괄하지 못하기 때문이다. 언어가 존재하기 위해서는 말하는 대중이 절대적으로 필

요하다. 어떠한 순간에도, 그리고 보기와는 달
리, 언어는 사회 현상의 밖에 있을 수는 없는바,
이는 언어가 기호학적 현상이기 때문이다. 언어
의 사회적 성격은 언어가 지니는 내적 특성 중
의 하나이다. 언어에 대한 완전한 정의는 우리
로 하여금, 아래 그림에서 드러나는 바와 같이,
불가분의 관계에 있는 두 사항을 대하게 한다.

그러나 이러한 조건에서는 언어가 존속 가능할 뿐이지 생존하고 있는 것
은 아니다. 우리는 사회적 현실만을 설명한 것이지, 역사적 현상을 설명
한 것은 아니다.

(3) 언어기호가 자의적이라 했으므로, 이렇게 정의된 언어는 마음대로
조작할 수 있고, 합리적 원칙에만 의존하는 자유로운 체계로 보인다. 언
어의 사회성은, 그 자체만 볼 때, 이 관점에 정확하게 대립되는 것은 아
니다. 물론 집단적 심리는 순전히 논리적인 소재를 취급하지는 않는다.
개인 대 개인의 실천적 관계에서 이성을 약화시키는 모든 요소를 감안해
야 할 것이다. 그러나 우리로 하여금 언어를 당사자들이 마음 내키는 대
로 수정할 수 있는 단순한 규약으로 간주하지 못하게 하는 것은 그것이
아니다. 사실은 사회적 힘의 작용과 결합하는 시간의 작용이다. 지속을
전제하지 않는 한, 언어 현실은 완전한 것이 될 수 없고, 어떠한 결론도
불가능하다.

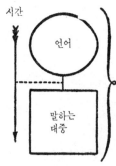

만약 언어를 시간 속에서만 파악하고 말하는
대중을 전제하지 않는다면——수 세기 동안 홀
로 살아가는 한 개인을 가정해 보자——아마 어
떠한 변질도 볼 수 없을 것이다. 그 경우 시간
은 언어에 작용하지 않을 것이다. 역으로 시간
을 배제하고 말하는 대중만을 고려한다면, 언어

에 작용하는 사회적 힘의 효과를 볼 수 없을 것이다. 따라서 현실을 제대로 파악하기 위해서는 우리의 첫 번째 도식에 시간의 흐름을 나타내주는 기호를 덧붙여야만 한다.

이렇게 되면 언어는 자유롭지 못하게 되는데, 이는 시간으로 인해 언어에 작용하는 사회적 힘이 그 효과를 발휘할 수 있게 되기 때문이다. 이리하여 우리는 자유성을 소멸시키는 지속성의 원칙에 이르게 된다. 그러나 지속성은 필연적으로 변질, 즉 크고 작은 관계의 변화를 내포한다.

3장
정태언어학과 진화언어학

1절. 가치를 다루는 모든 과학의 내적 이중성

시간이라는 요인이 개입함으로써 언어학에 특이한 난점들이 발생하고, 언어학이 전적으로 상반된 두 가지의 갈림길에 서게 된다는 점을 알아채는 언어학자는 극히 드물다.

대부분의 다른 과학은 이러한 근본적인 이중성과 거리가 멀다. 이들 분야에서는 시간이 특별한 효과를 일으키지 않는다. 천문학은 천체의 별들이 현저한 변화를 겪고 있다는 것을 확인하였으나, 그렇다고 해서 천문학이 두 학문으로 갈라져야 했던 것은 아니다. 지질학은 거의 언제나 연속성에 대해 논하고 있지만, 땅의 고정된 상태를 다루게 되는 일이 있어도 이를 근본적으로 구별되는 연구 대상으로 삼지는 않는다. 법률에 대한 기술적 과학이 있고 법률에 대한 역사가 있다. 그러나 그 누구도 이 둘을 대립시키지는 않는다. 국가의 정치사는 시간 속에서 움직인다. 그러나 어떤 역사학자가 한 시대를 기술한다고 해도 역사를 벗어난다는 인상을 주지 않는다. 역으로, 정치 제도학은 본질적으로 기술적이지만, 이 분야는 경우에 따라서 그 통일성을 저해함이 없이 어떤 역사적인 문제를 잘 다룰 수 있다.

이와는 반대로, 우리가 언급하고 있는 이중성은 벌써 경제학에서만 하더라도 절대적으로 필요불가결하다. 여기서는 앞의 경우에서와는 반대로 경제학과 경제사가 동일 과학 내에서 확연히 분리되는 두 학과를 구성한다. 이 분야의 최근 저서에는 이러한 구분이 한층 강조되고 있다. 이렇게 하는 것은 결국, 잘 의식하지는 못하면서도, 어떤 내적 필연성에 따르는 것을 말한다. 그런데 바로 이와 유사한 필연성 때문에, 우리는 언어학을 각기 고유한 원칙을 지닌 두 분야로 나눌 수밖에 없었던 것이다. 그 이유는 언어학에서도 경제학에서와 마찬가지로 가치 개념에 직면하기 때문이다. 이들 두 과학에 있어서 문제되는 것은 상이한 질서에 속하는 두 사물 사이의 등가 체계이다. 즉 후자에 있어서는 노동과 임금, 전자에 있어서는 기의와 기표이다.

모든 과학에서, 다루고 있는 사항이 놓인 축을 좀 더 신중하게 표시해 줄 필요가 있음이 틀림없다. 즉 어느 분야에서나 다음 도형에 따라 구분하여야만 할 것이다.

(1) 동시성의 축(AB). 이것은 공존하는 사항 간의 관계를 말하며, 여기서는 시간의 어떠한 개입도 배제된다.

그리고 (2) 연속성의 축(CD). 여기서는 한 번에 한 사항만을 고려할 수 있으나, 위 AB축의 모든 사항이 그 변화 요소와 함께 위치하고 있다.

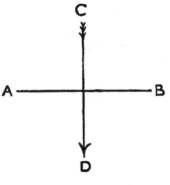

가치 문제를 다루는 과학에 있어서 이러한 구분은 실용적인 필요성으로 대두되는데, 어떤 경우에는 절대적으로 필요해지기도 한다. 이런 영역에서 두 축을 고려하지 않고서는, 즉 그 자체로서의 가치 체계와 시간으로 본 이들 가치를 구별하지 않고서는, 학자들은 도저히 정확하게 연구를 해나갈 수 없을 것이다.

이러한 구분은 바로 언어학자에게 가장 절대적으로 강요된다. 왜냐하면 언어는 그 구성 요소의 순간 상태 이외에는 그 어떤 것에 의해서도 규정될 수 없는 순수한 가치 체계이기 때문이다. 하나의 가치가 어느 한 면으로든 사물과 그 자연적 관계에 근거하는 한(경제학에서처럼. 가령 토지는 그 수확에 비례하여 가치가 정해진다.) 어느 정도까지는 시간 속에서 이 가치를 탐구할 수 있다. 물론 이때 이 가치는 매 순간 동시대적 가치 체계에 의존한다는 것을 잊으면 안 될 것이다. 이 가치가 사물과 갖는 관계는 그래도 어느 정도 이 가치에 자연적 토대를 제공하며, 따라서 이 가치에 대한 평가는 완전히 자의적일 수 없다. 평가의 폭은 한정된다. 그러나 이미 우리가 살펴본 것처럼 언어학에서는 자연적 여건이 들어설 여지가 전혀 없다.

한 가지 덧붙일 것은, 가치 체계가 복잡하고 정밀하게 구성되면 될수록, 바로 이 복잡성으로 말미암아 이 체계를 두 축에 따라 차례로 연구할 필요성이 더욱 절실해진다는 점이다. 그런데 어떤 체계도 이러한 특성을 언어만큼 지니고 있지는 않다. 가치들이 그토록 정확하게 작용하고, 그토록 많은 다양한 요소들이 이렇게 엄격하게 상호 의존하는 것은 다른 어떤 분야에서도 찾아볼 수 없다. 언어의 계속성을 설명하기 위해 이미 제시했던 기호의 다수성 때문에, 시간 속에서의 관계와 체계 속에서의 관계를 동시에 연구한다는 것은 절대적으로 불가능하다.

바로 이 때문에 우리는 두 가지 언어학을 구별하는 것이다. 그렇다면 이들 두 언어학을 어떻게 지칭할 것인가? 우리에게 떠오르는 용어들이 이 구분을 표시해 주기에 모두 적합하지가 않다. 가령 역사와 '역사적 언어학'이라는 용어는 지나치게 모호한 개념을 불러일으키므로 사용할 수 없다. 정치사는 사건의 이야기뿐만 아니라 시대에 관한 기술을 포함하고 있으므로, 언어의 계속적인 상태를 기술하면서도 시간축에 따라 언어를 연구하는 듯이 자칫 생각될 수도 있다. 따라서 언어를 한 상태에서 다른 상태로 이행하게 하는 현상들을 분리해서 고찰해야만 할 것이다. 진화와 진화언어학이라는 용어가 좀 더 정확하므로 우리는 이를 자주 사용할 것이다. 이와 대립적으로 언어 상태의 과학 또는 정태언어학이라는 말을 할 수 있다.

하지만 동일 대상에 관련되나 두 질서에 속하는 현상의 이러한 대립과 교차를 좀 더 잘 지적하기 위하여, 우리는 공시언어학(*linguistique synchronique*)과 통시언어학(*linguistique diachronique*)이라는 용어를 쓰기로 한다. 우리 과학의 정태적 국면에 관련되는 모든 것은 공시적인 것이고, 진화에 관련되는 모든 것은 통시적인 것이다. 마찬가지로 공시태(*synchronie*)와 통시태(*diachronie*)는 각각 언어 상태와 진화 단계를 가리키게 될 것이다.

2절. 내적 이중성과 언어학사

언어 현상을 연구할 때 가장 놀라운 것은, 시간 속에 위치한 이들 현상의 연속성이 화자에게는 존재하지 않는다는 점이다. 즉 화자는 하나의 상태 앞에 있다. 그래서 이러한 상태를 이해하고자 하는 언어학자는 이 상태를 만들어낸 모든 것을 백안시하고 통시태를 무시하지 않으면 안 된다. 언어학자는 과거를 제거함으로써만 화자의 의식 속에 들어갈 수 있다. 역사의 개입은 언어학자의 판단을 그릇되게 할 뿐이다. 쥐라 산맥의 여러 정상에서 동시에 알프스 산맥의 전경을 그리려고 하는 것은 터무니 없는 일일 것이다. 전경이라는 것은 한 지점에서만 그려야 하기 때문이다. 언어도 마찬가지이다. 한 상태에서만이 언어를 기술할 수 있고 용법상의 규범을 규정할 수 있다. 언어학자가 언어의 진화를 추적할 때는, 전망의 이동을 파악하기 위해서 쥐라 산맥의 이 끝에서 저 끝으로 움직이는 관측자와 흡사하다.

현대 언어학은 성립된 이래로 철저히 통시태에 몰두하였다고 할 수 있다. 인도유럽어의 비교 문법은 이전 시대의 언어 유형을 가설적으로 재구성하기 위해 기존 자료를 이용하는데, 이때 비교는 과거를 재구성하기 위한 수단에 불과하다. 이 어족의 하위 그룹들(로맨스어, 게르만어 등)에 대한 개별적 연구에 있어서도 방법은 매한가지이다. 상태들이 개입한대야 단편적이고 매우 불완전한 방식으로 개입할 뿐이다. 보프가 창시한경향이 바로 그러하다. 그래서 언어에 대한 그의 관념은 혼돈 상태에 있고 우유부단하다.

한편 언어학적인 연구가 들어서기 전에 언어를 연구했던 사람들, 즉전통적인 방법을 따랐던 '문법학자들'은 어떻게 접근하였던가? 신기하게도, 우리가 당면하고 있는 문제에 대한 그들의 관점이 전혀 비난의 여지가 없다는 것을 확인할 수 있다. 그들의 작업을 보면, 그들이 상태를 기술하고자 한다는 것을 명백히 알 수 있다. 그들의 계획은 전적으로 공시적이다. 가령 포르루아얄(Port-Royal) 문법은 루이 14세 시대의 불어 상태를 기술하고 이 상태를 이루는 가치를 규정하려 했다. 이렇게 하는데포르루아얄 문법은 중세 불어를 필요로 하지 않았으며, 오로지 수평축(본 장 1절 그림 참고.)을 충실히 따르면서 결코 이에서 벗어나지 않았다. 이 방법은 옳았다. 그렇다고 해서 이 방법의 적용이 완전무결했다는 것은 아니다. 전통 문법은 언어의 몇몇 부분들, 가령 낱말의 생성과 같은것들을 송두리째 무시한다. 전통 문법은 규범적이며, 사실을 확인하는 것이 아니라 규칙을 정해야만 하는 것이라 생각한다. 이 문법은 전체를 보는 눈이 결여되어 있어, 심지어는 쓰인 낱말과 발음된 낱말 등의 구별도할 수 없을 때가 있다.

고전 문법은 과학적이 아니라는 비판을 받아왔다. 그러나 고전 문법의토대는 보프에 의해 창시된 언어학보다는 비판의 여지가 적으며, 그 대상 또한 보다 잘 규정되어 있다. 보프의 언어학은 모호하게 한정된 영역에 위치하고 있어, 도대체 어떤 목표를 향하는지 정확히 모르고 있다. 보프의 언어학은 두 영역에 다리를 한쪽씩 걸치고 있는 셈인데, 그 이유는 상태와 연속성 사이를 확연히 구별하지 못했기 때문이다.

역사에 지나친 자리를 부여한 다음에 언어학은 전통 문법의 정태적 관점으로 복귀하게 되는데, 단지 이 복귀는 새로운 정신과 다른 방식을 통해서 일어나는바, 역사적 방법이 이 회춘에 기여했다. 바로 이 역사적 방법의 여파로 언어 상태를 보다 잘 이해하게 된 것이다. 옛 문법은 단지 공시적 사실만을 보았다. 언어학은 우리에게 새로운 차원의 현상들을 밝혀주었다. 그러나 그것만으로는 충분치 않다. 두 차원의 대립을 인식시켜 주어 여기에 내포된 모든 결과를 끌어내야 한다.

3절. 실례를 통해 본 내적 이중성

두 관점, 즉 공시적 관점과 통시적 관점의 대립은 절대적이며 타협을 허용하지 않는다. 몇 가지 사실이 이 차이가 무엇이며 왜 그것이 불가피한지를 보여줄 것이다.

라틴어 *cripus*는 불어 'ondulé(물결진, 구불구불한), crêpé(곱슬곱슬한)'에 *crép*-라는 어간을 제공하였고, 바로 여기에서 *crépir*(모르타르로 바르다)와 *décrépir*(모르타르를 벗겨내다)라는 동사가 생겨났다. 한편, 어떤 특정 시기에 라틴어로부터 *dēcrepitus*(늙어빠진)란 낱말이 차용되었는데, 그 어원은 알 수 없으되 이것에서부터 *décrépit*가 생겨났다. 그런데 확실한 것은 오늘날 대중이 'un mur *décrépi*'[1]와 'un homme *décrépit*'[2] 사이

---

1) 역주ㅣ un mur *décrépi* : 모르타르가 떨어진 벽.
2) 역주ㅣ un homme *décrépit* : 늙어빠진 사람.

에 어떤 관계를 설정하고 있다는 것인데, 역사적으로 볼 때 이 두 낱말 사이에는 아무 관련도 없다. 어떤 집을 보고 '낡은(*décrépite*[3]) 외관'이라고들 종종 말한다. 그런데 이것은 언어에 공존하는 두 용어 사이의 관계이므로 정태적 현상이다. 이러한 현상이 생겨나는 데에는 몇몇 진화 현상의 결합이 필요했다. 즉 *crisp*-가 *crép*-로 발음되고, 또한 어떤 특정 시기에 라틴어로부터 새로운 낱말이 차용되어야 했다. 이러한 통시적 현상들은, 자명하게 드러나는바, 그들이 야기한 정태적 현상과 아무 관련도 없다. 그것들은 전혀 다른 차원에 속하는 것이다.

여기에 또 다른 예가 하나 있는데, 그 설명은 광범위하게 적용된다. 고대 고지독어에서 *gast*(주인)의 복수형은 *gasti*였고, *hant*(손)의 복수형은 *hanti*였다. 나중에 이 *-i*가 움라우트를 야기시켰는바, 즉 앞 음절에서 *a*가 *e*로 변했다. *gasti* → *gesti*, *hanti* → *henti*. 그다음에는 이 *-i*가 자신의 음색을 잃게 되어 그 결과 *gesti* → *geste* 등이 되었다. 따라서 오늘날에는 *Gast* : *Gäste*, *Hand* : *Hände*가 되었으며, 상당수 낱말이 단수와 복수 사이에 동일한 차이를 보이고 있다. 이와 거의 유사한 현상이 앵글로색슨어에서 일어났다. 처음에는 *fōt*(발)의 복수형 †*fōti*, *tōp*(이빨)의 복수형 †*tōpi*, *gōs*(거위)의 복수형 †*gōsi* 등이 있었다. 그러다가 첫 번째 음성 변화, 즉 움라우트 변화로 말미암아 †*fōti*가 †*fēti*로 되었고 두 번째 변화로 마지막 *-i*가 탈락되어 †*fēti*가 *fēt*로 변했다. 이렇게 하여 *fōt*는 복수형으로 *fēt*를 갖게 되고, *tōp*은 *tēp*를, *gōs*는 *gēs*를 갖게 되었다.(현대 영어에서 *foot* : *feet*, *tooth* : *teeth*, *goose* : *geese*.)

이전에 *gast* : *gasti*, *fōt* : *fōti*로 말할 때는 복수형이 *i*의 단순한 부가로 표시되었지만, *Gast* : *Gäste*, *fōt* : *fēt*는 새로운 메커니즘을 통하여 복수

---

3) 역주| *décrépite* : '정면' 혹은 '외관'을 뜻하는 불어 *façade*는 여성형이므로, 이를 수식하는 *décrépi*가 여성형 *décrépite*로 된 것인데, 사실 어원적으로 볼 때 *décrépi*의 여성형은 차라리 *décrépie*로 봐야 할 것이다.

형을 표시하고 있다. 이러한 메커니즘은 이 두 경우에 동일하지 않다. 고대 영어에서는 단지 모음들의 대립만 있었고, 독어에서는 이에 덧붙여 마지막 -e의 유무가 뒤따른다. 그러나 이러한 차이는 여기에서 별로 중요하지 않다.

단수형과 복수형 사이의 관계는, 그 형태야 어찌 됐건 간에, 각 시기에 수평축에 의해 표현될 수 있다.

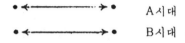

반대로 한 형태가 다른 형태로 변하는 이전을 초래했던 현상들은 그 어떤 것이든 수직축에 놓이게 될 것인바, 이에 따르면 다음과 같은 전체적 도식이 나온다.

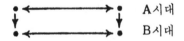

우리가 모델로 제시한 예문은 본 주제에 직접 결부되는 여러 가지 성찰을 암시해 준다.

(1) 이러한 통시적 현상들은 결코 어떤 가치를 다른 기호로써 표시하는 것을 목표하고 있지 않다. *gasti*가 *gesti*, *geste*(*Gäste*)로 변이되었다는 사실은 실사의 복수형과 아무런 관계도 없다. *tragit → trägt*에서는 바로 움라우트가 동사 굴절과 관계되며, 이런 식의 예는 많다. 따라서 통시적 현상은 그 자체로서 존재 이유가 있는 하나의 사건이다. 이에서 비롯되는 개별적인 공시적 결과는 그와는 완전히 무관하다.

(2) 이들 통시적 현상은 체계를 변화시키는 경향조차도 없다. 사람들

이 하나의 관계 체계로부터 다른 관계 체계로 이전하려고 했던 것은 아니다. 변경된 것은 배열이 아니고 배열 요소이다.

여기에서 우리는 이미 기술한 원칙을 되찾게 된다. 체계는 결코 직접적으로 변경되지 않는다. 그 자체로서는 불변적이다. 단지 몇몇 요소만이 이들을 전체에 연결시켜 주는 유대성과 무관하게 변질된다. 이것은, 태양 주위를 도는 유성 중의 하나가 그 크기와 무게가 바뀌는 것과 흡사하다. 이 고립된 현상은 보편적인 결과를 초래하여 태양계 전체의 균형을 바꿀 수도 있을 것이다. 복수를 표현하기 위해서는 *fōt* : †*fōti*, 또는 *fōt* : *fēt* 식으로 두 용어의 대립이 요구된다. 이는 둘 다 똑같이 가능한 방식이나, 사람들은 별로 상관하지 않고 전자에서 후자로 옮겨 갔다. 전체가 변한 것도 아니고 한 체계가 또 다른 한 체계를 낳은 것도 아니다. 처음 체계의 한 요소가 변했던 것이며 바로 이것만으로도 새로운 체계가 나타날 수 있었던 것이다.

(3) 이러한 고찰을 통해 한 상태는 언제나 우연성을 띠고 있다는 것을 더욱 잘 이해할 수 있다. 언어에 대해서 곧잘 갖기 쉬운 그릇된 생각과는 반대로, 언어는 개념을 표현하기 위해 만들어졌거나 배열된 메커니즘이 아니다. 오히려 변화에서 나온 상태가 새로 스며든 의미를 표시하는 임무를 가진 것이 아니라는 것을 보게 된다. *fōt* : *fēt*와 같은 우연한 상태가 주어지자 사람들은 이를 취하여 단수와 복수의 구분을 나타내게 하는 것이다. 이 용도에 *fōt* : *fēt*가 *fōt* : †*fōti*보다 더 나은 것은 아니다. 각 상태에 있어 하나의 주어진 재료는 정신이 들어가면 생동하게 된다. 역사적 언어학에서 나온 이 관점은 전통 문법에는 생소한 것으로, 전통 문법은 자신의 방법으로써 결코 이 관점에 도달하지 못했을 것이다. 대부분의 언어 철학자들 또한 이 관점을 모르고 있다. 그러나 철학적인 관점에서 본다면 이보다 더 중요한 것은 없다.

(4) 그렇다면 적어도 통시적 계열에 속하는 현상들은 공시적 계열의

현상들과 동일 차원의 것은 아닐까? 전혀 그렇지 않다. 왜냐하면 우리가 이미 정립했듯이, 변화란 어떠한 의도와도 상관없이 일어나기 때문이다. 반대로 공시태 현상은 항상 의미적이다. 그것은 언제나 동시적인 두 사항에 의존한다. 즉 복수를 표현하는 것은 *Gäste*가 아니라 *Gast : Gäste*의 대립이다. 통시적 사실은 이와 정반대이다. 그것은 단지 한 사항에만 관계되며 새로운 한 형태(*Gäste*)가 나타나기 위해서는 그 이전의 것(*gasti*)이 자리를 양보하여야만 한다.

따라서 이처럼 전혀 다른 현상들을 동일 학문에 모으려고 하는 것은 무모한 짓이다. 통시적인 관점에서는 체계와는 아무 관련도 없는 현상들을 다룬다. 물론 현상이 체계를 규정하는 것은 사실이다.

여기에 또 다른 예들이 있는데, 앞의 예들에서 나온 결론을 확인하고 보완해 줄 것이다.

불어에서는 마지막 음절에, 무음 *e*[ə]가 없는 한, 항상 악센트가 있다 이것은 공시적 현상으로서 불어 낱말 전체와 악센트 사이의 관계이다. 이러한 현상은 어디에서 유래하는가? 이전 상태로부터이다. 라틴어에서의 악센트 체계는 이와 다를 뿐 아니라 더욱 복잡하다. 즉 끝에서 두 번째 음절이 장음인 경우에는 그 음절에 강세가 주어졌으며, 만약 그 음절이 단음이면 악센트가 끝에서 세 번째 음절로 옮겨졌다.(*amícus, ánǐma* 참조.) 이 법칙은 불어 법칙과는 일말의 유사성도 없는 관계를 나타내고 있다. 물론 강세가 같은 자리에 남아 있다는 면에서 보면, 그것은 동일한 악센트이다. 왜냐하면 불어 낱말에서 악센트는 항상, 라틴어에서 악센트가 있던 음절에 주어지기 때문이다.(*amícum→ami, ánimam→âme* 참조.) 그러나 이 두 방법은 시기 면에서 서로 다른바, 이는 낱말 형태가 변했기 때문이다. 우리가 알다시피 악센트 뒤에 있던 모든 것은 사라지거나 또는 무음 *e*로 축약되었다. 낱말의 이러한 변질이 있은 후, 악센트 위치는 전체와 비교해 볼 때 이미 동일하지 않다. 이리하여 화자들은 이 새로운 관계를 의식하고 본능적으로 마지막 음절에 악센트를 주게 되었는데, 문자 체계를 통해서 전해진 차용어에 있어서마저도 마찬가지이다. (*facile, consul, ticket, burgrave* 등.) *amícum→ami*와 같은 낱말의 악센트가 여전히 동일 음절에 남아 있다는 점에서 드러나듯이, 사람들은 체계를 바꾸거나 어떤 새로운 방식을 적용하고자 하지 않았음이 분명하다. 그러나 하나의 통시적 현상이 개입되었다. 즉 사람들이 관여하지도 않았는데 악센트 위치가 변해 버렸다는 점이다. 악센트 법칙이라는 것은, 언어 체계에 관련되는 것이다 그렇듯이, 사항들의 배열인바, 진화의 우연적이고도 비의지적인 결과이다.

더욱 현저한 경우 하나를 들어보자. 고대 슬라브어 *slovo*(낱말)는 도구격단수에서 *slovemъ*, 명사격복수에서 *slova*, 속격복수에서 *slovъ* 등으로 나타난다. 즉 이러한 곡용(曲用)에서 각 격에는 자신의 격어미가 있다. 그러나 오늘날 인도유럽어 *i*와 *u*를 나타내는 슬라브어 *ъ*, *ь*라는 '약'모음은 사라졌다. 그 결과, 예를 들어 체코슬로바키아어에서는 *slovo*, *slovem, slova, slov*로 되었고, 마찬가지로 *žena*(부인)는 대격단수 *ženu*, 명사격복수 *ženy*, 속격복수 *žen*으로 되었다. 여기에서 속격(*slov, žen*)은 그 지수가 제로(*zéro*)이다. 따라서 하나의 관념을 표현하기 위해 물질적 기호가 꼭 필요한 것은 아니라는 점이 드러난다. 즉 언어는 어떤 것을 무(無)와 대립시키는 것으로 만족할 수도 있다. 가령 여기에서 *žen*이 *žena*도 *ženu*도 아니며 또한 다른 어떤 형태도 아니라는 단순한 사실에 의해서, *žen*이 속격복수임을 알 수 있다. 속격복수라는 매우 특수한 개념이 이처럼 제로 기호를 취했다는 것은 얼핏 보기에 이상할지 모른다. 그러나 바로 이것이야말로, 모든 것이 순전한 우연에서 비롯된다는 증거이다. 언어는 각종 훼손을 당함에도 불구하고 계속해서 기능하는 메커니즘이다.

이러한 모든 사실은 이미 언급한 원칙들을 확인해 주는바, 다음과 같이 요약할 수 있다.

언어는 하나의 체계로서 이 체계의 모든 부분은 공시적인 유대 속에서 고찰될 수 있고 또한 고찰되어야 한다.

변질은 결코 체계 전체에서 일어나는 것이 아니고 체계의 요소 중 어느 하나에서 일어나므로 체계 밖에서만 연구될 수 있다. 물론 모든 변질은 체계에 영향을 미친다. 그러나 시초적 현상은 단지 한 점에만 작용한다. 따라서 이 시초적 현상은 전체에 영향을 줄 수 있는 결과와는 아무런 내적 관계도 갖지 않는다. 연속 사항과 공존 사항 사이에, 부분적 현상과 체계에 관련된 현상 사이에 놓인 이러한 성질상의 차이로 인해 양쪽 모두를 단일 과학의 소재로 삼을 수는 없다.

4절. 비교를 통해 본 두 차원의 차이

공시적 차원과 동시적 차원의 자율성과 상호 의존성을 보여주기 위해서, 우리는 전자를 한 평면 위에 어떤 물체를 투사하는 것에 비교할 수 있다. 사실 모든 투사는 투사되는 물체에 직결되어 있으면서도 물체와는 다르며 별개의 것이다. 그렇지 않다면 투사를 다루는 과학이 있지는 않을 것이다. 물체 그 자체를 고찰하는 것으로 충분할 테니까. 언어학에 있어서도 역사적 현실과 언어 상태 간에 동일한 관계가 있어, 후자는 특정 시기에 있어서의 전자의 투사와도 같은 것이다. 물체 즉 통시적 사건을 연구한다고 해서 공시적 상태를 알게 됨은 아니라는 것은, 다양한 종류의 물체를 아주 세밀히 연구하였다 하더라도 기하학적 투사에 대한 개념을 갖지 못하는 것과 마찬가지이다.

또한, 마찬가지로 식물의 줄기를 잘라보면 그 단면에 다소 복잡한 그림이 나타난다. 이는 세로로 난 섬유들이 이룬 투영도에 지나지 않는바,

첫 번째 단면에 대한 수직 단면
을 만들어보면 이들을 볼 수 있
다. 여기서도 역시 한 투시도는
다른 투시도에 의존한다. 수직
단면은 식물을 구성하는 섬유
그 자체를 보여주며 수평 단면
은 특정 평면 위에 있는 이들
섬유의 집합체를 보여준다. 그

러나 후자는 전자와 구별되는바, 왜냐하면 후자는 수직 단면상에서는
결코 포착될 수 없는 섬유들 간의 어떤 관계를 확인시켜 주기 때문이다.

그러나 상상할 수 있는 모든 비교 중에서 가장 명시적인 것은 언어
작용과 체스 놀이 간에 설정할 수 있는 비교이다. 이 두 놀이 모두에 있
어 우리 앞에 있는 것은 가치 체계이며, 우리는 이들 가치의 변경을 본
다. 체스 놀이는 언어가 우리에게 자연 형태로 보여주는 것을 인위적으
로 실현하는 것과 마찬가지이다.

좀 더 자세히 살펴보자.

우선 놀이의 어떤 상태는 언어의 어떤 상태에 잘 부합된다. 말[馬]들
이 지니는 각각의 가치는 체스판 위에서 이들이 갖는 위치에 의존하며,
마찬가지로 언어에 있어서 각 사항은 다른 모든 사항들과의 대립에 의해
그 가치를 지니게 된다.

두 번째로, 체계는 언제나 순간적일 뿐이다. 즉 체계는 말의 위치가
바뀜에 따라 변화한다. 가치들이 또한 그리고 특히, 불변의 규약에 의존
한다는 것은 사실이다. 이 불변의 규약은 놀이의 규칙으로, 놀이가 시작
되기 전에도 존재했으며 매 수를 놓은 다음에도 역시 존속한다. 일단 완
전히 안정된 이 규칙은 언어에서도 존재한다. 이것이 바로 기호학의 항
구적인 원칙들이다.

마지막으로 한 균형 상태에서 다른 균형 상태로 또는, 우리의 용어대로 한다면, 한 공시태에서 다른 공시태로 옮겨 가기 위해서는, 말 하나의 이동으로 충분하다. 전반적인 혼란은 없다. 바로 여기에서 우리는 통시적 현상이 그 모든 특성을 수반하며 이루는 대칭 현상을 볼 수 있다. 따라서 사실은 이러하다.

(a) 체스의 한 수에서는 매번 단 하나의 말이 움직일 뿐이다. 마찬가지로 언어에 있어서 변화는 단지 고립된 요소에만 작용한다.

(b) 그럼에도 불구하고 체스 한 수는 체계 전체에 영향을 미친다. 체스를 두는 사람이 이 효과의 한계를 정확하게 예견하는 것은 불가능하다. 그로부터 생길 가치의 변화는 경우에 따라서 전무할 수도, 매우 심각할 수도, 또는 그 사이일 수도 있다. 어떤 수는 놀이 전체를 뒤집어 놓을 수도 있고, 또 당장에는 관계가 없는 말에까지도 영향을 미칠 수 있다. 우리는 또 방금 언어도 바로 이와 마찬가지라는 것을 보았다.

(c) 말 하나의 이동은 그 전의 균형과 그 후의 균형과는 전적으로 구별되는 현상이다. 일어난 변화는 이 두 상태의 어느 것에도 속하지 않는다. 그런데 중요한 것은 단지 상태뿐이다. 체스 놀이에 있어서 그 어떤 특정 형세건, 그것은 선행된 형세로부터 해방되어 있다는 기묘한 특성을 지닌다. 즉 어떤 경로를 통해서 그러한 형세에 다다랐는지는 전혀 중요하지 않다. 체스 놀이를 처음부터 지켜본 사람이라 해서, 결정적인 순간에 와서 놀이의 상태를 살피는 훈수꾼보다 더 유리할 것은 추호도 없다. 즉 그 순간의 형세를 묘사하기 위해서는 10초 전에 일어난 일을 상기할 필요가 전혀 없다. 이 모든 것은 똑같이 언어에 적용되며, 통시적인 것과 공시적인 것의 근본적인 구별을 시인해 주는 것이 된다. 화언은 하나의 언어 상태에만 작용하며, 상태와 상태 사이에서 일어나는 변화는 그 상태 속에 어떠한 자리도 차지하지 못한다.

비교가 불가능한 점이 단 한 군데 있다. 체스 놀이꾼은 말을 이동시킴으로써 체계에 영향을 주려는 의도가 있다. 반면 언어는 아무것도 미리 계획하지 않는다. 언어의 말들이 이동하는 것 — 차라리 변경된다는 표현이 나으리라 — 은 자생적이며 우연적이다. *hanti* 대신 쓰인 *Hände*의 움라우트와 *gasti* 대신 *Gästi*의 움라우트(본 장 3절 참고.)는 새로운 복수 형태를 만들었으나, *tragit* 대신 쓰인 *trägt*와 같은 동사 형태도 낳았다. 체스 놀이가 모든 면에서 언어 작용과 닮기 위해서는, 의식이 없거나 우둔한 놀이꾼을 가정해야 할 것이다. 더구나 이 유일한 차이점 때문에 우리의 비교가 훨씬 더 유익한 것이 되는데, 이는 언어학에서 두 차원의 현상을 구별해야만 한다는 절대적 필요성을 나타내 주기 때문이다. 왜냐하면 의지가 이러한 종류의 변화를 주도할 때마저도, 통시적 현상이 그의 지배 아래 있는 공시적 체계로 환원될 수 없다면, 심지어 통시적 현상을 통하여 한 기호 체계의 조직과 어떤 맹목적인 힘이 대결하게 될 때에는 더 말할 나위도 없기 때문이다.

5절. 방법과 원칙에 있어 대립되는 두 언어학

통시적 차원과 공시적 차원의 대립은 모든 점에서 현저히 드러난다.

가령, 가장 일목요연한 것부터 시작하자면, 이들은 그 중요성이 같지 않다. 이 점에 있어서 확실한 것은 공시적 면이 통시적 면보다 우월하다는 점인데, 그 까닭은 말하는 대중에게는 공시적 면이야말로 진정하고도 유일한 현실이기 때문이다.(본 장 2절 참고.) 언어학자에게도 마찬가지이다. 만약 언어학자가 통시적인 관점에 서게 되면, 그가 보는 것은 이미 언어가 아니라 언어를 변경시키는 일련의 사건이다. 특정 상태의 기원을 알아내는 것만큼 중요한 것은 없다고들 종종 주장한다. 어떤 면에서 이것은 옳다. 왜냐하면 그 상태를 형성한 조건들은 우리에게 그 상태의 진정한 성격을 뚜렷이 밝혀주고, 또한 우리가 어떤 착각에 빠지는 일을 막아주기 때문이다.(본 장 3절 참고.) 그러나 바로 이것이 또한 통시태가 그 자체로서는 궁극성을 지니고 있지 않다는 점을 입증해 준다. 저널리즘에 대해 이야기하는 것을 통시태에 대해서도 이야기할 수 있다. 통시태는 우리가 거기서 벗어난다는 조건 아래서라면 우리를 모든 면으로 이끌어 준다.

각 차원의 방법은 또한 다른바, 다음의 두 양상으로 나눌 수 있다.

(a) 공시태는 하나의 관점, 즉 화자들의 관점만을 인정하며, 그 방법은 전적으로 화자들의 증언을 수집하는 데 있다. 한 사항이 어느 정도로 현실인지를 알기 위해서는, 그것이 어느 정도로 화자들의 의식에 존재하고 있는가를 보아야 할 것이고, 또한 그것으로 충분할 것이다. 이에 반해 통시언어학은 두 개의 관점, 즉 시간의 흐름을 따르는 전망적 관점과 시간의 흐름을 거슬러 올라가는 회고적 관점을 구별해야만 한다. 5부에서 논할 방법의 이분화는 여기에서 비롯된다.

(b) 두 번째 차이는 각각의 두 학문이 다루는 분야의 범위 차에서 기인한다. 공시적 연구는 동시적인 것 모두를 그 대상으로 하지 않고, 단지 각 언어에 해당되는 현상들의 총체만 다룬다. 필요하다면 그러한 분리는 방언과 하위 방언에까지 갈 수 있다. 요컨대 공시적이라는 용어는 그리 정확한 것은 아니다. 다소 긴 말이긴 하지만 특정공시적(*idiosynchronique*)이라는 용어로 대체해야 할 것이다. 이와는 반대로 통시언어학은 이런 식의 특수화를 필요로 하지 않을 뿐더러 배척하기까지 한다. 이 분야에서 고찰하는 사항들이 꼭 동일 언어에 속하는 것은 아니기 때문이다.(인도유럽어 †*esti*, 그리스어 *ésti*, 독어 *ist*, 불어 *est*를 비교해 보라.) 바로 통시적 현상들의 연속과 이들 현상의 공간적 증가야말로 고유 언어의 다양성을 야기시킨다. 두 형태의 비교를 정당화하기 위해서는 이들 형태 상호 간에, 아무리 간접적일지라도, 역사적 관계만 있다면 충분하다.

이러한 대립들은 가장 괄목한 만한 것도 가장 심층적인 것도 아니다. 진화 현상과 정태 현상 사이의 근본적 모순은, 전자 또는 후자에 관계되는 모든 개념이 똑같은 정도로 서로 환원 불가능하다는 결과를 유발한다. 이들 개념 중 어느것을 가지고도 이 진리를 입증할 수 있다. 바로 이렇게 해서 공시적 '현상'은 통시적 현상과 아무런 공통성도 지니지 않는다.(2부 1장 참고.) 전자가 동시적 요소 간의 관계라면, 후자는 시간 속에서 한 요소가 다른 요소를 대체하는 것, 즉 하나의 사건이다. 2부 3장에서 우리는 또한 통시적 동일성과 공시적 동일성이 아주 판이한 두 사항이라는 점을 알게 될 것이다. 가령 역사적으로 볼 때 부정사 *pas*[4]는 실사 *pas*와 동일한 반면, 오늘날의 언어에서 보면 이 두 요소는 완전히 구별된다. 이상과 같은 확인만으로도 우리는 이 두 가지 관점을 혼동해서는 안 된다는 필요성을 충분히 알 수 있다. 그러나 그 필요성이 가장 확연히 나타나는 곳은 이제 우리가 하고자 하는 구분에서이다.

6절. 공시적 법칙과 통시적 법칙

언어학에서 흔히 법칙이 거론된다. 그러나 언어 현상이 과연 실제로 법칙에 의해 지배되는가? 그리고 이들 현상은 어떠한 성질의 것일 수 있는가? 언어가 일종의 사회적 제도이므로, 우리는 선험적으로 언어가 집단을 지배하는 규칙과 유사한 규칙에 의해 규제된다고 생각할 수 있다. 그런데 모든 사회법칙은 다음과 같은 두 가지 기본적인 특성을 가진다. 즉 강압적이며 보편적이다. 사회법칙은 강요되며, 물론 어떤 시간적 한계와 공간적 한계 내에서지만, 모든 경우에 미친다.

---

4) 역주| 불어에서 *pas*는 부정사의 역할을 하고, 또한 '발걸음'이라는 의미를 지닌다.

언어의 법칙은 이러한 정의에 부응하는가? 방금 말한 것에 따를 것 같으면, 이 점을 알기 위해 우리가 해야 할 우선적인 것은 다시 한번 공시적 현상과 통시적 현상의 영역을 분리하는 일이다. 여기에서 혼동해서는 안 될 두 가지 문제가 있다. 즉 일반적인 언어학 법칙을 거론한다는 것은 곧 유령을 붙잡고자 하는 것과 다를 바 없다.

그리스어에서 차용한 몇 가지 예를 들어보겠는데, 여기에서 두 차원의 '법칙'이 고의로 혼동되어 있다.

(1) 인도유럽어의 대기 유성음은 대기 무성음이 되었다. †*dhūmos* → *thūmós*(생명의 숨결), †*bherō* → *phéerō*(*je porte*: 나는 든다) 등.

(2) 악센트는 끝에서 세 번째 음절 이상으로 절대 거슬러 올라가지 않는다.

(3) 모든 낱말은 모음으로 끝나거나 *s*, *n*, *r*로 끝나고, 다른 모든 자음은 배제된다.

(4) 모음이 뒤따르는 초음 *s*는 *h*(유기음)가 된다. †*septm*(라틴어 *septem*) → *heptá*.

(5) 마지막 m은 *n*으로 변했다. †*jugom* → *zugón*.(라틴어 *jugum*[5] 참조.)

(6) 마지막 폐쇄음은 탈락했다. †*gunaik* → *gúnai*, †*epheret* → *éphere*, †*epheront* → *épheron*.

법칙 (1)은 통시적이다. 즉 *dh*였던 것이 *th*가 되었다는 등이다. 법칙 (2)는 낱말의 단위와 악센트 간의 관계를 표현하는바, 공존하는 두 사항 간의 일종의 계약이다. 즉 공시적 법칙이다. 법칙 (3) 역시 낱말의 단위

---

5) Meillet(*Mém. de la Soc. de Lingu.*, IX, p.365 이하)와 Gauthiot(*La fin de mot en indo-européen*, p.158 이하)에 의하면, 인도유럽어는 마지막 음으로 단지 −*n*만을 취했지, −*m*을 취하지는 않았다. 만약 이 이론을 받아들인다면, 법칙 (5)는 다음과 같이 표현해 주는 것으로 충분할 것이다. 즉 인도유럽어의 마지막 음 −*n*은 그리스어에서는 모두 보존되었다. 그렇다고 해서 이 법칙의 논증적 가치가 감소되지는 않을 것이다. 왜냐하면 옛 상태의 보존이라는 결과로 귀착하는 음성 현상은 어떤 변화로서 나타나는 현상과 성격이 같기 때문이다.(3부 2장 2절 참고.)

와 그 끝에 관련되므로 마찬가지이다. 법칙 (4), (5), (6)은 통시적이다. 즉 s였던 것이 h가 되고, $-n$이 m 대신 들어섰고, $-t, k$ 등이 아무런 흔적 없이 사라졌다.

그 외에 법칙 (3)이 법칙 (5)와 (6)의 결과라는 것을 주의해야 한다. 두 가지 통시적 현상이 한 가지 공시적 현상을 발생시켰다.

이러한 두 범주의 법칙을 일단 분리하고 나면, 법칙 (2), (3)이 법칙 (1), (4), (5), (6)과는 같은 성질의 것이 아님을 알 것이다.

공시적 법칙은 보편적이지만 강압적이지는 않다. 물론 이 법칙은 집단적 용법이라는 제약으로 말미암아 개인에게 강요되긴 하지만(1부 2장 1절 참고.), 여기서 우리는 화자의 의무를 고려하고 있진 않다. 무슨 말인고 하니, 언어에 있어서 규칙성이 하나의 점만을 지배할 때, 그 어떤 힘도 이 규칙성의 유지를 보장해 주지 않는다는 것이다. 기존 질서의 단순한 표현인 공시적 법칙은 사물의 상태를 확인해 줄 뿐이다. 그것은 과수원의 나무들이 5점형으로 배열되어 있다는 것을 확인해 주는 법칙과 성격이 똑같다. 또한 이 공시적 법칙이 규정하는 질서는 일시적인데, 그 이유는 바로 이 질서가 강압적이지 않기 때문이다. 가령 라틴어의 악센트를 지배하는 공시적 법칙만큼 규칙적인 것은 없다.(모든 점에서 위 법칙 (2)에 비교할 만한 법칙이다.) 그런데도 불구하고 이 악센트 체계는 변질 요인을 견디지 못하여 새로운 법칙, 즉 불어의 법칙에 굴복했다.(본 장 3절 참고.) 요컨대 공시태에 있어서 법칙이라고 말할 때에는, 배열 또는 규칙성의 원칙이라는 의미에서이다.

이와 반대로 통시태는 역동적 요인을 가정하는데, 이 요인에 의해서 어떤 결과가 생겨나고 어떤 일이 실행된다. 그러나 이러한 강압적인 특성은 법칙이라는 개념을 진화 현상에 적용할 정도로까지 충분하지는 않다. 법칙을 말할 수 있는 것은 단지 현상 전체가 동일 법칙에 따를 때뿐이며, 그렇게 보이지는 않을지 몰라도 통시적 사건들은 항상 우연적이고도 특수한 성질을 지닌다.

의미론적 현상에서 보면 이와 같은 것이 금방 이해된다. 가령 불어 *poutre*(암말)가 '나무토막, 대들보'의 의미를 취하게 되었는데, 이는 특수한 원인들에 기인한 것이어서 같은 시간에 일어날 수 있었던 다른 변화들과는 무관하다. 즉 그것은 언어의 역사가 경험한 모든 사건 중 하나일 뿐이다.

통사적이고 형태소적인 변형 면에서는 문제가, 처음 볼 때는 그렇게 명확하게 드러나지 않는다. 어떤 특정 시기에 불어에서는 옛 주격 형태가 거의 모두 사라졌다. 여기에 동일 법칙에 따르는 일련의 현상이 있는 것은 아닐까? 아니다. 왜냐하면 이 모든 것은 다 고립된 유일한 현상이 다양하게 나타난 것에 불과하기 때문이다. 훼손된 것은 주격이라는 개별 개념인데, 이것의 사멸은 자연히 일련의 형태 전체의 사멸을 초래하게 되었다. 언어의 외부만을 보는 사람의 눈에는 유일한 현상이 그 현상의 수많은 표현으로 뒤덮여 있는 것이다. 그러나 그 현상 자체는 근본적 성격에 있어 하나이며, 그 질서 내부에서 보면 *poutre*가 겪은 의미적 변화만큼이나 고립된 역사적 사건을 구성한다. 그것이 법칙으로 보이는 것은 단지 하나의 체계 안에서 실현되기 때문일 뿐이다. 바로 이 체계의 엄격한 배열로 인해, 통시적 현상이 공시적 현상과 동일한 조건을 따르고 있는 듯한 착각이 생기는 것이다.

마지막으로 음성 변화 역시 마찬가지이다. 그럼에도 흔히 음성 법칙이라는 말을 쓴다. 사실 특정 시기에 특정 지역에서, 동일한 음적 특수성을 나타내는 모든 낱말이 동일한 변화를 받는다는 것은 확인할 수 있다. 가령 앞 페이지에 나온 법칙 (1)(†*dhūmos* → 그리스어 *thūmós*)은 하나의 대기 유성음을 지녔던 모든 그리스어 낱말에 적용된다.(†*nebhos* → *néphos*, †*medhu* → *méthu*, †*tanghō* → *ánkhō* 등 참조.) 법칙 (4)(†*septm* → *heptá*)는 *serpō* → *hérpo*, †*sūs* → *hûs*에 적용될 뿐더러 *s*로 시작하는 모든 낱말에 적용된다. 이러한 규칙성은, 가끔 반박을 받아왔지만, 우리가 보기에는 아주 잘 설정된 것 같다. 명백한 예외들까지도 이러한 변화의 필연성을 약화시키지는 않는데, 왜냐하면 그 예외들은 좀 더 특수한 음성 법칙이나(본 장 8절의 예시 *trikhes* → *thriksí* 참고.) 다른 차원에 있는 현상의 개입으로 설명되기 때문이다.(유추 등.) 따라서 법칙이라는 말에 대해 위에서 부여했던 규정에 이보다 더 잘 일치하는 것은 없는 듯하다. 그렇기는 하지만 하나의 음성 법칙이 입증되는 실례가 아무리 많다 할지라도, 그 법칙이 포용하는 모든 현상은 개별적인 단일 현상의 표현에 불과하다.

진정한 문제는, 음성 변화가 과연 낱말에 미치는지 아니면 단지 소리에만 미치는지를 아는 것이다. 이 대답은 명백하다. *néphos, méthu, ánkhō* 등에서 대기 무성음으로 변한 것은 특정 음소, 즉 인도유럽어의 대기 유성음이고, *h*로 변한 것은 원시 그리스어의 초음 *s*이다 등등. 이들 현상 각자는 고립되어 있고, 동일 차원의 다른 사건들과 무관하며, 또한 그들이 발생한 낱말들과도 무관하다.[6] 이 모든 낱말은 물론 그 음적 재료가 변경되지만, 그렇다고 해서 음소의 진정한 성질에 대해 오해가 있어서는 안 된다.

우리는 무엇에 근거를 두고, 낱말 자체가 음성 변형에 직접적으로 관계되는 것은 아니라고 말할 수 있는가? 그러한 음성 변형은 실상 낱말과 관계가 없으며 낱말의 본질에 영향을 미치지는 못한다는 매우 단순한 논리에 근거한다. 낱말의 단위는 단지 그 음소 전체로만 구성된 것이 아니

---

6) 위에 인용된 실례들이 순전히 도식적인 성격을 지닌다는 것은 두말할 나위도 없다. 현재의 언어학은 가능한 한 음성 변화의 넓은 계열을 동일한 시초적 원칙에 귀결시키려고 노력하고 있는데, 이는 당연하다. 그리하여 Meillet는 그리스어 폐쇄음의 변형 전부를 그들 분절의 점진적인 약화로 설명한다.(*Mem. de le la Soc. de Ling.*, IX., p.163 이하 참고.) 음성 변화의 특성에 대한 위의 결론은 궁극적으로 일반적 현상——물론 이것이 존재하는 경우——에 당연히 적용되는 것이다.

다. 그것은 자신의 물질적 특질 이외의 특성들에 기인한다. 피아노의 건반 하나가 음정이 틀린다고 가정해 보자. 곡을 연주하면서 그 건반을 건드릴 때마다 틀린 음이 나올 것이다. 그러나 과연 어디에서일까? 멜로디에서일까? 확실히 그것은 아니다. 틀린 것은 멜로디가 아니다. 단지 피아노가 고장났을 뿐이다. 음성학에 있어서도 꼭 마찬가지이다. 우리의 음운 체계는 언어 낱말을 분절하기 위해 사용하는 도구이다. 이들 요소 중하나가 변경된다면 그 결과는 매우 다양할 것이다. 그러나 그 현상 자체는 연주곡의 멜로디라 할 수 있는 낱말과는 관계가 없다.

이렇게 통시적 현상은 개별적이다. 체계의 변화는 사건의 작용 때문에 일어나지만, 이 사건들은 그 체계와 관계없을 뿐만 아니라(본 장 3절 참고.) 서로 고립되어 있어 체계를 이루지 못한다.

요약해 보면, 공시적 현상은 그 무엇이건 간에 어떤 규칙성을 보여주고 있으나 전혀 강압성이 없다. 이와 반대로, 통시적 현상은 언어에 강요되나 전혀 일반성이 없다.

한마디로 말해서 — 우리가 종국적으로 말하고자 했던 것은 바로 이 점이다 — 통시적 현상도 공시적 현상도 위에서 우리가 규정한 의미에서의 법칙에 지배되지 않는다. 그럼에도 불구하고 언어 법칙을 거론하고 싶다면, 이 용어는 통시적 차원과 공시적 차원의 사항 중 어느 것에 적용되느냐에 따라 전혀 다른 의미를 내포하게 될 것이다.

7절. 범시적인 관점이 있을 수 있는가

지금까지 우리는 법칙이라는 용어를 법률상의 의미로 사용해 왔다. 그러나 물리학 또는 자연과학에서 이해하는 대로의 법칙, 즉 어느 곳에서나 그리고 언제나 입증될 수 있는 관계가 어쩌면 언어 안에 존재하는 것은 아닐까? 한마디로, 언어는 범시적(汎時的)인 관점에서 연구될 수는 없는 것일까?

물론 연구될 수 있다. 가령 음성 변화는 항상 발생하고 또한 발생할 것이므로, 이 일반적 현상을 언어활동의 항구적 면으로 간주할 수 있다. 따라서 그것은 하나의 언어활동 법칙이다. 체스 놀이에서와 마찬가지로 (본 장 4절 참고.) 언어학에서는 모든 사건을 넘어서서 존재하는 규칙들이 있다. 그러나 그것은 구체적 현상과는 관계없이 존재하는 일반적 원칙들이다. 특수하고 감지할 수 있는 현상이 문제되는 경우에는 범시적인 관점이 있을 수 없다. 따라서 각 음성 변화는, 그 범위야 어찌 되었든 간에, 특정한 시기와 특정한 장소에 한정된다. 모든 시간과 장소에서 발생하는 음성 변화란 없다. 그것은 통시적으로만 존재할 뿐이다. 언어에 속하는 것이 무엇이고 속하지 않는 것은 무엇인지를 판가름할 수 있는 기준이 바로 이러한 것이다. 범시적 설명이 가능한 구체적 현상이 있다면, 이것은 언어에 속할 수 없을 것이다. chose라는 낱말을 보자. 통시적 관점에서 보면 이 낱말은 그 어원인 라틴어 causa(영어 cause의 의미)에 대립된다. 공시적 관점에서 보면, 이 낱말은 현대 불어에서 그것에 연합될 수 있는 모든 용어에 대립된다. 낱말의 소리 자체만을 볼 때(šọz), 범시적 관찰이 가능하다. 그러나 이들 소리에는 언어학적 가치가 없다. 그리고 범시적 관점에서 볼지라도 šọz는 ün šọz admirablə(une chose admirable)와 같은 연쇄에서 파악될 때에는 하나의 단위가 아니라 그 어느 것에 의해서도 한정되지 않는 무형의 덩어리에 불과하다. 왜 하필이면 ọza나 nšọ가 아닌 šọz란 말인가? 그것은 의미를 지니지 않기 때문에 가치가 아니다. 범시적 관점으로는 언어의 개별 현상을 다룰 수 없다.

8절. 공시적 현상과 통시적 현상의 혼동으로 생기는 결과들

두 가지 경우가 있을 수 있다.

(a) 공시적 진리는 통시적 진리의 부정처럼 보여서 피상적으로 사물을 보면 양자택일을 해야만 할 것으로 생각하게 된다. 사실 그럴 필요는 없다. 한 진리는 다른 진리를 배제하지 않는다. 불어에서 *dépit*가 애초에 '경멸'을 뜻했다고 해서, 이 낱말이 현재에는 전혀 다른 의미를 지닐 수 없는 것은 아니다. 어원과 공시적 가치는 서로 구별되는 두 사항이다. 역시 마찬가지로 현대 불어의 전통 문법은 어떤 경우에서는 현재분사가 가변적이어서 형용사처럼 일치한다고 가르치며('une eau *courante* : 흐르는 물' 참조.) 또 어떤 경우에서는 현재분사가 변하지 않는다고 가르친다. ('une personne *courant* la rue : 거리를 달리는 사람' 참조.) 그러나 역사적 문법은 이것이 동일한 형태가 아님을 보여준다. 즉 전자는 가변적인 라틴어 분사(*currentem*)의 계속인 반면, 후자는 불변적인 제롱디프(*currendō*)[7] 탈격에서 유래한 것이다.[8] 공시적 진리는 통시적 진리에 모순되는가? 그리고 역사적 문법의 이름으로 전통 문법을 폐기해야만 하는가? 아니다. 왜냐하면 그것은 현실의 반쪽만 보는 우를 범하는 것이기 때문이다. 역사적 사실만이 중요하여 언어를 구성하는 데에는 그것만으로 충분하다고 믿어서는 안 된다. 물론 기원의 관점에서 보면 분사 *courant*에는 두 가지 사항이 있다. 그러나 언어 의식은 이들 두 가치를 접근시켜 이제는 하나로

---

7) 역주│제롱디프(*gérondif*)는 현재분사와 유사한 가치를 지니지만, 수식적 용법이 배제되고 대개는 동시성을 표현하는 특수한 형태이다. 문법학자에 따라서는 법(mode)의 일종으로 취급되기도 한다.

8) 이 학설은 일반적으로 받아들여지고 있는데, 최근 M. E. Lerch(*Das invariable Participium praesenti*, Erlangen, 1913)가 이에 반론을 제기한바, 우리 생각에는 별로 성공하지 못한 것 같다. 따라서 반론이야 어떻든, 교육적 가치는 보유하고 있는 이 예를 없앨 필요가 없었다.

본다. 이 진리는 통시적 진리만큼이나 절대적이고 명백하다.

(b) 공시적 진리는 통시적 진리와 완전히 합치되어, 사람들은 그 둘을 혼동하거나 또는 이분하는 것이 쓸데없는 일이라고 생각한다. 가령 사람들은 *père*라는 낱말의 현재 의미를 설명하기 위하여 *pater*가 *père*와 동일한 의미를 지녔다고 말한다. 다른 실례를 하나 들어보자. 라틴어의 단음 *a*는 첫 음절이 아닌 개음절에서 *i*로 변했다. 즉 *faciō*에 대해 *conficiō*가 있었고, *amīcus*에 대해 *inimīcus*가 있었다는 등이다. 사람들이 법칙을 만들면서 *faciō*의 *a*가 *conficiō*에서 *i*로 되었다고 종종 말하는데, 그 이유는 *a*가 이미 첫 음절에 있지 않기 때문이라는 것이다. 그것은 정확하지 않다. *faciō*의 *a*는 *conficiō*에서 *i*로 '변'하지 않았다. 진실을 밝히기 위해서는 두 시대와 네 가지 사항을 구별하지 않으면 안 된다. 즉 우선 *faciō*−*confaciō*로 말했다. 다음에는 *confaciō*가 *conficiō*로 변형되었던 반면, *faciō*는 아무 변화 없이 남아 있어 *faciō*−*conficiō*로 발음되었던 것이다.

$$faciō \leftrightarrow confaciō \qquad \text{A시대}$$
$$\downarrow \qquad \downarrow$$
$$faciō \leftrightarrow conficiō \qquad \text{B시대}$$

만약 어떤 '변화'가 있었다면, 그것은 *confaciō*와 *conficiō* 간에 일어난 것이다. 그런데 규칙이 잘못 세워져 *confaciō*에 대해서는 언급조차 하지 않았던 것이다. 다음으로, 물론 통시적인 이 변화 이외에, 또 하나의 현상이 있는데, 이는 처음 현상과는 전적으로 구별되며 *faciō*와 *conficiō* 사이의 순전한 공시적 대립과 관련되는 것이다. 이것이 현상이 아니라 결과라고 말하고 싶어질지 모른다. 그렇지만 그것은 그 질서 속에서는 하나의 현상이며, 모든 공시적 현상도 이와 마찬가지 성격을 띠고 있다. *faciō*−*conficiō* 대립의 진정한 가치를 보지 못하는 것은 이 대립이 그리 의미적이지 않기 때문이다. 그러나 *Gast* — *Gäste*, *gebe* — *gibt*의 쌍을 고찰해 보면, 이들 대립도 음성 진화의 우연한 결과이지만, 역시 공시적 질서 속에서는 근본적 문법 현상이라는 것을 알 수 있다. 한편 이 두 차원의 현상은 서로를 조건 지우면서 긴밀히 연결되어 있기 때문에, 이들을 서로 구별할 필요가 없다고 생각해 버린다. 사실 언어학은 수십 년 동안 이들을 혼동했는데도 불구하고, 자신의 방법론이 무가치하다는 것을 인식하지 못했다.

그러나 이러한 오류는 몇몇 경우에 있어서 명백히 나타난다. 가령 그리스어 *phuktós*를 설명하기 위해서 *g*나 *kh*는 무성자음 앞에서 *k*로 변했다는 설명으로 족하다고 자칫 생각할 수 있는데, 이때 *plugeîn* : *phuktós*, *lékhos* : *léktron* 등의 공시적 상응이 설명의 근거가 된다. 그러나 *tríkhes* : *thriksí*와 같은 경우에 부딪히게 되는데, 여기서 *t*는 *th*로의 '전이'라는 복잡한 문제를 보게 된다. 이 낱말의 형태는 단지 역사적으로, 즉 상대적인 연대(年代)에 의해서만 설명될 수 있다. 원시 테마 †*thrikh*[9]는 -*si*라는 활용어미가 뒤따라 *thriksí*가 되었는데, 이는 매우 오래된 현상으로, 어근 *lekh-*에서 유래한 *léktron*을 발생시킨 현상과 동일하다. 나중에는 동일 낱말 안에서 다른 유기음이 뒤따르는 모든 유기음은 무성음으로 전이되었으며, 그래서 †*thríkhes*가 *tríkhes*가 되고, *thriksí*는 당연히 이러한 법칙에서 벗어났다.

---

9) 역주ㅣ 테마(*thème*)는 어근과 '테마적' 모음이 합쳐져 만들어진 어간을 말하는데, 여기에 명사, 형용사의 격어미와 동사의 어미가 붙게 되는 것이다. 가령 라틴어의 *dominus*(*dominos*에서 나왔다.)에서 어근은 *domin-*이고 테마적 모음은 *o*이며 어미는 *s*이다.

9절. 결론

이렇게 하여 언어학은 여기서 그 두 번째 분기점에 놓인다. 우선은 언어와 화언 간의 선택이 필요했다.(서론 4장 참고.) 이제 우리는 두 가지 갈림길의 기점에 서 있는데 하나는 통시태로, 그리고 다른 하나는 공시태로 가는 길이다.

이러한 두 가지 분류 원칙을 일단 확보했으니, 언어에 있어서 통시적인 것은 모두 화언에 의해서만 통시적일 수 있다고 덧붙일 수 있겠다. 모든 변화의 싹은 바로 화언 안에 있다. 각 변화는 우선 몇몇 개인에 의해 시작된 다음, 용법에 편입된다. 현대 독어에서는 *ich war, wir waren*이라고 말하는 반면, 고대 독어에서는 16세기까지만 해도 동사 변화가 *ich was, wir waren*과 같은 식이었다.(영어에서는 아직도 *I was, we were*로 말한다.) 어떻게 하여 *was*는 *war*로 대체되었을까? *waren*의 영향을 받은 몇몇 사람이 유추에 의해서 *war*를 만들어냈다. 그것은 화언 현상이었다. 이 형태는, 자주 반복되고 집단에 의해 채택되면서, 언어 현상이 되었던 것이다. 그러나 화언의 변화가 모두 이런 성공을 거두는 것은 아니다. 그리고 이들 변화가 개인적인 것으로 남아 있는 한 고려할 필요가 없다. 그 이유는 우리가 연구하는 것이 언어이기 때문이다. 집단이 이들을 받아들이는 때에만 우리의 관찰 영역에 속하는 것이다.

하나의 진화 현상은 항상 화언 영역에서 하나의, 아니 차라리 무수한 유사 현상에 의해 선행된다. 이 사실은 우리가 위에서 세운 구분을 전혀 약화시키지 않고 오히려 확증해 준다. 왜냐하면 모든 변화의 역사에서 항상 다음과 같이 상이한 두 순간을 보게 되기 때문이다. 즉 (1) 변화가 개인들에게서 나타나는 순간과 (2) 변화가 언어 현상이 되는 순간으로, 이 언어 현상은 외견상 동일하지만 집단에 의해서 채택된 것이다.

다음 도표는 언어 연구가 보여야 할 합리적인 형태를 지적하고 있다.

$$\text{언어활동} \begin{cases} \text{언어} \begin{cases} \text{공시태} \\ \text{통시태} \end{cases} \\ \text{화언} \end{cases}$$

어떤 과학의 이론적이고 이상적인 형태는, 항상 실용적 필요성이 강요하는 형태는 아니라는 것을 인정해야 한다. 언어학에서는 그러한 필요성이 다른 어느 곳에서보다 강압적이다. 이 때문에 현재 언어 연구에 만연되고 있는 혼동에 어느 정도 변명의 여지가 있다. 설령 여기에서 설정된 구분들이 결정적으로 받아들여진다 할지라도, 그러한 이상의 이름으로 언어 조사에 정확한 방향을 강요할 수는 아마 없을 것이다.

가령 고대 불어에 대한 공시적인 연구에서 언어학자는, 18세기에서 20세기까지 이 언어의 역사가 그에게 보여줄지도 모르는 현상이나 원칙과는 아무 공통점도 없는 현상과 원칙을 다루게 된다. 이와는 반대로, 이들 사실과 원칙은 현재의 반투어나 기원전 400년의 아테네 그리스어나 또는 오늘날 불어의 기술에서 드러날지 모르는 현상과 원칙에 비교할 수 있다. 그 이유는 이들 각종의 서술이 모두 유사한 관계에 근거를 두고 있기 때문이다. 각 고유 언어가 하나의 폐쇄된 체계를 이룬다 하더라도 그모두는 어떤 항구적인 원칙들을 전제하고 있는 것이다. 우리는 각 언어에서 이러한 원칙들을 재발견하게 되는데, 그 이유는 우리가 동일 차원에 계속 머물러 있기 때문이다. 역사적 연구도 마찬가지이다. 불어의 한특정 시기(가령 18세기에서 20세기)나 자바어 또는 그 어떤 언어의 한 시기를 쭉 훑어보는 경우 어디서나 유사한 현상을 다루게 되는데, 이들을 비교하기만 해도 통시적 차원의 일반적 진리를 세울 수 있다. 이상적인 것이 있다면, 각 학자가 이들 연구 분야 중 어느 하나에 전념하여 이 차원에서 되도록 많은 사실을 포괄하는 일일 것이다. 그러나 이처럼 판이

한 언어들을 과학적으로 완전히 파악한다는 것은 매우 어려운 일이다. 한편, 각 언어는 실질적으로 하나의 연구 단위를 이루고 사람들은 별수없이 이 언어를 차례로, 정태적으로 보고 그리고 역사적으로 보게 된다. 어쨌든 우리가 잊어서는 안 될 것은, 이론상으로는 이러한 연구 단위가 피상적인 반면 고유 언어들의 다양성 속에는 심층적 단위가 숨어 있다는 점이다. 한 언어의 연구에 있어 이쪽 측면으로 관찰을 하건 저쪽 측면으로 관찰을 하건, 반드시 각 현상을 제 영역에 놓아야 하고 방법론들을 혼동해서는 안 된다.

이렇게 한정된 언어학의 두 분야는 차례차례 우리 연구의 대상이 될 것이다.

즉 공시언어학은 논리적이고 심리적인 관계를 다룬다. 이들 관계는 공존하며 체계를 이루는 사항들을 연결시켜 주는데, 이들 사항이란 동일 집단이 인식하는 바로 그대로이다.

이와 반대로 통시언어학은 연속적 사항들을 연결해 주는 관계를 연구한다. 이들 사항은 동일 집단 의식에 의해 인식되지 않으며, 그들 사이에 체계를 형성하지 않은 채 서로 대체된다.

일반 공시언어학의 목적은 모든 특정 공시론적 체계의 근본 원칙, 즉 모든 언어 상태의 구성 요인을 정립하는 데 있다. 앞서 이미 서술한 것 중 상당수가 공시태에 속한다. 가령 기호의 일반적 특성은 공시태의 필요불가결한 일부로 볼 수 있다. 물론 우리는 두 개의 언어학을 구별해야 할 필요성을 입증하기 위해 이를 사용했었다.

소위 '일반문법'이라고 말하는 것은 모두 공시태에 속한다. 왜냐하면 바로 언어 상태를 통해서만 문법이 다루는 각종 관계가 성립되기 때문이다. 다음에서 우리는 몇 개의 본질적 원칙만 고려할 텐데, 이들 원칙이 없다면 정태론의 특수 문제를 다룰 수 없을 뿐만 아니라 한 언어 상태의 세부 사항도 설명할 수 없을 것이다.

일반적으로 언어사를 연구하는 것보다 정태언어학을 연구하는 것이 훨씬 더 어렵다. 진화 현상은 보다 구체적이고 훨씬 더 상상력에 전달된다. 여기에서 관찰되는 관계는 쉽게 파악할 수 있는 연속적 용어 사이에서 맺어진다. 일련의 변형을 따라가며 관찰하는 것은 쉬울 뿐만 아니라 재미있기까지 하다. 그러나 공존하는 가치들과 관계들을 다루는 언어학은 더 많은 어려움을 지니고 있다.

실상, 하나의 언어 상태란 하나의 시점이 아니고 다소간 긴 시간으로,

이 사이에 일어난 변화는 미미할 뿐이다. 그것은 십 년, 또는 한 세대, 또는 한 세기일 수도 있고 심지어 더 길 수도 있다. 한 언어는 기나긴 시간 동안 거의 변치 않다가 수년 사이에 갑자기 크게 변할 수도 있다. 동일 시기에 공존하는 두 언어 중, 하나는 많이 진화하는데 또 다른 하나는 거의 진화하지 않는 수도 있다. 후자의 경우 연구는 필연적으로 공시적일 것이며, 전자의 경우는 통시적일 것이다. 절대적 상태란 변화의 부재에 의해 정의되는 것인바, 언어는 조금이라도 변하기 마련이므로, 언어 상태를 연구한다는 것은 결국 별로 중요하지 않은 변화를 무시해 버리는 것이 된다. 이는 수학자들이 대수(對數) 계산과 같은 몇몇 연산에서 극소치를 무시해 버리는 것과 같다.

정치사에서는 시간의 한 점인 시대와 어느 정도의 기간에 해당하는 시기를 구별한다. 그러나 역사가가 안토니우스 시대 또는 십자군 시대에 대해 논할 때는, 실상 이 사이에 변하지 않고 지속된 일련의 특성을 고려하고 있는 것이다. 정태언어학은 시대를 다루고 있다고 말할 수도 있겠다. 그러나 상태란 말이 더 바람직하다. 한 시대의 시작과 끝은 대개 기존 상태를 변경시키는 다소 급작스러운 혁명으로 점철되는 것이다. 상태란 낱말은, 언어에서도 이와 유사한 일이 일어난다고 생각하는 것을 막아줄 수 있다. 더구나 시대란 용어는 역사에서 차용된 것이라는 바로 그 이유 때문에 언어 자체를 생각하게 하기보다는 언어를 둘러싸고 이를 좌우하는 상황을 생각하게 한다. 한마디로 시대란 말은, 우리가 외적 언어학이라 칭하는 것의 관념을 불러일으킨다.(서론 5장 참고.)

더구나 시간 구분이 언어 상태를 정의할 때 봉착하게 되는 유일한 어려움은 아니다. 공간의 경우에도 동일한 문제가 제기된다. 요컨대 언어 상태의 개념은 대략적일 수밖에 없다. 대부분의 과학에서처럼 정태언어학에서도, 자료를 규약에 따라 단순화시키지 않고는 어떠한 논증도 불가능하다.

2장

언어의 구체적 본체

1절. 본체와 단위의 정의

언어를 구성하는 기호들은 추상물이 아니라 실재적 사물이다.(서론 3장 2절 참고.) 언어학이 연구하는 것은 바로 이 기호들과 이들 사이의 관계이다. 이를 언어학의 구체적 본체라 할 수 있다.

우선 문제를 전반적으로 지배하는 두 개의 원칙을 다시 말해 보자.

(1) 언어 본체는 기표와 기의의 연합에 의해서만 존재한다.(1부 1장 1절 참고.) 이 양자 중 하나의 요소만을 고려하면 언어 본체는 사라져버리고 만다. 구체적 사물 대신에 순전한 추상물만이 우리 앞에 남게 된다. 본체의 일부만을 파악하고 있으면서도 그 전체를 포괄하고 있다고 생각할 위험이 항상 있는 것이다. 가령 발화 연쇄를 음절로 나누면 그러한 일이 생길 것이다. 음절이란 음운론에서만 가치가 있는 것이다. 일련의 소리는 한 개념의 받침대로서만 언어적인 것이 된다. 그 자체로만 보면 생리학적 연구의 소재일 뿐이다.

기의도 기표에서 분리해 버리면 이와 마찬가지이다. '집', '흰', '보다' 등은 그 자체로만 보면 심리학에 속하는 것이다. 청각영상과의 연합에 의해서만 언어 본체가 될 수 있다. 언어에서 개념은 음적 실체가 갖는 특질이고, 특정한 음색은 개념이 갖는 특질이다.

이 양면적 단일성을 육체와 영혼으로 된 인간의 단일성에 비교하는 일이 가끔 있다. 이러한 비교는 별로 만족스럽지 못하다. 가령 물과 같은 화학적인 화합물을 생각해 보는 것이 더 옳을 것이다. 물은 수소와 산소의 결합이다. 따로따로 보면 이 양자 중 어느 것도 물의 특성을 지니지 못한다.

(2) 언어 본체는 음적 연쇄에서 그를 둘러싸는 모든 것으로부터 구분, 분리해야만 완전히 한정될 수 있다. 바로 이러한 구분된 본체들, 즉 단위들이 언어 메커니즘 속에서 대립되고 있는 것이다.

얼핏 보아 언어기호들을 시각적 기호들과 동일시하려고들 하는데, 이는 이들 시각적 기호가 공간 속에서 서로 혼동되지 않고 공존할 수 있기 때문이다. 의미적 요소의 분리도 이와 같이, 정신적 행위가 전혀 필요 없이 이루어질 수 있다고들 믿고 있다. 의미 요소를 지칭하기 위해 사용하는 '형태'란 낱말('동사 형태', '명사 형태' 등의 표현 참조.)이 이러한 오류를 지속시켜 주고 있다. 그러나 다 아는 바와 같이 음적 연쇄는 선적이라는 데 그 제일의 특성이 있다.(1부 1장 3절 참고.) 그 자체로만 본다면 음적 연쇄는 하나의 선, 하나의 띠에 불과하여, 우리의 귀는 거기에서 어떠한 구분도 충분히, 분명히 감지해 낼 수 없는 것이다. 이를 위해서는 의미의 도움을 받아야 한다. 미지의 언어를 들을 때 우리는 소리의 연속이 어떤 식으로 분석되는지 말할 수 없다. 그 이유는 언어 현상의 음적 측면만 고려한다면 이러한 분석이 불가능하기 때문이다. 그러나 연쇄의 각 부분에 어떤 의미와 어떤 역할을 부여해야 하는가를 알게 되면, 이들 각 부분이 서로 분리되고, 형태 없는 띠가 여러 단편으로 끊어지는 것을 보게 된다. 그런데 이 분석은 전혀 물질적인 것이 아니다.

요컨대 언어는 미리 구분된 기호들의 총체가 아니기 때문에, 그 기호들의 의미와 배열만 연구하면 되는 그런 것이 아니다. 하나의 불분명한 덩어리로서, 주의력과 습관에 의해서만 그 각 요소를 찾아낼 수 있다. 단위라는 것은 어떠한 특수한 음적 특성도 없으며, 유일하게 내릴 수 있는 정의란 다음과 같다. 즉 화언 연쇄 상에서 그 전후 요소와 상관없이 어떤 개념의 기표가 되는 한 음색의 단편이다.

2절. 구분의 방법

한 언어를 잘 구사하는 사람은 극히 간단한 방법으로——최소한 이론적으로는——그 구성 단위를 구분한다. 이 방법은 화언을 언어 자료로 보고 여기에 입각하여 이 화언을 평행한 두 개의 연쇄, 즉 개념 연쇄(a)와 청각영상 연쇄(b)로 나타내는 것이다.

올바른 구분을 하려면 청각 연쇄에서 세운 분리(α β γ ……)를 개념 연쇄의 분리(α' β' γ' ……)에 일치시켜야 한다.

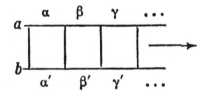

가령 불어의 *sižlaprã*가 있다고 하자. 이 연쇄를 *l* 다음에서 끊어 *sižl*을 단위라 할 수 있는가? 아니다. 개념만 보아도 이 분리는 틀렸다는 것을 알게 된다. *siž-la-prã*라고 음절로 끊어도 선험적으로 언어적인 것은 전혀 아니다. 유일하게 가능한 분리는 다음과 같다. 즉 (1) *si-ž-la-prã* (si je la prends : 내가 그것을 취한다면) 또는 (2) *si-ž-l-aprã*(si je l'apprends : 내가 그것을 알게 된다면)이다. 이 두 분리는 이들 화언에 달

리는 의미에 의해서 결정된다.

이러한 구분 행위의 결과를 입증하고, 그것이 분명 하나의 단위임을 확인하려면, 동일한 단위가 나타나는 일련의 문장을 비교하여 문맥에서 이 단위를 그 나머지와 분리해 내고, 의미가 이를 허용한다는 것을 확인할 수 있어야 한다. 가령 두 개의 문장 요소 *laførsdüvã*(la force du vent : 바람의 힘)과 *abudførs*(à bout de force : 힘이 다하여)가 있다고 하자. 두 경우에 있어 동일한 개념이 동일한 음적 단편인 *førs*와 일치하고 있다. 따라서 이것은 분명히 하나의 언어 단위이다. 그러나 *ilmeførsaparlę*(il me force à parler : 그는 나에게 말하도록 강요한다)에서 *førs*는 전혀 다른 의미를 갖는다. 따라서 이것은 다른 단위인 것이다.

3절. 구분에 있어 실행상의 어려움

이론상으로는 아주 단순한 이 방법은 쉽게 적용될 수 있을까? 자르는 대상이 낱말이라는 견지에서 보면 그렇다고 생각된다. 사실 문장이 낱말의 결합이 아니라면 무엇이겠으며, 이보다 더 직접적으로 파악되는 것이 무엇이겠는가? 따라서 위의 예에서, *sižlaprã*이라는 화언 연쇄는 우리가 분석한 대로 네 개의 단위로 분리되며, 이들 네 개의 단위는 동수의 낱말, 즉 *si-je-l'-apprends*이라고 말할 것이다. 그러나 낱말의 본질에 대해 수많은 논란이 있었다는 것을 안다면, 우리의 입장은 즉각적으로 의심스러운 것이 되고, 또한 이 문제를 조금만 숙고해 보면 사람들이 말하는 낱말이라는 것은 우리의 구체적 단위라는 개념과 양립할 수 없음을 알게 된다.

*cheval*과 그 복수형 *chevaux*만 생각해도 이를 알 수 있다. 일반적으로, 이들이 동일 명사의 두 형태라고 말들 한다. 그러나 그 전체를 보면 이

들은 분명히 의미로 보나 소리로 보나 구별되는 두 개의 사항이다. *mwa* (le *mois* de décembre : 12월)와 *mwaz*(un *mois* après : 한 달 후)에서도 역시 동일한 낱말이 상이한 두 양상으로 나타나고 있으며, 하나의 구체적 단위라고는 할 수 없다. 의미는 분명히 동일하지만 음색 단편이 다른 것이다. 그러므로 구체적 단위와 낱말을 동일시하면 즉각적으로 딜레마에 봉착하게 된다. 즉 *cheval*과 *chevaux*, *mwa*와 *mwaz*를 이어주는 관계가 명백함에도 불구하고 이를 무시해 버리거나, 아니면 이들은 두 개의 상이한 낱말이라고 하거나, 그것도 안 되면 단위를 포기하고 동일 낱말의 여러 형태를 연결하는 추상물로 만족해야 된다. 구체적 단위는 낱말 이외의 것에서 찾아야 한다. 더구나 많은 낱말이 복합 단위라서, 쉽게 그 하위 단위(접미사, 접두사, 어간)를 구별할 수 있다. *désir-eux, malheur-eux* 같은 파생어는 뚜렷한 두 부분으로 분리되며, 이들 부분은 각자 명백한 의미와 역할을 소유하고 있다. 반대로 낱말보다 더 큰 단위들도 있다. 즉 합성어(*porte-plume*), 숙어(*s'il vous plait*), 굴절 형태(*il a été*) 등이다. 그러나 이러한 단위도, 구분하는 데 있어 엄밀한 의미에서 낱말과 동일한 어려움을 제기한다. 동시에 음적 연쇄에 나타나는 단위들의 작용을 분간해 내어, 언어가 어떠한 구체적 요소를 취급하는지 말하기가 극히 어렵다.

물론 화자는 이러한 어려움을 느끼지 않는다. 얼마간이라도 의미만 띠었으면 모든 것이 화자에게는 구체적 요소이며 담화에서 이를 틀림없이 구별해 낸다. 그러나 단위의 이러한 빠르고도 미묘한 작용을 느끼는 것과 이를 조직적인 분석에 의해 설명하는 것은 근본적으로 다른 일이다.

상당히 보편화된 한 이론의 주장에 의하면 유일한 구체적 단위는 문장이다. 우리는 문장을 통해서만 말하며, 나중에 여기에서 낱말들을 추출한다는 것이다. 그러나 우선 어느 정도까지 문장이 언어에 속하는 것인가?(2부 5장 2절 참고.) 문장이 화언에 속하는 것이라면 언어 단위로 통할 수는 없다. 그렇지만 이러한 난점을 피했다 치자. 발음 가능한 모든 문장을 상상해 볼 때, 그 가장 현저한 특성은 이들 문장이 전혀 서로 유사하지 않다는 것이다. 우선은 문장의 엄청난 다양성을 동물학적 종을 이루는 개체의, 그에 못지않은 다양성과 동일시하게 된다. 그러나 그것은 하나의 착각이다. 동종의 동물들에서는 공통성이 그들을 갈라놓는 상이성보다 더 크다. 반면에 문장 사이에서는 다양성이 압도적이며, 이 다양성에도 불구하고 문장 사이의 연결점을 찾으려 한다면, 본의 아니게 즉시 낱말과 그 문법성을 다시 만나게 되며, 종전과 똑같은 난점에 다시 봉착하게 되는 것이다.

4절. 결론

과학의 대상이 되는 대부분의 영역에서 단위 문제는 제기조차 되지 않는다. 즉 단위가 즉시 주어진다. 가령 동물학에서는 처음부터 주어지는 것이 동물이다. 천문학도 공간 속에 분리되어 있는 단위들을 취급한다. 즉 전체들이다. 화학에서는 중크롬산칼리가 정말로 규정된 물체인지에 대한 의심조차도 없이 이의 성질과 성분을 연구할 수 있다.

하나의 과학이, 즉시 식별 가능한 구체적 단위들을 제시하지 못하는 것은 이들 단위가 그 과학에서는 근본적인 것이 아니기 때문이다. 가령 역사에서 단위는 개인인가, 시대인가, 국민인가? 알 수 없다. 하지만 그리 문제가 되는 것은 아니다. 이 점을 명백히 모르더라도 역사를 편찬할 수 있다.

그러나 체스 놀이가 전적으로, 상이한 말들의 결합에서 이루어지듯이, 언어도 체계라는 특성이 있으며, 이 체계는 완전히 그 구체적 단위들의 대립에 바탕을 둔 것이다. 이들 단위를 몰라서는 도저히 안 되며, 이들에 의지하지 않고는 한 걸음도 나아갈 수가 없다. 그럼에도 불구하고 이들 단위의 구분이 너무나 미묘한 것이어서 이들이 정말로 주어진 것인가를 자문하게 될 정도이다.

따라서 언어는, 첫눈에 볼 수 있는 본체를 제공하지 않는다는 기이하고도 놀라운 특성을 보여주고 있다. 그렇다고 해서 이들 본체가 존재하며 이들의 작용이 바로 언어를 구성한다는 사실을 의심할 수는 없다. 아마도 바로 여기에 언어와 기타 기호학적 제도를 구별해 주는 특징이 있을 것이다.

3장

동일성, 실재, 가치

방금 확인한 사실은 우리에게 아주 중요한 문제를 제기하는바, 이는 정태언어학에 있어 그 어떤 근본적 개념도, 단위에 대해 갖고 있는 우리의 생각에 직접적으로 의존하거나 심지어 이 생각과 일치하기까지 하기 때문이다. 바로 이 점을 공시적 동일성, 실재 및 가치에 대해 논함으로써 보여주고자 한다.

(A) 공시적 동일성이란 무엇인가? 여기서 말하는 것은 불어 부정사 *pas*와 라틴어 *passum*을 연결시켜 주는 통일성이 아니고 —— 이는 통시적인 것으로서 나중에 3부 8장에서 논할 것이다 —— 이에 못지않게 흥미로운 동일성인데, 우리가 'je ne sais *pas*(나는 모른다)'와 'ne dites *pas* cela(그렇게 말하지 마시오)'의 두 문장에 동일한 요소가 있다고 말할 때 바로 이 동일성에 근거하고 있는 것이다. 쓸데없는 공론이라고 말할지도 모른다. 즉 두 문장에서 동일한 음색(*pas*)이 동일한 의미를 지녔으므로 동일성인 것이다. 그러나 이 설명으로는 부족하다. 왜냐하면 음색 단편과 개념의 대응성이 동일성을 입증해 주는 것은 사실이지만(앞의 'la *force* du vent' : 'à bout de *force*'의 예 참고.) 그 역은 그렇지 못하기 때문이다. 이러한 대응성이 없더라도 동일성은 가능하다. 강연회에서 "*Messieurs!* (여러분!)" 하고 여러 번 반복하는 것을 들을 때, 매번 동일한 표현이라

는 느낌을 받는다. 그러나 어조의 변화와 억양 때문에 이 표현은 연설의 여러 구절에서 현저한 음적 차이를, 여러 낱말(*pomme*와 *paume*, *goutte* 와 *je goûte*, *fuir*와 *fouir* 등 참조.)을 구별시키는 음적 차이만큼 현저한 음적 차이를 띠고 나타난다. 더구나 의미적 관점에서도 각 "*Messieurs!*" 사이에 절대적인 동일성이 없음에도, 이 느낌은 지속된다. 이는 한 낱말 이 상당히 다른 여러 개념을 표현하면서도 그 동일성이 심각하게 타격받 지 않는 것과 마찬가지이다.('*adopter* une mode : 유행을 채택하다'와 '*adopter* un enfant : 양자를 택하다', 'la *fleur* de pommier : 사과나무 꽃'과 'la *fleur* de la noblesse : 귀족의 정수' 등 참조.)

언어 메커니즘은 전적으로 동일성과 상이성에 의해 움직이는바, 후자 는 전자의 대칭물에 불과하다. 따라서 동일성 문제는 어디서나 제기된다. 그러나 한편, 이 문제는 본체 문제 및 단위 문제와 부분적으로 일치하는 것으로서, 이들 문제의 복잡화된 현상일 뿐인데, 이 복잡화 현상은 오히 려 연구 가능성이 풍부하다. 언어활동 이외의 현상에서 취한 몇 가지 예 와 비교하면 이 특성은 더 잘 드러난다. 가령, 24시간 간격으로 떠나는 '제네바발 파리행 저녁 8시 45분' 급행열차 두 대에 대하여 우리는 동일 성이란 말을 쓴다. 우리 눈에는 동일한 급행열차로 보인다. 하지만 기관 차, 승무원, 객차 등 모든 것이 틀림없이 다르리라. 또는 하나의 거리를 완전히 밀어버리고 재건할 경우, 물질적으로 보아 옛 거리에서 남은 것 이라고는 하나도 없는데도 우리는 동일한 거리라고 한다. 하나의 거리를 온통 재건해도 그 거리가 동일한 것으로 남을 수 있는 이유는 무엇인가? 그 이유는 거리의 실체가 순전히 물질적인 것만은 아니기 때문이다. 거 리는, 가령 다른 거리들과의 상대적 상황과 같은, 몇몇 조건 위에 바탕을 두고 있으며, 그 우연적 물질성은 이들 조건과는 무관하다. 마찬가지로 급행열차는 발차 시간, 운행 노선 및 일반적으로 다른 급행열차와 이를 구별시키는 모든 상황에 의해 규정된다. 동일한 조건이 실현될 때마다 동일한 본체를 얻게 된다. 그럼에도 불구하고 이들 본체는 추상적이 아니다. 왜냐하면 하나의 거리나 하나의 급행열차 모두 물질적 실현 없이는 생각할 수 없기 때문이다.

위와 전혀 다른 경우로, 내가 옷을 도둑맞은 후 헌옷가게 진열대에서 되찾은 경우를 대조해 보자. 이때는 생명 없는 실체, 즉 천, 안감, 단 등에만 존재하는 물질적 동일성이다. 먼저의 옷과 아무리 비슷하더라도 다른 옷은 내 옷일 수가 없다. 그러나 언어의 동일성은 옷의 동일성과 같은 것이 아니고 급행열차와 거리의 동일성과 같다. *Messieurs*란 말을 쓸 때마다 나는 재료를 바꾼다. 매번 새로운 발음 행위와 새로운 심리적 행위를 하는 것이다. 동일 낱말이 두 번 쓰인 경우, 양자 사이의 연결 관계는 물질적 동일성에 근거하는 것도 아니고, 의미의 정확한 유사성에 근거하는 것도 아니다. 그 근거가 되는 요소는 연구를 해봐야만 알 수 있는 것으로, 언어 단위의 진정한 본질에 도달하게 해줄 것이다.

(B) 공시적 실재란 무엇인가? 언어의 구체적 요소 또는 추상적 요소 중 어떤 것을 공시적 실재라고 부를 수 있는가?

가령 품사의 구분을 보자. 실사, 형용사 등의 낱말 분류는 어디에 근거하는 것인가? 이 분류의 근거는 순전히 논리적이고 언어 외적인 원칙으로서 외부로부터 문법에 적용되어, 지구에 적용되는 경도, 위도와 같은 것인가? 아니면 이 분류가, 언어 체계 내에 존재하고 이에 의해 좌우되는 어떤 사실에 해당되는 것인가? 한마디로 그것은 하나의 공시적 실재인가? 이 두 번째의 가정은 옳은 듯하다. 그러나 첫 번째의 가정을 밀고 나갈 수도 있을 것이다. 'ces gants sont *bon marché* : 이 장갑은 싸다'에서 *bon marché*는 형용사인가? 논리적인 면에서, 이 낱말은 형용사의 의미를 띠고 있다. 그러나 문법적인 면에서는 불확실해진다. 왜냐하면 *bon marché*는 형용사처럼 작용하지 않기 때문이다.(즉 불변하며, 절대로 실사 앞에 오지 않는다는 점 등.) 더구나 두 낱말로 구성되어 있다. 그런데 바로 품사 구분으로 인하여 언어의 낱말 분류를 해야 하는 것이다. 어떻게 하나의 낱말 그룹이 한 품사에 속할 수 있겠는가? 그러나 역으로 *bon*은 형용사이고 *marché*는 실사라고 한다면, 이 표현을 설명할 수 없는 것이다. 따라서 이 분류는 결함이 있거나 불완전하다. 실사, 동사, 형용사 등의 낱말 구분은 부인할 수 없는 언어 상태가 아니다.

이처럼 언어학은 문법학자들이 만들어낸 개념들을 끊임없이 취급하는데, 이들 개념이 과연 언어 체계의 구성 요인에 상응하는지는 알 수 없다. 그러나 어떻게 그것을 알아낼 수 있는가? 그리고 이들 개념이 유령에 불과하다면, 어떤 실재를 이에 대립시켜야 하는가?

오류에서 벗어나려면 우선, 언어의 구체적 실재는 스스로 우리 눈앞에 나타나지 않는다는 것을 납득해야 한다. 이 실재를 파악하고자 노력한다면, 언어 현실에 도달하게 될 것이다. 이를 바탕으로, 언어학은 자기 영역에 속하는 현상들을 정리하는 데 필요한 분류법을 만들어낼 수 있을 것이다. 한편 분류법을 구체적 본체 이외의 것에 근거하여 세운다면, 가령 품사가, 논리적 범주에 상응한다는 단순한 이유로, 언어 구성 요인이라고 말한다면 이는, 의미 요소로 분리되는 음적 재료 없이는 언어 현상이 존재하지 않는다는 사실을 잊는 것이 된다.

(C) 마지막으로, 여기서 논한 모든 개념은 우리가 이미 다른 곳에서 가치라고 부른 것과 근본적으로 다르지 않다. 체스 놀이와 다시 한번 비교해서 말하면 이해할 수 있을 것이다.(1부 3장 4절 참고.) 기사(騎士)를 예로 들어 보자. 이 말은 자기 하나만으로 경기의 요소가 될 수 있는가? 분명 그렇지 않다. 왜냐하면 제자리와 기타의 경기 조건 밖에서 순전히 그 물질성만 본다면, 이 말은 체스 놀이꾼에게 아무것도 아니며, 자기의 가치를 다시 띠고 이와 혼연일체가 된 다음에야만 실재적이고 구체적인 요소가 되는 것이다. 경기 중 이 말이 깨졌다거나 분실되었다고 하자. 이 말을 같은 자격이 있는 다른 말로 바꿀 수 있을까? 물론이다. 다른 기사

로도 바꿀 수 있을 뿐만 아니라, 먼저의 말과 동일한 가치만 부여한다면 그와 비슷한 데가 전혀 없는 형상이라도 동일하다고 간주될 것이다. 따라서 언어와 같은 기호 체계에서는 특정 규칙에 따라 요소들이 상호 연관되어 균형을 이루므로, 동일성의 개념은 가치의 개념이고 가치의 개념은 곧 동일성의 개념임을 볼 수 있다.

그렇기 때문에 가치의 개념은 단위, 구체적 본체, 실재의 개념을 모두 포괄한다. 그러나 이들 여러 양상 사이에 근본적인 차이가 없다 하더라도, 결국 여러 형태로 문제를 순차적으로 제기할 수 있다는 이야기가 된다. 단위, 실재, 구체적 본체 또는 가치 중 그 어느 것을 결정하고자 하는 것은, 결국 정태언어학 전반을 항상 지배하는 중심 문제를 제기하는 것이 된다.

실제적인 면에서는 단위들로부터 시작하여 이들을 결정하고, 분류를 통해 그 다양성을 설명하는 것이 유익할 것으로 보인다. 낱말의 분류는 어디에 근거하는지를 연구해야 할 것이다. 왜냐하면 낱말은, 정의하기 힘들더라도 우리의 정신에 명백히 대두되는 단위이며, 언어 메커니즘에서 중심적 역할을 하는 것이기 때문이다. 그러나 이것은 그 하나만으로도 책 한 권을 채울 수 있는 주제이다. 그다음에 하위 단위를 분류하고, 나중에 낱말보다 큰 단위를 분류해야 할 것이다. 우리의 과학이 다루는 요소들을 이렇게 결정함으로써 우리의 과학은 그 임무를 완전히 수행하게 될 것이다. 왜냐하면 그것의 영역에 속하는 모든 현상을 그 제일의 원칙으로 귀결시킨 셈이 될 것이기 때문이다. 지금까지 사람들이 이 중심 문제에 직면하여, 그 중요성과 난점을 이해했다고 말할 수는 없다. 언어에 있어 사람들은 불분명하게 정의된 단위들을 취급하였다.

그러나 단위의 근본적인 중요성에도 불구하고 문제를 가치의 측면에서 접근하는 것이 바람직한데, 이는 우리 생각에, 그것이 문제의 본원적 측면이기 때문이다.

4장
언어 가치

1절. 음적 재료로 조직된 사상으로서의 언어

언어가 순전한 가치의 체계일 수밖에 없다는 것을 이해하려면, 언어 기능 속에 참여하는 두 요소, 즉 개념과 소리를 보기만 하면 된다.

심리적으로 보아 우리의 사상은, 낱말을 통한 그 표현을 빼면, 형태 없고 불분명한 덩어리에 불과하다. 기호의 도움 없이는 두 개념을 분명하고 한결같은 방법으로 구분할 수 없다는 데에 철학자와 언어학자들은 항상 의견을 같이했다. 사상은 그 자체로 보면 하나의 성운과 같아서 그 속에 아무것도 필연적으로 구분되어 있지 않다.

이렇게 유동적인 왕국에서 소리가 그 자체만으로 미리 한정된 본체를 제공할 수 있을까? 이 역시 아니다. 음적 실체라고 해서 더 확고하고 더 단단한 것은 아니다. 음적 실체는 하나의 틀이 아니므로 사상이 그 형태에 꼭 맞추어져야 하는 것은 아니다. 그것은 하나의 조형 재료로서, 사상이 필요로 하는 기표를 제공하기 위해서 자기도 구별되는 부분들로 분리되어야 하는 것이다. 따라서 언어 현상의 전체, 즉 언어를 일련의 연접된 하위 구분으로 나타낼 수 있는데, 이 하위 구분들은 막연한 개념의 한계 없는 평면(A)과 역시 불확정한 소리의 평면(B) 양쪽에 동시에 표시할 수

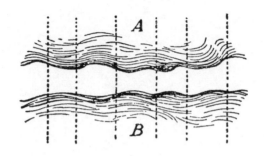

있다. 위의 그림은 이를 간략히 나타내고 있다.

사상에 대한 언어의 독특한 역할은, 개념 표현을 위한 재료로서의 음적 수단을 만들어주는 것이 아니라 사상과 소리 사이의 중개 역할을 하는 것인데, 이로 인해 사상과 소리의 결합은 필연적으로 단위의 상호 구분으로 귀결된다. 원래 혼동 상태에 있는 사상은 분해됨에 따라 명확해질 수밖에 없다. 따라서 사상의 물질화도 없고 소리의 정신화도 없다. '사상-소리'가 구분을 내포하며, 언어가 형태 없는 두 덩어리 사이에서 구성되면서 그 단위를 만들어낸다는 신비로운 사실만이 있다. 공기와 하나의 수면이 접촉해 있는 경우를 상상해 보라. 대기의 압력이 변하면 물의 표면은 분해되어 일련의 구분, 즉 물결을 이룬다. 바로 이 파동과 비교하면, 사상과 음색 재료의 결합, 말하자면 접합이 어떤 것인지를 알 수 있다.

언어를 분절의 영역이라고 할 수 있는데, 여기서 분절이란 서론 3장 1절에서 규정한 의미에 따른다. 각 언어 용어는 하나의 작은 지체(肢體) 즉 articulus로, 이 속에서 개념이 소리 안에 고정되고, 소리는 개념의 기호가 된다.

언어는 또한 한 장의 종이에 비교될 수 있다. 사상은 소리의 앞면이고 소리는 그 뒷면이다. 앞면을 자르면 동시에 뒷면도 잘린다. 마찬가지로 언어에서도, 사상에서 소리를 고립시킬 수 없고, 소리에서 사상을 고립시킬 수 없다. 그렇게 하려면 추상을 통해서만 가능한데, 그 결과는 순전한 심리학이 되거나 순전한 음운론이 될 것이다. 따라서 언어학은 두 차원의 요소가 결합하는 경계 지역을 다룬다. 이 결합에 의해 생기는 것은 형태이지 실체가 아니다.

이들 관점은 1부 1장 2절에서 언급한 바 있는 기호의 자의성을 더 잘 이해시켜 준다. 언어 현상에 의해 연결된 두 영역이 막연하고 형태 없는 것일 뿐만 아니라, 어떤 개념에 대해 어떤 청각 단편을 선택해야 하는 것도 전적으로 자의적이다. 만약 그렇지 않다면 가치의 개념은 그 특성을 잃게 될 것인데, 이는 가치가 외부로부터 강요된 요소를 포함하고 있다는 이야기가 되기 때문이다. 그러나 실상 가치란 완전히 상대적인 것이며, 이 때문에 개념과 소리의 연결 관계는 근본적으로 자의적이다.

이번에는 기호의 자의성을 통하여 왜 사회 현상만이 언어 체계를 만들어낼 수 있는가를 더 잘 이해할 수 있다. 집단은 가치의 정립에 필수적인데, 왜냐하면 가치의 유일한 존재 이유는 관용과 일반적 동의에 있기 때문이다. 개인 혼자만으로는 어떠한 가치도 고정시킬 수 없다.

더구나 이렇게 정해진 가치 개념에서 보면, 하나의 사항을 특정 소리와 특정 개념의 결합으로 간주하는 것은 커다란 오류임을 알 수 있다. 그런 식으로 정의한다면, 사항을 그것이 들어 있는 체계로부터 고립시키는 것이 된다. 그것은 결국 사항들에서 시작하여 이들의 합계를 냄으로써 체계를 구축할 수 있다고 믿는 것이 되는데, 오히려 연대적 전체에서 출발하여 여기에 포함된 요소들을 분석을 통해 얻어내야 하는 것이다.

이 이론을 전개시키기 위해, 우리는 차례로 기의, 즉 개념의 관점(2절), 기표의 관점(3절), 기호 전체의 관점(4절)에 입각할 것이다.

구체적 본체, 즉 언어 단위를 직접 파악할 수 없으므로 우리는 낱말을 취급하겠다. 낱말은 언어 단위의 정의에 정확히 부합하는 것은 아니지만(2부 2장 3절 참고.) 적어도 언어 단위에 대해 대강은 짐작하게 해줄 수 있으며, 이 짐작은 구체적이라는 이점이 있다. 따라서 우리는 낱말을 공시적 체계의 실재적 사항에 준하는 표본으로 간주할 것이며, 낱말에 대해 추출되는 원칙들은 일반적인 본체에도 합당할 것이다.

2절. 개념적 면에서 본 언어 가치

한 낱말의 가치에 대해 말할 때, 일반적으로 그리고 무엇보다 먼저 말하게 되는 것은 낱말의 개념을 나타내는 특성인데, 사실 이것은 언어 단위 가치의 한 면이다. 그러나 만일 그러하다면, 이 가치와 사람들이 의미라고 부르는 것과의 차이는 어디에 있는가? 이 두 낱말은 동의어일까? 물론 혼동하기 쉽지만 우리는 그렇게 생각하지 않는다. 그 이유는 이 혼동의 원인이 두 용어의 유사성에 있는 것이 아니고 이들이 나타내는 구별의 미묘성에 있기 때문이다.

가치는 그 개념의 측면에서 보면 물론 하나의 의미 요소이므로, 의미가 가치에 종속되어 있으면서도 어떻게 이와 구별되는지를 알기가 힘들다. 그러나 이 문제를 명확히 해두어야 할 필요가 있다. 그렇지 않고서는 언어를 단순한 어휘집으로 간주할 위험이 있다.(1부 1장 1절 참고.)

우선 의미를 살펴보겠는데, 이는 사람들이 상상하는 그대로의 의미이며 우리가 1부 1장 1절의 두 번째 그림에서 도식화했던 그대로의 의미이다. 도식의 두 화살표가 보여주듯이, 의미는 청각영상의 대칭물이다. 모든 것은 낱말의 한계 내에서 청각영상과 개념 사이에 일어나는데, 낱말은 폐쇄되어 있고 독립적으로 존재하는 영역으로 간주된다.

그러나 문제의 역설적 측면이 있다. 즉 한편으로는 개념이 기호의 내부에서 청각영상의 대칭물로 우리에게 나타나고, 다른 한편으로는 이 기호 자체, 즉 개념과 청각영상의 연결 관계도 역시 그에 못지않게 언어의

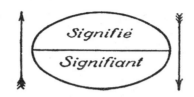

다른 기호들에 대한 대칭물이다.

다음의 도식이 보여주듯이, 언어는 하나의 체계로서 이 체계의 모든 사항이 연대적이고, 한 사항의 가치는 다른 모든 사항의 존재에서 비롯된다면, 이렇게 규정된 가치가 의미 즉 청각영상의 대칭물과 혼동되는 것은 왜일까?

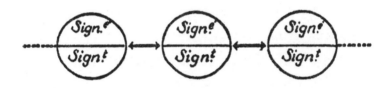

여기에서 수평 화살표로 나타낸 관계를, 앞서 수직 화살표로 표시한 관계와 동일시하는 것은 불가능해 보인다. 다시 말해, 종이를 자르는 경우와 다시 비교해 보면(본 장 1절 참고.) 잘린 여러 조각, 즉 A, B, C, D 등 사이의 관계가 한 조각의 앞면과 뒷면 사이의 관계, 즉 A/A′, B/B′ 등과 왜 구별되지 않는지 납득할 수 없는 것이다.

이 질문에 대답하기 위해 우선, 언어 밖에서도 모든 가치는 역설적 원칙에 지배되는 듯이 보인다는 점을 확인하자. 이들 가치를 이루는 것은 항상 다음과 같다.

(1) 하나의 상이한 사항. 이 사항은 가치가 아직 미정인 사항과 교환될 수 있는 성질을 갖는다.

(2) 유사한 사항들. 이들은 문제의 가치를 지닌 사항과 비교될 수 있다.

이 두 요인은 한 가치의 존재에 필수적이다. 가령 5프랑짜리 동전의 값어치를 정하기 위해서는 다음과 같은 것을 알아야 한다. ① 이 동전을 일정량의 다른 물건, 가령 빵과 교환할 수 있다. ② 이 동전을 동일 체계의 유사한 가치, 가령 1프랑짜리 동전이나 다른 체계의 화폐(1달러 등)와 비교할 수 있다. 마찬가지로 하나의 낱말도 상이한 사물, 즉 하나의 개념과 교환될 수 있다. 뿐만 아니라 동질의 다른 사물, 즉 다른 낱말과 비교될 수 있다. 따라서 낱말이 어떠어떠한 개념, 즉 어떠어떠한 의미와 '교환'될 수 있다는 것을 확인하는 데 그치는 한, 낱말의 가치는 미정인 것이다. 이 낱말을 또한 유사한 가치, 즉 이에 대립 가능한 다른 낱말들과 비교해 보아야 한다. 낱말의 내용은 자기 외부에 있는 것의 도움을 받아야만 진정 결정된다. 낱말은 체계에 속하므로 의미뿐만 아니라 무엇보다도 가치를 지니는데 이는 전혀 별개의 것이다.

몇 개의 예를 보면 정말 그렇다는 것을 알게 된다. 불어의 *mouton*이 영어의 *sheep*과 의미는 같으나 가치는 같지 않을 수 있다. 이는 여러 가지 이유 때문인데, 특히 요리되어 식탁에 놓인 한 점의 고기에 대해 영어에서는 *mutton*이라고 하지 *sheep*이라 하지 않기 때문이다. *sheep*과 *mouton* 사이의 가치 차이는 전자가 제2의 용어와 병존하는 데 비해 불어 낱말의 경우는 그렇지 않다는 사실에 기인한다.

동일 언어 내부에서 유사한 개념을 표현해 주는 모든 낱말들은 서로를 한정하고 있다. 즉 *redouter*(싫어하다, 두려워하다), *craindre*(무서워하다, 경외하다), *avoir peur*(겁내다, 걱정하다) 등의 동의어는 상호 대립에 의해서만 그 고유의 가치를 지닌다. 만일 *redouter*가 존재하지 않는다면, 그 내용은 모두 경쟁어들에게로 가버릴 것이다. 역으로 어떤 용어들은 다른 용어들과의 접촉으로 말미암아 그 내용이 풍부해진다. 예를 들어 *décrépit*에 도입된 새로운 요소(1부 3장 3절의 'un veillard *décrépit*' 참고.)는 *décrépi*(un mur *décrépi*)와의 공존에서 비롯된다. 이처럼 그 어떠한 사항의 가치도 그를 둘러싼 주위에 의해 결정된다. '*soleil*(태양)'을 의미하는 낱말조차도 그 주위에 있는 것을 고려하지 않고서는 그 가치를 정할 수가 없다. 어떤 언어에서는 '*s'asseoir au soleil*(앉아서 햇볕을 쬐다)'라고 할 수가 없는 것이다.

낱말에 대해 말한 것은 가령 문법적 본체와 같은 언어의 어떤 사항에도 적용된다. 불어 복수의 가치는 산스크리트어 복수의 가치와 일치하지 않는데, 물론 의미는 대개의 경우 동일하다. 즉 산스크리트어에는 수(數)가 두 개 대신 세 개가 있다.('*mes yeux*: 나의 눈', '*mes oreilles*: 나의 귀', '*mes bras*: 나의 팔', '*mes jambes*: 나의 다리' 등은 쌍수로 표시될 것이다.) 산스크리트어의 복수와 불어의 복수에 동일한 가치를 부여하는 것은 정확지 못한 일일 것이다. 왜냐하면 불어에서 복수를 써야 하는 경우라고 해서 산스크리트어에서도 모두 복수를 쓸 수는 없기 때문이다. 따라서 복수의 가치는 분명히 그 외부와 그 주위 상황에 종속한다.

만약에 낱말이 미리 주어진 개념을 표시하는 역할을 한다면 각 언어마다 하나의 의미에 해당하는 정확한 대응어가 있을 것이다. 그런데 사실은 그렇지가 않다. 불어에서는 '임차하다'건 '임대하다'건 상관없이 *louer*(une maison)란 말을 쓰는데, 독어에서는 *mieten*과 *vermieten*의 두 용어를 쓴다. 따라서 가치의 정확한 대응은 없다. 동사 *schätzen*과 *urteilen*은 대개 불어 낱말 *estimer*와 *juger*의 의미에 대응되는 일련의 의미를 지닌다. 그러나 몇 가지 점에서는 이 대응성이 결여되고 있다.

굴절은 특히 현저한 예를 보여준다. 우리에게 그토록 익숙한 시제의 구별이 몇몇 언어에는 없다. 히브리어는 과거, 현재, 미래의 근본적 구분조차도 모르고 있다. 게르만 언어는 미래에 대한 고유 형태가 없다. 이 언어가 현재로써 미래를 표현한다고 말한다면 적절한 표현이 아니다. 왜냐하면 게르만어에서 현재의 가치는 현재와 미래가 병존하는 언어의 경우에서와 동일하지 않기 때문이다. 슬라브 언어들은 동사에서 두 개의 상(aspect)을 규칙적으로 구별하고 있다. 완료상은 동작 전체를 생성 과정에 대한 고려 없이 하나의 점으로 나타낸다. 미완상은 이를 시간의 선 위에서, 진행 과정으로 보여준다. 프랑스인에게는 이들 범주가 장애물이 되는데, 그 이유는 불어에 없는 범주들이기 때문이다. 이들 범주가 미리 결정된 것이라면 이런 일은 없을 것이다. 그러므로 이 모든 경우에서 우리가 포착하는 것은 미리 주어진 개념이 아니라, 체계에서 우러나는 가치이다. 가치가 개념에 해당한다고 말함으로써 사람들이 암시하는 바는, 개념이 순전히 이화적이라는 것, 즉 그 내용에 의해 적극적으로 정의되지 않고, 체계 내의 다른 사항들과의 관계에 의해 소극적으로 정의된다는 것이다. 개념의 가장 정확한 특징은, 다른 어떤 개념도 아닌 것이 바로 그 개념이라는 데 있다.

이로부터 기호의 도식에 대한 진정한 해석이 무엇인지를 알 수 있다. 그리하여 다음의 도식은, 불어에서 'juger(판단하다)'라는 개념이 청각영상 *juger*(쥐제)와 결합되어 있다는 것을 뜻한다. 한마디로 이 도식은 의미를 나타내 주고 있다. 그러나 물론 이 개념은 전혀 시초적인 것이 아니며, 유사한 다른 가치들과의 관계에 의해 정해진 하나의 가치에 불과하고, 이 유사한 다른 가치들이 없다면 의미는 존재하지 않을 것이다. 한 낱말이 어떤 사물을 의미한다고 단순하게 말하는 경우, 즉 청각영상과 개념의 연합만을 고려하는 경우, 이는 어느 정도 정확할 수 있고 실재의 일면을 보여주는 것이 될 수도 있다. 그러나 언어 현상을 그 본질과 중

요성에 입각하여 표현해 주는 것은 전혀 아니다.

3절. 물질적 면으로 본 언어 가치

가치의 개념적 부분이 언어에 있는 다른 사항들과의 관계와 차이에 의해서만 구성된다면, 가치의 물질적 부분 역시 마찬가지이다. 낱말에서 중요한 것은 소리 그 자체가 아니라, 이 낱말을 그 외의 모든 낱말과 구별시켜 주는 음적 차이이다. 왜냐하면 의미를 지니는 것은 바로 이 차이이기 때문이다.

이 점은 좀 이상할 것이다. 그렇다고 과연 그 역은 가능한가? 어떠한 음성영상도 자신이 나타내 주는 개념을 다른 음성영상에 비해 특별히 잘 나타내 주고 있다고는 볼 수 없는 이상, 한 언어 단편은 궁극적으로 그 나머지와의 불일치에 근거하고 있을 뿐이라는 것이 선험적으로 명백하다. 자의적이라는 것과 이화적이라는 것은 두 개의 상관적 특질이다.

언어기호의 변질은 이런 상관관계를 잘 보여준다. 사항 a와 b가 그 자체로는 의식의 영역에까지 도달하는 것이 근본적으로 불가능하다는 바로 그 이유 때문에 —— 의식은 항상 a/b의 차이만을 인식한다 —— 이 두 사항은 각각 자신의 의미 기능과는 하등 관계가 없는 법칙에 따라 마음대로 변할 수 있는 것이다. 체코어의 복수 속격 *žen*은 어떠한 적극적 기호에 의해서도 표시되지 않는다.(1부 3장 3절 참고.) 그렇지만 *žena* : *žen* 형태의 그룹은 이에 선행했던 *žena* : *žen*ъ에 비해 기능을 손색없이 발휘한다. 그 이유는 기호의 차이만이 문제되기 때문이다. *žena*는 그 차이성에 의해서만 가치가 있다.

음적 차이의 이러한 작용 속에 있는 체계적 면을 더 잘 보여주는 또 하나의 예가 있다. 그리스어에서 *éphēn*과 *éstēn*은 동일한 방식으로 형성되었지만, 전자는 반과거이고 후자는 부정과거이다. 왜냐하면 전자는 직설법 현재 phēmi(나는 말한다)의 체계에 속해 있는 반면, 후자의 경우 ꞌstēmi란 현재형은 없기 때문이다. 그런데 현재와 반과거 사이의 관계에 상응하는 것은 바로 *phēmi - éphēn* 관계이다.(*deíknūmi - edeíknūn* 참조.) 따라서 이들 기호는 자신의 내재적 가치에 의해서 작용하는 것이 아니라, 서로의 상대적 지위에 의해 작용하는 것이다.

더구나 물질적 요소인 소리가 그 자체로서 언어에 속한다는 것은 불가능한 일이다. 소리란 언어에 있어서 부차적인 것, 즉 언어가 사용하는 재료일 뿐이다. 모든 규약적 가치는 그 받침 역할을 하는 구체적 요소와 혼동되지 않는 특성을 나타낸다. 주화의 가치를 결정하는 것은 금속이 아니다. 1에퀴는 명목상 5프랑의 가치가 있지만, 은의 함량으로 보면 이 액수의 반밖에 안 된다. 이 주화에 무엇이 새겨져 있나에 따라, 정치적 경계의 이편과 저편에 따라, 그 가치가 증감할 것이다. 이 점은 언어 기표에 있어 더욱더 현저하다. 그 본질에 있어 언어 기표는 음적인 것이 전혀 아니며, 감각으로 감지되는 것이 아니다. 그것은 물질적 실체에 의해 구성된 것이 아니라, 단지 자신의 청각영상과 그 외의 모든 청각영상을 구별하는 차이에 의해 구성된 것이다.

이 원칙은 본질적인 것이어서 언어의 모든 물질적 요소에 적용되며, 음소도 물론 이에 포함된다. 각 고유 언어는 음성 요소 체계를 토대로 하여 자신의 낱말들을 구성하는데, 이들 음성 요소는 뚜렷이 구분되는 단위를 이루고 그 수도 완전히 한정되어 있다. 그런데 이들 음성 요소의 특성은, 보통 생각하게 되듯이 이들의 고유하고 적극적인 특질에 있지 않고, 단순히 이들이 서로 혼동되지 않는다는 사실에 있다. 음소는 무엇보다 대립적이고 상대적이며 소극적인 본체이다.

소리들이 서로 구별되는 한, 언어 행위 주체가 어느 정도 발음을 마음대로 한다는 것이 이를 입증해 준다. 가령 불어에서 r을 후음(喉音)으로 발음하는 것이 일반적 용법이지만, 많은 사람들이 이를 혀끝으로 굴려서 발음하고 있다. 그렇다고 해서 언어가 혼란에 빠지는 것은 전혀 아니다. 언어는 단지 차이를 필요로 할 뿐이지, 일반적으로 생각하듯이 소리가 불변의 특질을 지닐 것을 요구하지는 않는다. 심지어 불어의 *r*을 독어의 *Bach, doch* 등에서처럼 *ch*로 발음할 수도 있으나, 독어에서는 *r*을 *ch*처럼 사용할 수 없을 것이다. 왜냐하면 독어에서는 이들 두 요소가 다 인정되고 있어, 구별해 주어야 하기 때문이다. 마찬가지로, 러시아어에서 *t*를 마음대로 *t'*(습음 *t*) 쪽으로 끌어서 발음할 수는 없을 것이다. 이는, 그렇게 함으로써 언어가 구별해 주고 있는 두 소리를 혼동하게 되기 때문이다.(*govorit'*: '말하다'와 *gavorit*: '그는 말하다' 참조.) 그러나 *th*(*t*의 대기음) 쪽으로 끌어서 발음하는 것은 훨씬 자유로울 것이다. 그 이유는 러시아어의 음소 체계에 이 소리가 마련되어 있지 않기 때문이다.

문자체계라는 또 다른 기호 체계에서 동일한 상태가 확인되므로, 우리는 이를 비교 사항으로 삼아서 문제 전체를 밝혀보겠다. 사실은 다음과 같다.

(1) 문자체계의 기호는 자의적이다. 예를 들어 문자 *t*와 이것이 지적하는 소리 사이에는 아무 관계도 없다.

(2) 문자의 가치는 순전히 소극적이며 이화적이다. 가령 한 사람이 *t*를 쓸 때, 다음과 같은 변이형들로 쓸 수 있다. 단지 중요한 것은, 그의 필체에서 이 기호가 *l, d* 등의 기호가 혼동되면 안 된다는 것이다.

(3) 문자체계의 가치들은, 규정된 체계 내에서 그들 상호 간의 대립에 의해서만 작용하는데, 이 체계는 한정된 수의 문자들로 구성되어 있다. 이 특성은 제2의 특성과 동일하지는 않으나 그것과 밀접한 관계가 있

는데, 그 이유는 두 특성이 모두 제1의 특성에 의존하기 때문이다. 서기 기호는 자의적이므로 그 형태는 거의 중요하지 않거나 혹은 더 적절히 표현하면, 체계가 부과하는 한계 내에서만 중요하다.

(4) 기호의 생산 수단은 전혀 문제가 되지 않는데, 이는 체계와 아무 상관이 없기 때문이다.(이 점 역시 제1의 특성에서 비롯된다.) 문자를 흰색으로 쓰건 검은색으로 쓰건, 음각으로 하건 양각으로 하건, 펜으로 쓰건 끌로 파건, 그 의미에는 아무 상관이 없다는 것이다.

4절. 전체적으로 본 기호

앞서 언급한 모든 것이 말해 주는 것은 결국, 언어에는 차이만이 존재한다는 사실이다. 뿐만 아니라 차이란 일반적으로 적극적 사항들을 전제하며, 이들 적극적 사항 사이에서 성립된다. 그러나 언어에는 적극적 사항 없이 차이만이 존재한다. 언어가 내포하는 것은 언어 체계에 선행하여 존재하는 개념이나 소리가 아니라, 단지 언어 체계에서 나온 개념적 차이와 음적 차이일 뿐이다. 하나의 기호가 갖는 개념이나 음적 재료보다는 그 기호의 주위에 있는 것, 즉 다른 기호들 속에 있는 개념이나 음적 재료가 더 중요하다. 그 증거로, 한 사항의 의미와 소리를 손대지 않았는데도, 단지 인접한 다른 사항이 변했다는 사실만으로 그 가치가 변할 수 있는 것이다.(본 장 2절 참고.)

그러나 언어에서 모든 것이 소극적이라는 말은 기표와 기의를 각각 분리해서 취급할 때만 해당되는 말이다. 기호 전체를 볼 때 나타나는 사물은 그 자체의 질서 속에서는 적극적인 사물이다. 언어 체계는 일련의 소리 차이와 일련의 개념 차이가 결합된 것이다. 그러나 몇 개의 청각 기호와 사고라는 덩어리를 동등한 숫자로 세분한 것을 병치해 놓으면,

하나의 가치 체계가 생성된다. 그리고 바로 이 가치 체계가 각 기호의 내부에서 음적 요소와 정신적 요소 사이에 실제적인 연결 관계를 구성해 준다. 기표와 기의는 각각 별도로 취급하면 순전히 이화적이고 소극적이지만, 이들의 결합은 하나의 적극적 현상이다. 더구나 이런 종류의 현상은 언어가 내포하고 있는 유일한 현상이기도 하다. 왜냐하면 언어 제도의 속성은 바로 이 두 차원의 차이 사이에 평행을 유지시키는 것이기 때문이다.

몇몇 통시적 현상은 이 점에 있어 매우 특징적이다. 무수한 경우에서 기표의 변질이 개념의 변질을 유발시키고, 구별되는 개념의 수가 원칙적으로 변별적 기호의 수에 상응하는 것을 본다. 두 사항이 음성 변질로 말미암아 혼동될 경우(예를 들어, *décrépit*=*decrepitus*와 *crispus*에서 나온 *décrépi*), 개념 역시 혼동되는 경우가 있다. 이때 물론 개념에 그럴 만한 소질이 약간이라도 있어야만 한다. 하나의 사항이 분화된다면(예를 들어 '의자'라는 뜻의 *chaise*와 '강단'이라는 뜻의 *chaire*) 어김없이 막 생겨난 차이는 의미적 차이가 되는 경향을 보일 것이다. 물론 항상 그렇게 되는 것도 아니고, 단번에 그렇게 되는 것도 아니다. 역으로, 정신에 의해 지각된 개념적 차이는 상이한 기표로 표현되려 하며, 정신이 구별하지 못하게 된 두 개의 개념은 동일한 기표 속에 혼합되려 한다.

기호들, 즉 적극적 사항들끼리 비교하게 되면, 이미 차이란 말을 쓸 수 없다. 이 표현은 적절하지 못할 것이다. 왜냐하면 이 표현은 두 청각 영상의 비교(예를 들어 *père*〔pɛːʀ〕와 *mère*〔mɛːʀ〕)나 두 개념의 비교(예를 들어 '*père* : 아버지'의 개념과 '*mère* : 어머니'의 개념)에만 적용될 수 있는 것이기 때문이다. 각기 하나의 기의와 하나의 기표를 지닌 두 기호는 상이한 것이 아니고 단지 구별되는 것이다. 이들 사이에는 대립만이 있을 뿐이다. 나중에 문제될 언어활동 메커니즘 전체는, 이런 종류의 대립과 이들이 내포하는 음적 차이와 개념적 차이에 근거를 두고 있다.

가치에 대해 적용할 수 있는 것은 단위에도 적용할 수 있다.(2부 3장 참고.) 단위는 발화 연쇄의 한 단편으로, 어떤 하나의 개념에 상응한다. 양자 모두가 순전히 이화적 성격을 띠고 있다.

이화 원칙은 단위에 적용되는 경우 다음과 같이 표현해 줄 수 있다. 단위의 특성들은 단위 자체와 일치한다. 모든 기호 체계가 다 그렇듯이, 언어에서 하나의 기호를 구별해 주는 요소가 바로 이 기호를 구성해 주는 것이다. 가치와 단위를 만드는 것이 차이인 것처럼, 특성을 만드는 것도 바로 차이이다.

바로 이 원칙에서 또 하나의 결과가 생기는데, 이 결과는 아주 역설적이다. 보통 '문법 현상'이라 칭하는 것도 궁극적으로는 단위의 정의에 부합하는데, 그 이유는 문법 현상이 항상 사항들의 대립을 나타내 주고 있기 때문이다. 단지 이러한 대립은 특별히 의미적인 성격을 띠고 있는데, 예를 들어 *Nacht* : *Nächte* 유형의 독어 복수 형성이 그렇다. 문법 현상에 속하는 이들 사항 각자는(움라우트와 마지막 −*e*가 있는 복수에 대립되는, 움라우트와 *e*가 없는 단수) 바로 체계 내의 대립 작용에 의해서 구성된다. 하나씩 떼어놓고 보면 *Nacht*나 *Nächte*는 아무것도 아니다. 따라서 모든 것은 대립이다. 달리 말해, *Nacht* : *Nächte* 관계는 대수 공식 a/b로 나타낼 수 있는데, 여기서 a와 b는 단순한 사항들이 아니라 각자 일련의 관계에서 비롯된다. 말하자면, 언어는 복합 사항들로만 된 대수학이라 할 수 있다. 언어가 내포하고 있는 대립들 중 어떤 것들은 다른 것들에 비해 훨씬 더 의미적이다. 그러나 단위라는 말과 문법 현상이라는 말은 동일한 일반적 현상의 여러 다른 면을 지칭하기 위한 상이한 명칭에 지나지 않는다. 이 동일한 일반적 현상은 곧 언어 대립 작용이다. 이 점은 틀림없는 사실이어서 문법 현상으로부터 시작해도 단위 문제를 충분히 제대로 다룰 수 있을 것이다. *Nacht* : *Nächte* 같은 대립을 제기한 다음, 이 대립에서 문제되는 단위들은 무엇인가 하고 자문할 것이다. 그것은 단지 이 두 낱말뿐인가, 아니면 이에 유사한 낱말 모두인가, 혹은 a와 $ä$인가, 아니면 모든 단수와 복수인가 등.

언어기호를 구성하는 것이 차이가 아니었다면, 단위와 문법 현상이 서로 혼동되지는 않을 것이다. 그러나 언어가 언어이니만큼, 어떤 측면으로 그것을 다루더라도 거기에서 찾을 수 있는 것은 절대 단순한 것이 아닐 것이다. 언제 어디서나, 상호 규정되는 사항들의 복합적인 균형 바로 그것만이 있다. 달리 말하면 언어는 형태이지 실체가 아니다.(2부 4장 1절 참고.) 이 사실은 아무리 명심해도 지나치지 않을 것이다. 왜냐하면 우리들이 쓰는 학술 용어의 모든 오류와 언어 현상을 지칭할 때 우리가 보이는 모든 그릇된 방식은 언어 현상 속에 어떤 실체가 있으리라는 무의식적 가정에서 기인하기 때문이다.

5장

연사 관계와 연합 관계

1절. 정의

이처럼 언어 상태에서는 모든 것이 관계에 바탕을 두고 있다. 이 관계
는 어떻게 작용하는가?

언어 사항들 사이의 관계와 차이는 구별되는 두 영역에서 이루어지는
데, 이들 영역은 각각 어떤 가치 질서를 발생시킨다. 이 두 질서의 대립
을 보면, 각 질서의 성격을 보다 잘 이해할 수 있다. 이 두 질서는 우리
늘 정신 활동의 두 형태에 상응하며, 이 두 형태는 모두 언어의 삶에 필
요불가결하다.

한편으로 담화 속에서 낱말들은 연쇄에 의해 서로 관계를 맺는데, 이
관계는 언어의 선적 특성에 바탕을 두고 있으며, 언어의 선적 특성으로
말미암아 동시에 두 개의 요소를 발음할 수 없는 것이다.(1부 1장 3절
참고.) 이들 요소는 화언 연쇄상에서 하나씩 차례로 배열된다. 이러한 결
합이 어느 정도의 공간적 길이를 그 바탕으로 할 때, 이를 연사체(*syn-
tagmes*)[1]라 할 수 있다. 따라서 연사체는 둘 또는 그 이상의 연속 단위

---

1) 연사체 연구가 통사론과 혼동되지 않는다는 사실은 말할 필요조차 없겠다. 통사론
   은, 뒤에 나오는 7장에서 보겠지만, 연사체 연구의 일부에 불과하다.

로 구성된다.(예를 들어 *re-lire*; *contre tous*; *la vie humaine*; *Dieu est bon*; *s'il fait beau temps, nous sortirons* 등.) 연사체 안에 위치한 어떤 사항이 그 가치를 얻게 되는 것은 단지 그 앞의 것이나 그 뒤의 것, 혹은 양자 모두에 대립되기 때문이다.

다른 한편으로, 담화 밖에서는 어떤 공통점이 있는 낱말들이 기억 속에서 연합하여 매우 다양한 관계들이 지배하는 그룹들이 형성된다. 가령 *enseignement*(가르침)이라는 낱말은 무의식적으로 정신 속에 많은 다른 낱말을 떠오르게 할 것이다.(*enseigner* : '가르치다', *renseigner* : '알려주다' 등, 또는 *armement* : '군비 무장', *changement* : '변화' 등, 또는 *éducation* : '교육', *apprentissage* : '수습, 견습' 등.) 이들 모두가 어떤 면으로든 공통점을 서로 지니고 있다.

보다시피 이러한 등위 배열은 첫 번째 배열과는 전혀 다른 종류의 것이다. 이 배열은 공간적 길이를 바탕으로 하고 있지 않다. 이것은 두뇌 속에 자리 잡고 있는 것이다. 이는 각 개인의 언어를 구성하는 내적 보고(寶庫)의 일부이다. 우리는 이를 연합 관계라 칭하겠다.

연사 관계는 현존하는 것이다. 이것은 두 개 또는 그 이상의 사항에 바탕을 두고 있는데, 이들 사항은 실제로 구성되어 있는 계열 속에 모두 나타난다. 이와 반대로 연합 관계는 잠재적인 기억의 계열 속에 있는 부재적 사항들을 결합시킨다.

이런 이중의 관점에서 볼 때, 언어 단위는 건물의 특정 부분, 가령 기둥 같은 것에 비교될 수 있다. 한편으로 기둥은 자기가 받치고 있는 추녀와 어떤 관계 속에 있다. 모두 공간 속에 현존하는 두 단위의 배열은 연사 관계를 생각하게 한다. 다른 한편으로 이 기둥이 도리아식이라면, 이것은 머릿속에서 다른 양식(이오니아식, 코린트식 등)과 비교되는데, 이들은 공간 속에 현존하지는 않는 요소들이다. 즉 이 관계는 연합적이다.

이 두 차원의 배열은 각각 별개로 고려할 필요가 있다.

2절. 연사 관계

앞에서 든 예를 통하여 이미 짐작했겠지만, 연사체란 개념은 낱말뿐 아니라, 낱말 그룹이나 크고 작은 모든 종류의 복합 단위에도 적용된다. (합성어, 파생어, 문장의 일부, 문장 전체.)

연사체를 구성하는 여러 부분을 서로 결합시켜 주는 관계(예를 들어, *contre tous*에서 *contre*와 *tous*, *contremaître*에서 *contre*와 *maître*)에 대한 고찰만으로는 충분치 않다. 전체와 그 각 부분을 맺어주는 관계(예를 들어, 한편으로는 *contre*에 대립되고 또 한편으로는 *tous*에 대립되는 *contre tous*, 혹은 *contre*와 *maître*에 다 대립되는 *contremaître*) 역시 고찰해야 한다.

여기에서 이의를 제기할 수 있다. 문장은 연사체의 전형적인 유형이다. 그러나 그것은 화언에 속하지 언어에 속하지 않는다.(서론 3장 2절 참고.) 그렇다면 연사체는 화언에 속하는 것이 아닌가? 우리 생각으로는 그렇지 않다. 화언의 속성은 바로 결합의 자유이다. 따라서 모든 연사체가 마찬가지로 자유로운 것인지를 자문해 보아야 한다.

우선, 언어에 속하는 많은 수의 표현을 보게 된다. 이들은 상투적인 숙어들로서 어법싱 이떠한 변화도 용납되지 않는데, 물론 잘 보면 거기에서 의미적 부분들을 식별할 수는 있다.(*à quoi bon? allons donc!* 등 참조.) 물론 이보다는 덜하지만, *prendre la mouche, forcer la main à quelqu'un, rompre une lance,* 또는 *avoir mal à*(*la tête* 등), *à force de* (*soins* 등), *que vous ensemble?, pas n'est besoin de*······ 등과 같은 표현도 마찬가지인데, 이들의 관용적 특성은 그 의미나 통사의 특수성에서 비롯된다. 이들 표현법은 즉흥적으로 만들어낼 수 없으며, 전통에서 나오는 것이다. 그 외에도, 쉽게 분석은 되지만 순전히 관용에 의해 고정된 어떤 형태적 파격을 그 특징으로 하는 낱말들을 인용할 수 있겠다. (*facilité* : '쉬움'에 대한 *difficulté* : '어려움', *dormirai* : '잠잘 것이다'에 대한

mourrai : '죽을 것이다' 등 참조.)

그러나 이것이 전부가 아니다. 규칙적 형태에 따라 구성된 모든 연사체 유형은 언어에 귀속시켜야지 화언에 귀속시키면 안 된다. 사실상 언어에 추상적인 것은 아무것도 없으므로, 연사체 유형이 존재하려면 언어가 이에 대한 충분한 수의 표본을 기억에 담아둔 다음에야만 가능하다. *indécorable* 같은 낱말이 화언 가운데 나타났을 때(3부 4장 3절 참고.) 이 낱말은 특정한 유형을 전제하고 있으며, 이 유형이 가능한 유형이 되려면 이번에는 이에 유사한 낱말이 언어에 상당히 있다는 것을 기억하고 있어야만 하는 것이다.(*impardonnable, intolérable, infatigable* 등.) 규칙적인 모형에 따라 만들어진 문장이나 낱말 그룹도 바로 이와 마찬가지이다. *la terre tourne, que vous dit-il?* 등과 같은 결합은 일반적 유형에 부합되며, 이 일반적 유형 또한 언어 속에 바탕을 두는데, 이 바탕은 구체적 기억이라는 형태를 띠고 있다.

그러나 연사체 영역 안에서, 집단적 어법의 표시인 언어 현상과 개인의 자유에 따르는 화언 현상 사이에 뚜렷한 경계가 없다는 것을 인정해야 한다. 많은 경우에 있어 하나의 단위결합을 분류하기는 힘든데, 그 이유는 위의 두 요인이 힘을 합쳐 이 단위결합을 만들었을 뿐 아니라 두 요인이 서로 어느 정도의 비율로 힘을 합쳤는지 규정하기가 불가능하기 때문이다.

3절. 연합 관계

정신적 연합에 의해 형성된 그룹은 공통성이 있는 사항들을 비교하는 데 그치지 않는다. 정신은 또한 매 경우마다 사항들을 연결해 주는 관계의 성격을 파악하여, 관계의 수와 동일한 숫자의 연합 계열을 만들어낸다. 가령 *enseignement, enseigner, enseignons* 등에서, 모든 사항에 공통된 요소, 즉 어간이 있다. 그러나 *enseignement*이라는 낱말은 또 하나의 공통 요소, 즉 접미사에 바탕을 두는 계열에 관련된다.(*enseignement, armement, changement* 등 참조.) 연합은 단지 기의의 유추에 바탕을 두거나(*enseignement, instruction, apprentissage, éducation* 등) 반대로 청각영상의 단순한 공통성에 바탕을 둘 수도 있다.(예를 들어 *enseignement*과 *justement*.)[2] 따라서 때로는 형태와 의미의 이중 공통성이 있고, 때로는 형태만의 공통성이나 의미만의 공통성이 있는 것이다. 아무 낱말이라도, 어떤 식으로든 자기와 연합 가능한 것이라면, 어느 것이나 상기시켜 줄 수 있다.

하나의 연사체는 즉시 연속하는 순서와 일정한 수의 요소라는 개념을 불러일으키지만, 반면 연합 어조의 사항들은 한정된 수가 있는 것도 아니며 일정 순서가 있는 것도 아니다. 만약 *désir-eux, chaleur-eux, peur-eux* 등을 연합시킨다면 기억 속에 떠오르는 낱말의 수가 얼마나 될지, 이들이 어떤 순서로 나타날지, 미리 말할 수 없는 것이다. 주어진 한 사항은 말하자면 성좌의 중심이며, 무수한 다른 등위 사항들이 모이는 구심점이다.(다음의 도표 참고.)

---

2) 이 마지막 경우는 희귀하고 또 이상하게 보일지도 모른다. 왜냐하면 정신은 담화의 이해 가능성을 방해하는 연합을 자연적으로 거부하기 때문이다. 그러나 그 존재를 입증해 주는 것이 바로 저급한 말장난들인데, 이들은 순전한 동음이의어에서 비롯되는 어처구니없는 혼동에 바탕을 둔다. 그 예로 사람들은 "음악가는 소리(son)를 만들고, 씨앗 장수는 겨(son)를 판다."고 한다. 이 경우와 또 하나의 경우, 즉 연합이 우연적이긴 하지만 그래도 개념의 접근에 근거하는 경우는 구별해야 한다.(불어에서 *ergot*(닭의 며느리 발톱) : *ergoter*(트집 잡다)와 독어에서 *blau* : *durchbläuen*(마구 때리다) 참조.) 이 경우는 짝을 이루는 두 사항 중 한 사항이 새로이 해석된 것으로, 민간 어원의 사례이다.(3부 6장 참고.) 이 현상은 의미 진화 면에서는 흥미롭지만, 공시적 관점에서는 단순히 위에서 언급한 *enseigner* : *enseignement*의 범주에 들어간다.

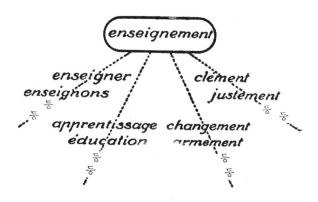

　그러나 순서가 정해져 있지 않고 수가 무한하다는 연합 계열의 두 특성 중, 전자만이 항상 입증된다. 후자는 입증이 안 되는 경우도 있다. 이러한 종류 그룹의 전형인 굴절 계사체에서 바로 이런 현상을 볼 수 있다. 라틴어의 *dominus*, *dominī*, *dominō* 등은 분명히 하나의 연합 그룹으로, 이 연합 그룹은 공통 요소, 즉 명사적 테마 *domin-*에 의해 형성되었다. 그러나 이 계열은 *enseignement*, *changement* 등의 계열처럼 무한한 것은 아니다. 즉 격의 수가 일정하다. 그 대신 이들의 순서는 공간적으로 순서가 정해져 있지 않으며, 문법학자가 순전히 자의적으로 이들을 그룹 속에 배열한다. 화자의 의식 속에는, 명격(名格)이 곡용의 제1격은 전혀 아니며, 사항들은 경우에 따라 이런저런 순서로 나타날 수 있다.

6장
언어의 메커니즘

1절. 연사적 연대

따라서 언어를 구성해 주는 음적 차이 및 개념적 차이의 총체는 두 가지 비교 방법으로부터 비롯된다. 이들 비교는 때로는 연합적이고 때로는 연사적이다. 이 두 차원의 그룹은 대개 언어에 의해 정립된다. 언어를 구성하고 그 기능을 주도하는 것은 바로 이 관용적 관계의 총체이다.

이 조직에서 제일 눈에 띄는 것은 바로 연사적 연대이다. 거의 모든 언어는 발화 연쇄에서 그 전후에 있는 요소에 의존하거나, 단위 그 자체를 구성하는 연속 부분들에 의존한다.

낱말의 형성만 보아도 이 점을 충분히 알 수 있다. *désireux*와 같은 단위는 두 개의 하위 단위로 구분되지만(*désir-eux*), 이것은 독립된 두 부분이 서로 붙은 것이 아니다(*désir+eux*). 이것은 연대적인 두 요소가 만든 산물, 즉 결합으로, 이 두 요소는 상위 단위 속에서의 상호 작용에 의해서만 그 가치가 있다(*désir×eux*). 접미사란 혼자 떼어놓고 보면 존재하지 않는 것이다. 접미사가 언어 속에 자리를 차지할 수 있는 것은 *chaleur-eux*, *chanc-eux*와 같은 관용적 사항의 계열 때문이다. 어간은 어간대로 자율적이 아니다. 접미사와의 결합에 의해서만 존재하는 것이다.

*roul -is*에서 *roul-* 요소는 뒤따르는 접미사가 없다면 아무것도 아니다. 전체는 부분 때문에 그 가치가 있고, 부분 역시 전체 속에서의 그 위치 때문에 가치가 있다. 그렇기 때문에 부분과 전체 사이의 연사 관계는 각 부분 사이의 관계와 똑같이 중요하다.

이것은 일반적 원칙으로, 5장의 2절에서 열거한 모든 유형의 연사체에서 입증된다. 이들 역시 보다 큰 단위들로서, 그 자체는 보다 작은 요소들로 구성되어 있으며, 이들 양자는 상호 연대 관계에 있다.

물론 언어에는 독립 단위들도 있어서, 이들은 자신의 구성 부분뿐 아니라, 다른 단위들과도 연사 관계가 없다. *oui, non, merci* 등과 같이 문장에 준하는 단위들이 그 좋은 예이다. 그러나 이런 현상은 예외로서 일반 원칙을 위협할 정도는 못 된다. 원칙적으로는, 우리가 말할 때 고립된 기호를 쓰는 것이 아니라, 기호 그룹, 즉 조직된 덩어리를 쓰는데, 이는 그 자체가 기호이다. 언어에서 모든 것이 차이로 귀결되지만, 모든 것이 또한 그룹으로 귀결된다. 이러한 메커니즘의 근원은 연속적 사항들의 작용으로, 각종 부속들이 상호 작용하는 기계의 기능과 흡사한데, 물론 이들 부속은 단일 차원 속에 배치되어 있다.

2절. 두 가지 형태의 그룹에 있어서의 동시 기능

이렇게 이루어진 연사적 그룹들 사이에는 상호 의존적 관계가 있다. 즉 이들은 상호 조건적인 입장에 있다. 실상 공간 안에서의 등위 배열은 연합적 등위 배열을 만드는 데 기여하고, 이 연합적 등위 배열이 이번에는 연사체의 각 부분을 분석하는 데 필수적인 것이 된다. *dé -faire*라는 합성어가 있다고 하자. 발화 연쇄에 해당하는 수평 따위에 이것을 나타낼 수 있다.

그러나 동시에, 잠재 의식 속
에서는 다른 축위에 하나 또는

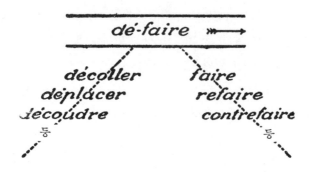

그 이상의 연합 계열이 존재하는데, 이들 계열은 그 연사체와 공통 요소
를 지닌 단위들을 포함한다. 가령 다음과 같다.

마찬가지로 라틴어 *quadruplex*가 하나의 연사체라면, 이 또한 다음과 같
이 두 연합 계열에 의존하고 있기 때문이다.

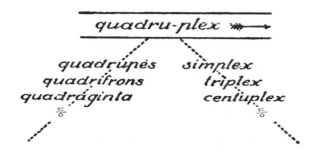

이런 다른 형태들이 *défaire*나 *quadruplex* 주위에 떠돌고 있으므로 이 두
낱말이 하위 단위로 분해 가능한 것이다. 즉 연사체이다. 가령 *dé*-나
*faire*를 포함하는 다른 형태들이 언어에서 사라져버린다면 *défaire*는 분

석이 불가능하게 될 것이다. 그것은 이미 하나의 단순한 단위에 불과할 것이고, 그 두 부분은 더 이상 서로 대립될 수 없을 것이다.

이제 우리는 담화에서 이런 이중 체계의 작용을 이해할 수 있다.

우리의 기억 속에는 그 종류와 크기는 어떻든 간에 다소 복잡한 모든 유형의 연사체가 들어 있으며, 이들을 사용하는 순간 우리는 연합 그룹 들을 개입시킨 다음 선택을 하게 되는 것이다. 누군가가 *marchons!*(걷 자!)라고 말할 때, 그는 무의식중에 각종 연합 그룹을 생각하는데, 이들 그룹의 교차점에 *marchons!*이라는 연사체가 있는 것이다. 이것은 한편으 로 *marche!*(걸어라!), *marchez!*(걸으시오!) 계열 속에 나타나는데, 선택을 결정시키는 것은 바로 이들 형태와 *marchons!*의 대립이다. 다른 한편으 로 *marchons!*은 *montons!*(오르자!), *mangeons!*(먹자!) 등의 계열을 환기 시키는데, 이 중에서 *marchons!*이 마찬가지 방식으로 선택된다. 각 계열 에서 사람들은 무엇을 변화시켜야 찾고 있는 단위에 적합한 이화 현상이 나오는지를 알고 있다. 개념을 바꾸어 표현하려면, 다른 가치를 나타내기 위해 다른 대립들이 필요할 것이다. 예를 들어 *marchez!*라고 말하든지 혹은 *montons!*이라고 말할 것이다.

그러므로 적극적 관점에 입각하여 *marchons*이 표현하고자 하는 바를 의미하기 때문에, 그것을 선택한다고 말하는 것으로는 충분치 않다. 실은 개념이 환기시키는 것은 하나의 형태가 아니라 잠재적 체계 전체인바, 이 체계 덕분에 기호의 구성에 필요한 대립들을 얻는다. 기호 그 자체만 으로는 어떠한 고유의 의미도 없다. *marche!*나 *marchez!*가 더 이상 *marchons!*에 대립하지 않게 되는 날, 몇몇 대립들은 사라져버릴 것이고, *marchons!*의 가치는 사실상 변화될 것이다.

이 원칙은 모든 유형의 연사체와 문장에 적용되는데, 아무리 복잡한 것이라도 마찬가지이다. "que *vous* dit-il?"이라는 문장을 발음하는 순간, 우리는 잠재적인 연사 유형 속에서 한 요소를 변화시키는데, 예를 들어

"que *te* dit-il?"—"que *nous* dit-il?" 등이다. 바로 이렇게 하여 우리의 선택은 대명사 vous로 정해진다. 이 행위는, 필요한 점에 필요한 이화를 가져오지 않는 것은 모두 머릿속에서 제거해 버리는 행위인데, 이상에서 본 바와 같이 이 행위에서 연합적 그룹과 연사적 유형 두 가지가 모두 작용하고 있다.

역으로 이 고정과 선택의 방식은 최소의 단위도 지배하며, 가치를 지닌 것이라면 음운 요소까지도 지배한다. 우리가 생각하는 것은, *pǝti* ('petit'로 표기된다.) 대(對) *pǝtit*('petite'로 표기된다.)나, 라틴어 *dominō* 대 *dominī* 등과 같이 그 차이가 우연히 하나의 단순한 음소에 있는 경우만이 아니라, 보다 특징적이며 보다 미묘한 사실, 즉 하나의 음소가 그 자체로서 한 언어 상태의 체계 속에서 어떤 역할을 하는 사실 역시 생각한다. 가령 그리스어에서, *m*, *p*, *t* 등이 결코 낱말의 끝에 올 수 없다면, 이는 결국 그러한 위치에 이들이 있거나 없음은 낱말 구조와 문장 구조에 중요하다는 것을 의미한다. 그런데 이런 종류의 모든 경우에 있어서, 고립된 소리는 기타 모든 단위와 마찬가지로 이중의 정신적 대립을 거쳐서 선택될 것이다. 가령 가상적인 그룹 *anma*에서 *m*이라는 소리는 그 주위의 소리들과 연사적 대립을 이루는 동시에, 머릿속에 떠오를 수 있는 모든 소리와 연합적 대립을 이루고 있다. 즉 다음과 같다.

$$a \quad n \quad m \quad a$$
$$v$$
$$d$$

3절. 절대적 자의성과 상대적 자의성

언어 메커니즘을 특히 중요한 또 하나의 각도에서 보여줄 수 있다.

기호의 자의성이라는 기본 원칙 때문에 각 언어에서 근본적으로 자의적인 것 즉 무연적(無緣的)인 것과 상대적으로만 자의적인 것이 구별되지 않는 것은 아니다. 기호들 중 일부만이 절대적으로 자의적이다. 기타의 기호들에는 하나의 현상이 개입하는데, 이 현상에 근거하여 자의성을 완전히 부인하지 않고 자의성의 정도를 인정할 수 있다. 즉 기호는 상대적으로 유연적(有緣的)일 수 있다.

예를 들어 *vingt*(20)은 무연적이지만, *dix-neuf*(19)는 동일한 정도로 무연적은 아니다. 왜냐하면 *dix-neuf*는 자신을 구성하는 사항들과 자신과 연합되는 다른 사항들, 말하자면 *dix*(10), *neuf*(9), *vingt-neuf*(29), *dix-huit*(18), *soixante-dix*(70) 등을 환기시켜 주기 때문이다. *dix*나 *neuf*는 따로 떨어져서는 *vingt*과 마찬가지이나, *dix-neuf*는 상대적 유연화의 한 경우이다. *poirier*(배나무)도 마찬가지인데, *poire*(배)라는 단순어를 상기시키고 그 어미 *-ier*은 *cerisier*(벚나무), *pommier*(사과나무) 등을 생각게 한다. 그러나 *frêne*(물푸레나무)나 *chêne*(떡갈나무) 따위의 경우는 전혀 다르다. 완전히 무연적인 *berger*(양 치는 목동)와 상대적으로 유연적인 *vacher*(소 치는 사람)를 비교해 보라. 다음의 쌍들도 마찬가지이다. *geôle*와 *cachot*, *hache*와 *couperet*, *concierge*와 *portier*, *jadis*와 *autrefois*, *souvent*과 *fréquemment*, *aveugle*와 *boiteux*, *sourd*와 *bossu*, *second*과 *deuxième*, 독어 *Laub*와 불어 *feuillage*, 불어 *métier*와 독어 *Handwerk*. 영어의 복수어 *ships*(배)는 그 형성에 의해 *flags*, *birds*, *books* 등 계열 전체를 상기시키지만, *men*(사람), *sheep*(양)은 아무것도 상기시키지 않는다. 그리스어 *dốsō*(나는 줄 것이다)는 *lúsō*, *stếsō*, *túpsō* 등의 연합을 환기시키는 기호에 의해 미래 개념을 표현하지만, *eîmi*(나는 갈 것이다)는

완전히 고립되어 있다.

여기서는 매 경우마다 유연화를 규정하는 요인들을 연구해 볼 여유가 없다. 그러나 이 유연화는 연사적 분석이 더 쉬워지고 하위 단위의 의미가 더 명백해질수록 더 완전하다. 사실상 *ceris-ier*나 *pomm-ier* 등에 비교되는 *poir-ier*와 같이 명백한 형성 요소가 있는가 하면, 그 의미가 모호하거나 혹은 전혀 없는 것들도 있다. 가령 *cachot*에서 접미사 *-ot*는 어느 정도까지 의미 요소와 상통하는가? *coutelas, fatras, platras, canevas*와 같은 낱말을 비교해 보면, *-as*가 실사에 고유한 형성 요소라는 막연한 느낌을 갖게 되지만 그 이상 더 정확하게 정의할 수는 없다. 더구나 가장 유리한 경우에 있어서도 유연화는 결코 절대적인 것이 아니다. 유연적인 기호의 구성 요소는 그 자체가 자의적일 뿐 아니라(*dix-neuf*의 *dix*와 *neuf* 참조.) 사항 전체의 가치는 결코 부분들 가치의 합계와 같지 않다. 즉 *poir×ier*는 *poir+ier*(본 장 1절 참고.)와 같지 않다.

현상 그 자체에 관해서는 앞 절에서 언급한 원칙에 의해 설명된다. 상대적 유연성의 개념은 다음과 같은 사실을 내포한다. (1) 주어진 사항의 분석, 즉 연사 관계. (2) 하나 또는 그 이상의 다른 사항에 대한 상기, 즉 연합 관계. 그것은 다름 아닌, 어떤 사항이 한 개념의 표현에 적응하는 근거가 되는 메커니즘 바로 그것이다. 여태까지 단위는 가치로서, 즉 체계의 요소로서 우리에게 나타났고, 우리는 그것을 특히 대립이라는 면에서 고찰했다. 이제 우리는 이들을 연결하는 연대성을 인식하고 있다. 이 연대성은 연합적이며 연사적인데, 그것이 바로 자의성을 제한해 주고 있는 것이다. *dix-neuf*는 *dix-huit, soixante-dix*와 연합적인 연대 관계에 있고, 그 요소인 *dix, neuf*와는 연사적인 연대 관계에 있다.(본 장 1절 참고.) 이 이중 관계가 그에게 그 가치의 일부를 부여한다.

언어는 체계로서, 언어에 관한 모든 것은 이러한 관점에서 다루어져야 한다는 것이 우리의 신념이지만, 이 관점은 언어학자들의 관심을 거의 끝지 못하고 있다. 그것은 최상의 토대이다. 사실 언어 체계 전체는 기호의 자의성이라는 비합리적 원칙에 의거하는데, 이 원칙이 무제한 적용된다면 극도의 혼란에 도달할 것이다. 그러나 정신은 기호 집단의 몇 부분에 질서와 규칙의 원칙을 도입할 수 있었으며, 그것이 상대적 유연성의 역할이다. 만약 언어의 메커니즘이 완전히 합리적인 것이라면, 그 자체로서 연구할 수 있을 것이다. 그러나 이 메커니즘은 본래가 혼돈스러운 체계의 부분적인 수정에 지나지 않는 것이므로, 언어의 본질 자체가 강요하는 관점을 받아들여 이 메커니즘을 자의성의 제한으로서 연구한다.

유연적 요소가 하나도 없는 언어란 존재하지 않는다. 모든 요소가 유연적인 언어를 생각한다는 것도 정의상 불가능하다. 이 두 극한 ── 최소한의 조직화와 최소한의 자의성 ── 사이에 별별 유형이 다 있는 것이다. 각종 고유 언어는 항상 두 차원의 요소, 즉 근본적으로 자의적인 것과 상대적으로 유연적인 것을 포함하는데, 그 비율이 아주 다양하여서, 고유 언어를 분류할 때 참작될 수 있는 중요한 특성이 된다.

어떤 의미에서 ── 이 의미는 너무 치밀하게 따져볼 것은 못 되나 이러한 대립의 한 형태를 잘 드러내 준다 ── 무연성이 극도에 이르는 언어는 더 어휘적이고, 최소한으로 떨어지는 언어는 더 문법적이라고 말할 수 있을 것이다. 그 이유는, 한편으로 '어휘'와 '자의성'이 항상 동의어이고, 다른 한편으로 '문법'과 '상대적 유연화'가 항상 동의어이기 때문은 아니다. 그러나 그 근본 속에 공통적인 무엇이 있다. 그것은 체계 전체가 그 사이에서 움직이는 두 극이나, 언어의 움직임을 분할하는 상반된 두 흐름과 같은 것이다. 어휘적 도구 즉 유연적 기호를 사용하려는 경향과, 문법적 도구 즉 구성의 규칙에 대한 편애가 곧 그것이다.

예를 들어, 영어는 독어보다 무연성에 훨씬 중요한 위치를 부여하는 것을 보게 될 것이다. 그러나 초어휘적 언어의 전형은 중국어이며, 반면에 인도유럽이나 산스크리트어는 초문법적 언어의 표본이다. 동일 언어

내부에서 모든 진화 운동은 무연성으로부터 자의성으로, 자의성으로부터 무연성으로의 계속적인 이동으로 표시될 수 있다. 이 왕복 운동으로 말미암아 종종 이 두 범주에 속하는 기호의 비율이 현저하게 변한다. 가령 불어는 라틴어에 비해 특히 자의성이 대폭적으로 증가했다는 특징을 갖는다. 라틴어 *inimīcus*는 *in-*과 *amīcus*를 상기시키고 이들에 의해 유연적이 되는 반면에, *ennemi*는 어떠한 것에 의해서도 유연적이 되지 않는다. 그것은 절대적 자의성에 속해 버렸는데, 이 자의성이야말로 언어기호의 근본적 조건이다. 이러한 변동은 수많은 예에서 확인할 수 있을 것이다. (*constrāre*(*stāre*) : *coûter*, *fabrica*(*faber*) : *forge*, *magister*(*magis*) : *maître*, *berbīcārius*(*berbīx*) : *berger* 등 참조.) 이러한 변화가 불어에 아주 특이한 면모를 부여하는 것이다.

7장

문법과 그 하위 구분

1절. 정의 : 전통적 구분

정태언어학, 즉 언어 상태의 기술을 문법이라 부를 수 있겠다. 여기서 문법이란 말은 명확할 뿐 아니라 관용적인 의미를 띠고 있는데, '체스의 문법', '증권 시장의 문법' 등과 같은 표현도 이러한 의미를 가지고 있다. 이들 문법은 복잡하고 체계적인 대상을 다루는데, 이 대상은 바로 공존하는 가치들을 활용하는 것이다.

문법은 언어를 표현 수단의 체계로서 연구한다. 문법적이란 말은 공시적이고 의미적이라는 말이며, 어떤 체계도 동시에 여러 시대에 걸쳐 있을 수는 없기 때문에, 우리에게 '역사적 문법'이란 있을 수 없다. 역사적 문법이라고 부르는 것은 실상 통시언어학에 불과하다.

우리의 정의는 일반적인 정의와 일치하지 않는데, 이 일반적인 정의는 더 협의적이다. 사실 보통 문법이라고들 하는 것은 형태론(*morphologie*)과 통사론(*syntaxe*)을 합친 것으로, 어휘론(*lexicologie*) 즉 낱말의 과학은 여기에서 제외된다.

그러나 무엇보다 이러한 구분이 현실에 맞는 것일까? 또 우리가 방금 제시한 원칙들과 일치할까?

형태론은 각종 범주의 낱말(동사, 명사, 형용사, 대명사 등)과 여러 굴절 형태(동사 변화, 곡용)를 다룬다. 이 연구를 통사론으로부터 분리하기 위한 구실로, 사람들은 통사론이 언어 단위의 기능을 연구 대상으로 하는 반면 형태론은 언어 단위의 형태만을 고려한다고 말한다. 가령 형태론이 그리스어 *phúlax*(문지기)의 속격은 *phúlakos*라고 말하는 것으로 그친다면, 통사론은 이 두 형태의 용법이 어떤지에 대해 가르쳐주고 있다는 것이다.

그러나 이러한 구분은 오류이다. 실사 *phúlax*의 형태 계열이 굴절 계사체가 되려면, 이들 여러 형태의 기능을 비교해 보아야만 되는 것이다. 거꾸로 이들 기능이 형태론에서 다루어지려면, 각 기능에 특정한 음적 기호가 상응해야만 된다. 하나의 곡용은 형태 목록도 아니고 일련의 논리적 추상물도 아니며, 이들 두 사항의 결합이다.(2부 2장 1절 참고.) 형태와 기능은 연대 관계에 있어 이를 분리하는 것은 힘들며 심지어 불가능하다고까지 할 수 있다. 그것은 통사론과 구분되는 학문을 이룰 수 없다.

한편 문법에서 어휘론을 제외하는 것이 논리적인 것일까? 언뜻 보아 사전에 기록되어 있는 낱말은 문법 연구의 대상이 되지 않을 듯싶은데, 이는 문법 연구가 대개 단위들 사이에 존재하는 관계에 한정되어 있기 때문이다. 그러나 수많은 이들 관계가 낱말뿐만 아니라 문법적 수단에 의해서도 충분히 표현될 수 있다는 것을 곧 보게 된다. 가령 라틴어에서, *fīō*와 *faciō*가 대립되는 것은 *dīcor*와 *dīcō*가 대립되는 것과 마찬가지인데, 이들 후자는 동일어의 문법적 형태인 것이다. 러시아어에서 완료상과 미완상의 구별은 문법적으로 *sprosít'* : *sprášivat'*(물어보다)에 의해 표현되며, 어휘적으로 *skazát'* : *govorít'*(말하다)에 의해 표현된다. 사람들은 일반적으로 전치사를 문법에 귀속시킨다. 그러나 *en considération de*라는 전치사구는 근본적으로 어휘적인데, 그 이유는 이 전치사구에서 *considération*이란 낱말이 자기의 고유한 뜻을 가지고 나타나기 때문이다. 그리스어 *peíthō* : *peíthomai*와 불어 *je persuade*(나는 설득한다) : *j'obéis*(나는 복종한다)를 비교해 보면, 대립이 전자의 경우 문법적으로 나타나고 후자의 경우 어휘적으로 표현된다. 많은 관계가 몇몇 언어에서 격이나 전치사로 표현되지만, 기타 언어에서는 합성어로 표현되거나(불어 *royaume des cieux*와 독어 *Himmerleich* : 천국) —— 이들 합성어는 이미 고유한 의미에서의 낱말과 유사하다 —— 혹은 파생어(불어 *moulin à vent*과 폴란드어 *wiatr-ak* : 풍차)나 단순어(불어 *bois de chauffage*와 러시아어 *drová* : 땔감, 불어 *bois de construction*과 러시아어 *lês* : 건축용 목재)로 표현되고 있다. 동일 언어 내부에서 단순어와 합성적인 숙어의 교환(*considérer*와 *prendre en considération* : 고려하다, *se venger de*와 *tirer vengeance de* : 복수하다) 역시 극히 빈번하다.

따라서 기능이란 관점에서 볼 때, 어휘적 현상과 통사적 현상이 혼동되는 것을 본다. 한편 단순 단위가 아니고 환원 불가능한 단위가 아니면, 어떠한 낱말도 문장의 일부, 즉 통사적 현상과 근본적으로 구별되지 않는다. 이러한 낱말을 구성하는 하위 단위의 배열은 낱말 그룹 형성과 동일한 기본 원칙에 따른다.

요컨대, 문법의 전통적 여러 구분은 실용적 효용성은 있으나 자연적 구별에 상응하지 않으며 어떠한 논리적 관계에 의해서도 연결되어 있지 않다. 문법을 정립하려면 이와 다른 더 차원이 높은 원칙에 바탕을 두어야 한다.

2절. 합리적 구분

형태론, 통사론, 어휘론의 상호 침투 현상은 모든 공시적 현상이 실상 동일한 성격을 띠고 있다는 사실로 설명된다. 이들 사이에 미리 그어진 한계란 있을 수 없다. 위에서 세운 연사 관계와 연합 관계 구별만이 하나의 자명한 분류 방식을 암시해 주는데, 이 분류 방식이 문법 체계의 바탕으로 삼을 수 있는 유일한 것이다.

언어 상태를 구성하는 모든 것은 틀림없이 연사체 이론이나 연합 이론으로 귀착될 수 있다. 벌써 전통 문법의 몇 부분은 힘들지 않게 전자나 후자의 범주 속에 모을 수 있는 것으로 보인다. 굴절은 물론 화자의 머릿속에 형태 연합의 전형으로 비친다. 한편 통사론 즉 일반적 정의에 의하면, 낱말 그룹의 이론은 연사론에 속하는데, 그 이유는 이들 그룹이 최소한 두 개의 단위가 공간에 배열되는 것을 항상 전제하고 있기 때문이다. 모든 연사론적 현상이 통사론 속에 분류되는 것은 아니지만, 모든 통사론적 현상은 연사론에 속한다.

어떤 문법 사항을 보더라도 각 문제를 이 두 관점에서 연구하는 것이 얼마나 중요한가를 알 수 있을 것이다. 가령 낱말이란 개념도 연합적으로 보는가 또는 연사적으로 보는가에 따라 두 가지 상이한 문제를 제기한다. 형용사 *grand*은 연사체에서 이중 형태(*grã garsõ* 'grand garçon'과 *grãt ãfã* 'grand enfant')를 보이고 있는데, 연합적으로도 또 하나의 이중성(남성 *grã* 'grand', 여성 *grãd* 'grande')을 보이고 있다.

이렇게 각 현상을 연사적 또는 연합적 범주로 귀결시키고, 문법의 모든 소재를 두 개의 자연적 축에 따라 정리할 수 있어야 할 것이다. 단지 이러한 분배에 의해서만 통시언어학의 습관적 틀에서 무엇을 바꾸어야 하는가를 알게 될 것이다. 물론 여기서 이 작업을 시도할 수는 없고, 가장 일반적인 원칙만을 세우기로 한다.

8장

문법에 있어 추상적 본체의 역할

아직까지 언급하지 않은 중요한 주제가 하나 있는데, 그것은 다름 아니라, 왜 위에서 구분한 두 개의 관점에서 문법적 문제를 보는 것이 필요한가를 보여주는 일이다. 이 주제는 문법에서의 추상적 본체이다. 우선 이를 연합적 측면에서 보자.

두 형태를 연합한다는 것은 이들 형태가 어떤 공통성을 보인다는 것을 느끼는 것만이 아니고, 연합을 지배하는 여러 관계의 성격을 식별하는 것도 뜻한다. 가령 언어 행위 주체는 *enseigner*와 *enseigment* 혹은 *juger*와 *jugement*을 연결해 주는 관계가 *enseignement*과 *jugement* 사이에서 보는 관계와 동일한 것이 아님을 의식하고 있다.(2부 5장 3절 참고.) 바로 이 점에서 연합 체계와 문법 체계가 일맥상통하는 것이다. 말하자면 역사성을 개입시키지 않고 언어 상태를 연구하는 문법학자가 만드는 의식적이며 조직적인 분류의 합계는 의식적이건 무의식적이건 화언에서 사용되는 연합의 합계와 일치하는 것이다. 바로 이들 연합이 낱말족(族), 굴절계사체 및 형성 요소, 즉 어간, 접미사, 어미 등(4부 4장 1절 참고.)을 우리 머릿속에 고정시켜 준다.

그러나 연합은 물질적 요소만 가려내는 것일까? 물론 아니다. 우리가 알다시피, 연합은 의미로만 연결된 낱말들도 접근시켜 준다.(*enseignement*,

189

apprentissage, éducation 등 참조.) 문법에서도 마찬가지이다. 세 개의 라틴어 속격, 즉 *domin-ī, rēg-is, ros-ārum*을 보자. 이들 세 어미의 소리는 연합이 취급할 수 있는 어떠한 유사성도 없다. 그럼에도 불구하고 이들 세 어미는 연결되어 있는데, 그 이유는 이들이 공통 가치를 지녔으므로 동일한 용법을 가져야 한다고 느껴지기 때문이다. 이것만으로도 물질적 토대가 전혀 없이 연합이 충분히 생기며, 바로 이렇게 해서 속격이란 개념이 그 자체만으로도 언어 속에 자리를 차지하는 것이다. 역시 아주 유사한 방식으로 굴절어미 *-us, -ī, -ō* 등(*dominus, dominī, dominō* 등에서)이 의식 속에서 연결되고, 여기서 격과 격어미라는 보다 일반적인 개념이 나온다. 보다 큰 연합이긴 하지만 마찬가지 차원의 연합에 의해서 모든 실사, 모든 형용사 등이 각각 연결되고, 품사의 개념이 고정된다.

이 모든 것은 단지 추상적 본체로서 언어 속에 존재한다. 그 연구는 힘든데, 왜냐하면 화자의 의식이 문법학자의 분석 수준에 다다를 것인지 정확히 알 수가 없기 때문이다. 그러나 본질적인 사실은 추상적 본체는 궁극적으로 구체적 본체에 항상 바탕을 두고 있다는 것이다. 어떠한 문법적 추상도 그에게 기층 역할을 해주는 물질적 요소의 계열이 없다면 불가능하나. 따라서 궁극적으로는 바로 이들 요소로 항상 되돌아가야 하는 것이다.

이번에는 연사적 관점에 서보자. 한 그룹의 가치는 빈번히 그 구성 요소의 순서와 관계가 있다. 화자가 하나의 연사체를 분석할 때, 그 구성 부분만 보는 것으로 그치지 않는다. 이들 부분 사이에 연속 배열의 순서를 확인한다. 불어 *désir-eux*나 라틴어 *signi-fer*의 의미는 각 하위 단위들의 위치에 달려 있다. *eux-désir* 또는 *fer-signum*이라고는 할 수 없는 것이다. 심지어 하나의 가치는 구체적 요소(*-eux*나 *-fer*와 같은) 속에, 필요한 관계를 전혀 갖지 않을 수도 있으며, 사항들의 순서에서만 비롯될 수가 있다. 가령 불어에서 *je dois*(나는……해야 한다)와 *dois-je?*(나는……해야 할까?)의 두 그룹의 의미가 다르다면, 그것은 단지 낱말의 순서에서 비롯되는 것이다. 어떤 언어에서는 종종 다른 언어라면 하나 또는 그 이상의 구체적 사항으로 표현될 개념이 사항들의 연속 배열에 의해 표현되고 있다. *gooseberry wine*(구즈베리 주), *gold watch*(금시계) 등의 연사형에서 영어는 현대 불어가 전치사로 표시해 주는 관계('*vin de groseilles*'와 '*montre en or*')를 사항들의 단순한 순서로 표현하고 있다. 현대 불어 역시 실사를 타동사의 뒤에 놓음으로써 직접 보어 개념을 나타내 주는 반면(*je cueille une fleur*: 나는 꽃을 딴다), 라틴어와 그 밖의 다른 언어들은 특수 어미를 가진 대격을 사용하여 이를 나타내 주고 있다.

그러나 어순이 추상적 본체임에는 틀림없더라도, 이 추상적 본체가 존재하는 것은 단지 구체적 단위들 때문인 것이 사실인바, 이들 구체적 단위는 이 본체를 내포하고 있으며 단일 차원에서 작용하고 있다. 공간 속에 배치되어 있는 이들 물질적 단위와 상관없이, 무형의 통사론이 있다고 생각한다면 오류일 것이다. 영어에서 *the man I have seen*(내가 본 사람)은 제로에 의해 표현되는 듯이 보이는 통사 현상을 보여주는데, 반면 불어는 이를 *que*로 나타내 준다.(*l'homme que j'ai vu*) 그런데 바로 불어의 통사 현상과 비교하는 데에서, 무(無)도 어떤 개념을 표현해 줄 수 있다는 착각이 생기는 것이다. 사실은 어떤 순서에 따라 나열된 물질적 단위들이 이러한 가치를 만드는 것이다. 얼마간의 구체적 사항이 없이는 통사적 사례를 논할 수 없다. 더구나 하나의 언어 복합체(가령 위에서 인용한 영어 낱말들)가 이해 가능하다는 사실만으로 이 일련의 사항은 사상의 적합한 표현이 되는 것이다.

하나의 물질적 단위는 자기가 지닌 의미, 기능에 의해서만 존재한다. 이 원칙은 특히 작은 단위들을 아는 데 중요한데, 왜냐하면 이들 작은 단위는 순전히 그 물질성 때문에 존재하므로 가령 *aimer*(사랑한다)가 존재하는 것은 이 낱말을 구성하는 소리들에 의한 것이라고들 생각하기 때문이다. 역으로, 방금 본 바와 같이 하나의 의미, 하나의 기능은 어떠한 물질적 받침이 있어야만 존재한다. 이 원칙이 보다 큰 연사체나 통사형을 논하면서 언급된 것은 이들이 문장 사항들 위에서 날아다니는 비물질적 추상물이라고들 보는 경향이 있기 때문이다. 이 두 가지 원칙은 상호 보완 관계에 있어, 단위의 구분에 대한 우리들의 주장(2부 2장 2절 참고.)과 일치한다.

3부 통시언어학

1장

개요

통시언어학은 한 언어 상태 속에 공존하는 용어들 사이의 관계를 연구하는 것이 아니라, 시간이 흐르면서 서로 대체되는 연속적인 용어들 사이의 관계를 연구한다.

사실상 절대적 부동성이란 없다.(1부 2장 2절 참고.) 언어의 모든 부분은 변화하기 마련이다. 각 시기는 크고 작은 진화에 일치한다. 진화는 그 속도와 강도가 변할 수는 있으나, 그 원칙 자체는 부인될 수 없다. 언어라는 강물은 쉬지 않고 흘러간다. 그 흐름이 완만한가 혹은 급류인가는 이차적인 문제이다.

우리는 문어에 관심을 쏟기 때문에, 이 부단한 진화를 빈번히 보지 못하는 것이 사실이다. 4부 2장 2절에서 보겠지만, 이 문어는 통속 언어, 즉 자연 언어에 겹쳐 있고 상이한 존재 조건에 매여 있다. 그것은 일단 형성되면 일반적으로 꽤 안정 상태를 유지하며 불변하는 경향이 있다. 문어는 문자체계에 의존하므로 그 보존이 보장되어 있다. 그러므로 어떠한 문학적 규제도 받지 않는 자연 언어가 어느 정도까지 변화할 수 있나를 보여줄 수 있는 것은 문어가 아니다.

음성학, 다시 말해 음성학 전체가 통시언어학의 제1대상이다. 사실상 음의 진화는 상태란 개념과 양립할 수 없다. 음소, 또는 음소 그룹을 그 이전 상태와 비교하는 것은 통시태를 정립하는 것이다. 전 시대는 가까울 수도 있고 멀 수도 있다. 그러나 두 시대가 뒤섞일 정도가 될 때에는, 음성학이 개입할 수 없다. 이때에는 한 언어 상태의 음성 기술만이 있을 뿐이며, 그것을 담당하는 것이 음운론이다.

음성학의 통시적 성격은, 음성학적인 그 어떤 것도 의미적이거나 또는 광범한 의미에서의 문법적인 것은 아니라는 원칙에 아주 잘 부합된다. (서론 4장 참고.) 한 낱말에 있어 그 음의 역사를 기술하기 위해서는, 그 의미는 개의할 필요 없이 물질적 껍질만 고찰하여 음의 토막을 세분할 수 있는데, 이때 각 음의 토막이 의미가 있는지에 대해서는 생각할 필요가 없다. 예를 들면 아무 의미도 없는 *-ewo-*라는 그룹이 아테네 그리스어에서는 어떻게 변했는가를 찾아야 한다. 만일 언어의 진화가 음의 진화로 귀착된다면, 언어학을 구성하는 두 부분에 각기 고유한 두 대상의 대립성이 즉시 분명해질 것이다. 이렇게 되면 공시적인 것이 문법적인 것처럼, 통시적인 것은 비문법적이라는 것이 분명해질 것이다.

그러나 음만이 시간에 따라 변모하는가? 낱말은 의미가 변화하며, 문법적 범주는 진화한다. 이들 중 그 표현 형태와 더불어 사라져버리는 것들이 있음을 볼 수 있다.(예컨대, 라틴어의 쌍수(雙數).) 그런데 만일 연합 공시태와 통합 공시태의 모든 현상에 역사가 있다면, 통시태와 공시태 사이에 절대적 구분을 어떻게 유지할 수 있을까? 순수 음성학을 벗어나는 순간 일이 대단히 힘들어지게 된다.

그렇지만 문법적인 것으로 생각되는 많은 변화들이 음성적 변화로 귀착되는 점을 주목하자. *hant : hanti*를 대체하는 독어 *Hand : hände*라는 문법형의 창조는 음성적 현상으로써 완전히 설명된다.(1부 3장 3절 참고.) *Springbrunnen, Reitschule* 등과 같은 복합형도 그 바탕은 역시 음성적 현상이다. 고대 고지독어에서 제1요소는 동사가 아니라 실사였다. *beta-hūs*는 '기도의 집'을 의미했다. 그런데 마지막 모음이 음성학적으로 탈락했기 때문에(*beta-*→*bet-* 등), 동사(*beten* 등)와의 의미 관계가 생겨나서, *Bethaus*는 마침내 '기도하기 위한 집'을 의미하게 되었다.

그와 아주 유사한 일이 고대 게르만어가 *lich*(외양)라는 낱말을 가지고 형성한 복합어 속에서 일어났다.(*mannolich*는 '남자처럼 보이는', *redolich*는 '이성(理性)의 모습을 띤' 참조.) 오늘날에는 대단히 많은 형용사들(*verzeihlich, glaublich* 등 참조.)에서 *-lich*는 *pardonn-able, croy-able* 등에서와 같이 접미사가 되어버렸으며, 또한 동시에 제1요소의 성격을 다른 식으로 해석한다. 이제는 거기에서 하나의 실사를 보는 것이 아니라, 동사의 어근을 본다. 이는 몇몇 경우에 있어 제1요소 마지막 모음의 탈락에 의해(예를 들어 *redo-*→*red-*) 이 요소가 동사의 어근(*reden*의 *red-*)과 동일시되어 버렸기 때문이다.

가령 *glaublich*에서 *glau-*는 *Glaube*보다 차라리 *glauben*과 대조시키며, 또한 어간의 차이에도 불구하고 *sichtlich*는 *Sicht*가 아니라 *sehen*에 연관시킨다.

이 모든 경우뿐 아니라 다른 유사한 경우에 있어서도, 두 질서의 구분은 마찬가지로 명백하다. 음성 변화는 통시 영역에서, 이 음성 변화의 결과는 공시 영역에서 연구하여, 결국 실상은 두 영역을 차례로 섭렵하고 있는데도 불구하고 역사 문법을 하고 있다고 경솔하게 단언하지 않기 위해서는 방금 언급한 것을 기억해야만 한다.

그러나 이렇게 제한했다 할지라도 모든 어려움이 제거된 것은 아니다. 연합 집단 또는 통합형 등 그 어떤 문법 현상의 진화도 한 음의 진화 현상과 비교할 수는 없다. 문법형의 진화는 단순하지 않으며 수많은 별개의 현상들로 나뉘는데, 그 일부분만이 음성학에 속한다. 나중에 *prendrai*가 된 불어의 미래형 *prendre ai*와 같은 통합형의 탄생에서 최소한 두 현상을 구분할 수 있는데, 하나는 심리적인 것으로 두 개념 요소의 종합이고, 다른 하나는 음성학적이며 전자에 종속되는 것으로 어군의 두 악센트가 하나로 되는 것이다(*préndre aí→prendraí*).

게르만어 강변화 동사의 굴절(현대 독어형 *geben, gab, gegeben* 등, 그리스어 *leípo, élipon, léloipa* 등 참조.)은 상당 부분이 어근 모음들의 압라우트(Ablaut, 모음교체) 작용에 근거한다. 원래 아주 단순했던 이들 교체는(3부 3장 4절 이하 참고.) 순전히 음성적 사실에 기인함이 틀림없다. 원시적 굴절 체계가 일련의 다양한 과정을 거쳐 단순화된 다음에야 비로소 이들 대립이 그러한 기능적 중요성을 갖게 된 것이다. 즉 현재시제의 각종 다양성 및 그에 딸린 의미적 뉘앙스들의 소멸, 반과거, 미래, 부정과거(aoriste)의 소멸, 그리고 완료시제(parfait)의 중복 제거 등. 근본적으로 전혀 음성적이라고 볼 수 없는 이 변화로 인하여 동사 굴절이 제한된 형태 그룹으로 축소되었는데, 이때 어근 교체 현상이 매우 중요한 의미적 가치를 띠게 되었다. 예를 들면 독어 완료시제에 있어서 중복이 없기 때문에 *geben : gab*에서의 *e : a*의 대립이 그리스어 *leípo : léloipa*에서의 *e : o*의 대립보다 더 의미가 있다고 말할 수 있다.

그러므로 비록 음성학이 어떤 측면에서든 빈번히 진화에 개입된다 할지라도, 진화 전체를 설명할 수는 없다. 음성적 요인이 일단 제거되고 나면, '문법의 역사'라는 개념을 어쩌면 정당화시켜 줄지도 모르는 흔적이 남게 된다. 바로 여기에 진정한 어려움이 있다. 왜냐하면 통시적인 것과 공시적인 것 사이의 구별 —— 이는 견지되어야만 한다 —— 은 본 강의의 테두리와는 양립될 수 없는 미묘한 설명을 요구할는지도 모르기 때문이다.[1]

---

1) 이러한 교육적이고 외적인 이유 외에 아마도 다른 이유가 있을 것이다. 소쉬르는 그의 강의에서 화언의 언어학에 대해 한번도 언급한 적이 없다.(서론 4장 참고.) 새로운 용법은 항시 일련의 개인적 현상들에 의해 시작되었음을 우리는 회상할 수 있다.(1부 3장 9절 참고.) 소쉬르는 이 현상들이 문법적 현상의 성격을 갖고 있다고 인정하지 않았다고 할 수 있다. 이는 고립된 행위가 언어와 그 체계, 즉 집단적 습관의 총체에만 종속되는 언어 체계와는 아주 무관하기 때문이다. 현상들이 화언에 속하는 한, 이들은 기존 체계의 특수하고도 아주 우연적인 사용 방식에 불과하다. 하나의 변화가 빈번히 반복되어 기억 속에 새겨지고 체계 속에 편입될 때에만 가치

다음에는 음성 변화, 교체, 그리고 유추 현상을 차례로 연구하고, 민간 어원과 교착에 대해 몇 마디 덧붙이는 것으로 끝을 맺겠다.

균형의 중심이 이동되고 언어가 즉시 저절로 변경되어 버린다. 서론 4장과 1부 3장 3절에서 음성적 진화에 대해 언급한 것을 문법적 진화에 적용할 수 있을 것이다. 그 생성은 체계적인데, 이는 체계가 결코 그 진화에서 인지될 수 없기 때문이다. 체계는 매 순간마다 다르게 보인다. 더구나 이러한 설명의 시도는 단순한 우리의 제안일 뿐이다.

2장
음성 변화

1절. 그 절대적 규칙성

음성 변화는 낱말에 영향을 미치지 않고 소리에만 영향을 미침을 우리는 1부 3장 6절에서 이미 보았다. 변모하는 것은 하나의 음소이다. 그것은 통시적인 모든 사건들처럼 고립된 사건이지만, 문제의 음소가 들어있는 모든 낱말을 동일한 방식으로 변질시키는 결과를 가져오는 사건이다. 바로 이런 의미에서 음성 변화는 절대적으로 규칙적이다.

독어에서 모든 *ī*는 *ei*로, 다음에는 *ai*로 되었다. 즉 *wīn, trīben, līhen, zīt*는 *wein, treiben, leihen, Zeit*로 되었다. 또 모든 *ū*는 *au*로 되었다. 즉 *hūs, zūn, rūch → Haus, Zaun, Rauch*. 마찬가지로 *ü*는 *eu*로 변했다. 즉 *hüsir → Häuser* 등. 이중모음 *ie*는 *ī*로 변했으나 사람들은 여전히 *ie*로 쓰고 있다.(*biegen, lieb, Tier* 참조.) 이에 나란히 모든 *uo*는 *ū*가 되었다. *muot → Mut* 등. 모든 *z*(서론 7장 3절 참조.)는 *s*(*ss*로 표기된다.)로 변했다. *wazer → Wasser, fliezen → fliessen* 등. 낱말 내부에 있는 모든 *h*는 모음 사이에서 사라졌다. *līhen, sehen → leien, seen.*(*leihen, sehen*으로 표기된다.) *w*는 모두 순치음 *v*(*w*로 표기된다.)로 변모되었다. *wazer → wasr* (*Wasser*).

불어에서는 습음 *l*이 모두 *y*(요드 음, jod)로 되었다. *piller, bouillir* 등이 *piye, buyir* 등으로 발음된다.

라틴어에서는 모음 사이에 놓였던 *s*가 후에 *r*로 나타난다. †*genesis*, †*asēna* → *generis, arēna* 등. 어떠한 음성 변화도, 제대로만 본다면, 이러한 변형의 완전한 규칙성을 확증해 주리라.

2절. 음성 변화의 조건

앞에서 본 예들은 음성 현상이 항상 절대적이기는커녕 아주 빈번히 특정 조건에 매여 있음을 이미 보여주고 있다. 달리 말하면 변형되는 것은 음종 전체가 아니라, 전후 관계, 악센트법 등과 같은 몇몇 조건하에 나타나는 구체적인 음소이다. 그리하여 라틴어 *s*가 모음 사이에서와 기타 몇몇 위치에서만 *r*로 되고 다른 곳에서는 그대로 남아 있다.(*est, senex, equos* 참조.)

절대적인 변화는 극히 드물다. 빈번히 그것은 조건이 은폐되었거나 너무 일반적일 때에만 나타날 뿐이다. 가령 독어에서 *ī*가 *ei, ai*로 되는 것은 악센트 있는 음절에서만 가능하다. 인도유럽어 *k₁*은 게르만어에서 *h*가 된다.(인도유럽어 *k₁osom*, 라틴어 *collum*, 독어 *Hals* 참조.) 그러나 *s* 다음에서는 이 변화가 일어나지 않는다.(그리스어 *skótos*와, '그림자'라는 뜻의 고트어 *skadus* 참조.)

게다가 변화를 절대적인 것과 조건적인 것으로 분류하는 것은 사물들을 피상적으로 보았기 때문이다. 요즈음 경향이 그렇듯이 자생적 음성 현상과 결합적 음성 현상이라고 하는 것이 더 합리적이다. 음성 현상이 내부 원인에 의해 일어날 때는 자생적이며, 하나 혹은 그 이상의 음소들이 존재함으로 인해 일어날 때는 결합적이다. 따라서 인도 유럽어 o가

게르만어 *a*로 변한 것(고트어 *skadus*, 독어 *Hals* 등 참조.)은 자생적 현상이다. 자음의 변천, 혹은 게르만어의 '자음교체'는 자생적 변화의 전형이다. 예컨대 인도유럽어 *k₁*은 게르만어의 *h*가 되고(라틴어 *collum*과 고트어 *hals* 참조), 게르만어 *t*는, 영어에서는 그대로 남아 있는데, 고지독어에서는 *z*(*ts*로 발음된다.)가 된다.(고트어 *taihun*, 영어 *ten*, 독어 *zehn* 참조.) 그와 반대로 라틴어 *ct*, *pt*가 이탈리아어 *tt*로 된 것(*factum*→*fatto*, *captīvum*→*cattivo* 참조.)은 결합적 현상인데, 이는 제1요소가 제2요소에 동화되었기 때문이다. 또한 독어의 움라우트 역시 외부적 원인, 즉 후속음절 속에 있는 *i*의 존재에 기인한다. *gast*는 변하지 않는 반면, *gesti*는 *gesti*, *Gäste*로 변한다.

어떠한 경우든 그 결과는 결코 문제가 되지 않으며, 변화가 있고 없음은 중요한 사실이 아니라는 점에 주목하자. 가령 만일 고트어 *fisks*와 라틴어 *piscis*를 비교하거나 고트어 *skadus*를 그리스어 *skótos*에 비교한다면, 전자의 경우에는 *i*가 여전히 남아 있고, 후자의 경우에는 *o*가 *a*로 변했음을 확인할 수 있다. 이 두 소리 중 전자는 그대로 남아 있고, 후자는 변했다. 그러나 중요한 것은 이들이 독자적으로 작용했다는 것이다.

만일 어떤 음성적 현상이 결합적이라면, 그것은 항시 조건적이다. 그러나 만일 자생적이라면, 반드시 절대적인 것은 아니다. 왜냐하면 이 현상이 어떤 변화 요인의 부재에 의해 소극적으로 정해질 수 있기 때문이다. 가령 인도유럽어 *k₂*가 라틴어에서 자생적으로 *qu*로 된다.(*quattuor*, *inquilīna* 등 참조.) 그러나 이때 그 뒤에 예를 들어 *o*나 *u*가 오면 안 된다.(*cottīdie*, *colō*, *secundus* 등 참조.) 마찬가지로 고트어 *fisks* 등에서 인도유럽어 *i*의 존속은 하나의 조건에 매여 있다. 즉 *r*나 *h*가 뒤따라오면 안 된다. 만약 뒤따라오는 경우에는 *e*가 되는바, 이는 *ai*로 표기된다. (*wair*=라틴어 *vir*, *maihstus*=독어 *Mist* 참조.)

3절. 방법의 문제들

현상을 표현해 주는 공식들은 앞서 나온 구분들을 참작해야 하며, 그렇지 않은 경우 이들을 잘못 나타낼 위험이 있다. 이러한 부정확한 것들의 예를 몇 가지 들어보자.

베르네르 법칙의 옛 공식에 의하면, '게르만어에서 첫머리에 오지 않는 $þ$는, 악센트가 뒤에 오는 경우, 모두 $ð$으로 변했다.' 한편 †$faþer$ → $fader$(독어 $Vater$), †$liþumé$ → †$liðumé$(독어 $litten$), 다른 한편 $þ$가 존속하는 †$þris$(독어 $drei$), †$brōþer$(독어 $Bruder$), †$liþo$(독어 $leide$)를 참조하라. 이 공식은 악센트에 적극적 역할을 부여하며, 첫머리 글자인 $þ$에 제한 조항을 도입한다. 실상 이 현상은 전혀 딴판이다. 게르만어에서 $þ$는 라틴어에서와 마찬가지로 낱말 중간에 있으면 자발적으로 유성음화하는 경향이 있었다. 선행하는 모음 위에 악센트가 놓이는 경우에만 이 현상이 저지될 수 있었다. 그러므로 모든 것이 역전된다. 이 현상은 결합적인 것이 아니라 자생적이며, 악센트는 유발 원인이 아니라 하나의 장애물이다. 따라서 다음과 같이 말해야 한다. '낱말 중간에 있는 $þ$는 선행하는 모음 위에 악센트가 놓여, 이를 막지 않는 한, 모두 $ð$로 되었다.'

자생적인 것과 결합적인 것을 잘 구별하기 위해서는 변형의 모든 국면을 분석해야 하며, 간접적인 결과를 직접적인 것으로 간주해서는 안 된다. 그러므로 r음화(라틴어 $genesis$ → $generis$ 참조.)를 설명할 때, s가 두 모음 사이에서 r로 되었다고 말하는 것은 부정확하다. 왜냐하면 후두음이 없는 s가 대번에 r로 될 리는 만무하기 때문이다. 실제로는 두 개의 행위가 개입한다. s는 결합적인 변화에 의해 z가 된다. 그러나 라틴어의 음성 체계에서 유지될 수 없었던 z는 그와 아주 가까운 소리인 r로 대체되었으며, 따라서 이 변화는 자생적이다. 그러므로 두 개의 판이한 사실을 하나의 현상으로 혼동한 것은 심각한 오류이다. 그 과오는 한편으로 간접적인 결과를 직접적인 것으로 간주($z \rightarrow r$ 대신 $s \rightarrow r$)한 데서 비롯된 것이며, 다른 한편으로 전체 현상이 첫 부분에서는 결합적이 아님에도 불구하고 이를 결합적으로 가정한 데 있다. 그것은 불어의 e가 비음 앞에서 a로 되었다고 말하는 것과 같다. 사실은 계속해서 두 변화가 일어났는데, 그 하나는 결합적 변화, 즉 n에 의한 e의 비음화이며(라틴어 $ventum \rightarrow$ 불어 $v\tilde{e}nt$, 라틴어 $f\bar{e}mina \rightarrow$ 불어 $fem\partial$, $f\tilde{e}m\partial$ 참조.), 또 다른 하나는 $\tilde{e}$이 $\tilde{a}$으로 되는 자생적 변화이다.($v\tilde{a}nt$, $f\tilde{a}m\partial$, 현재는 $v\tilde{a}$, fam 참조.) 이 현상은 비자음 앞에서만 일어날 수 있었다고 반대해야 소용없는 일이다. 왜 e가 비음으로 되었는지 그 이유를 아는 것이 문제가 아니라, $\tilde{e}$에서 $\tilde{a}$로의 변형이 자생적이냐 결합적이냐 하는 것만이 문제가 된다.

위에서 제시했던 원칙들에 결부된 것은 아니지만 여기서 우리가 재론하는 가장 심각한 방법론적 오류는, 이 음성 법칙이 포괄하는 현상들이 한정된 시간 속에서 나타났다 사라지는 것이 아니라, 마치 결정적으로 존재하는 양, 그 음성 법칙을 현재 시점에 근거하여 공식화한 데 있다. 이것은 완전 무질서이다. 왜냐하면 이렇게 하는 것은 사건들의 연대기적 계속성을 완전히 무시하는 것이기 때문이다. 우리는 $tríkhes$: $thriksí$의 이중성을 설명해 주는 전후 현상을 분석하면서, 1부 3장 8절에서 이 점을 이미 강조했다. '라틴어에서는 s가 r로 된다'고 하는 것은 언어의 본질 속에 r음화가 내재해 있다는 오해를 불러일으키며, 따라서 $causa$, $rīsus$ 등과 같은 예외에 부딪치면 당황하게 된다. '라틴어에서 모음 사이에 있는 s가 어떤 시기에는 r로 되었다'는 공식에 의해서만, s가 r로 이행하는 순간에 $causa$, $rīsus$ 등은 모음 사이에 s가 없기 때문에 이 변화를 피할 수 있었다고 생각하는 것이다. 사실 당시에는 여전히 $caussa$, $rīssus$라고 했던 것이다. 이와 유사한 이유 때문에 '$\bar{a}$는 이오니아 방언에서 $\bar{e}$로 되었다'($m\acute{a}t\bar{e}r \rightarrow m\acute{e}t\bar{e}r$ 등 참조.)고 해야 한다. 왜냐하면 그렇지 않을 경우 *pâsa, phāsi* 등과 같은 형태는 어떻게 해야 할지 알 수 없기 때문이다.(이 변화가 일어나면 당시 이들은 여전히 *pansa, phansi* 등이었다.)

4절. 음성 변화의 원인

이 원인을 밝히는 일은 언어학이 안고 있는 가장 어려운 문제 중의 하나이다. 여러 가지 설명이 제안되었지만 그 어떤 것도 완전한 해명을 하지는 못했다.

I. 인종마다 음성 변화의 방향을 미리 정해 주는 선천성이 있었으리라는 말이 있다. 여기에 비교인류학의 문제가 있다. 그러나 발음기관이 인종마다 달라지는가? 아니다. 개인 간의 차와 별반 다를 바 없다. 태어나자마자 프랑스에 와서 산 흑인은 토착민만큼 불어를 능숙하게 한다. 더구나 '이탈리아인의 발음기관' 혹은 '독일인의 입은 그것을 허용하지 않는다' 등의 표현을 쓰면, 순전히 역사적인 사실을 영속적인 성격으로 변모시킬 위험이 있다. 그것은 음성 현상을 현재 시점에서 공식화하는 오류에 비견될 만한 오류이다. 이오니아인의 발음기관의 장음 ā에 맞지 않아서 그것을 ē로 변화시켰다고 주장하는 것은, 이오니아어에서 ā가 ē로 '되었다'고 말하는 것만큼이나 그릇된 것이다.

이오니아인의 발음기관이 ā 발음에 대해 거부 반응을 보였던 것은 전혀 아니다. 왜냐하면 어떤 경우에는 이것이 허용되고 있기 때문이다. 따라서 그것은 인류학적 견지에서의 무능력이 아니라, 조음 습관의 변화이다. 마찬가지로 모음 사이에 있던 s를 보존하지 않았던 라틴어(†*genesis* → *generis*)는 잠시 후에 그것을 재도입했다.(†*rīssus* → *rīsus* 참조.) 이들 변화는 라틴인 발음기관의 항구적인 성향을 가리키는 것은 아니다.

음성 현상은 아마 한 시기 한 민족에 있어 일반적 경향을 보일 것이다. 현대 불어에서 이중모음의 단모음화 현상은 동일한 하나의 경향이 여러 가지로 나타난 것이다. 정치사에서도 그와 유사한 일반적 경향을 볼 수 있는바, 이때 이들 경향의 순전한 역사성이 의심스럽다거나 인종의 직접적 영향이 있다고는 보이지 않을 것이다.

II. 이따금 음성 변화를 토양과 기후 조건에 대한 적응으로 간주한 일이 있다. 북구의 어떤 언어들은 자음을 많이 쓰고 남구의 어떤 언어들은 모음을 많이 씀으로써 이들 언어의 조화로운 소리가 나왔다는 것이다. 물론 기후와 생활 조건이 언어에 영향을 미칠 수는 있지만, 세부로 들어가면 곧 문제가 복잡해진다. 가령 자음이 그토록 많은 스칸디나비아의 여러 고유 언어들이 있는가 하면, 랩족의 고유 언어와 핀족의 고유 언어는 이탈리아어보다 더 모음이 많다. 또한 현대 독어에서 자음의 축적은 대부분의 경우 아주 최근의 현상으로서 강세 음절 뒷모음의 탈락에 기인하며, 프랑스 남부의 어떤 방언들은 오히려 북부 불어보다 자음 그룹을 덜 꺼려하고, 세르비아어는 모스크바의 러시아어만큼이나 자음 그룹이 있다는 것 역시 상기해야 할 것이다.

III. 최소 노력의 법칙을 개입시켰는데, 이 법칙은 두 개의 분절을 하나의 분절로 내체하거나, 어려운 분절을 더 쉬운 분절로 대체하리라는 것이다. 사람들이 뭐라고 말하든 간에 이 생각은 검토할 가치가 있다. 그 것은 현상의 원인을 어느 정도 밝혀줄 수 있거나, 아니면 적어도 원인을 찾을 수 있는 방향을 제시해 줄 수 있다.

몇몇 경우는 최소 노력의 법칙으로 설명될 수 있을 듯하다. 가령 폐쇄음에서 마찰음으로의 이행(*habēre* → *avoir*)이나, 많은 언어에 있어 엄청난 양의 마지막 음절 탈락, 동화 현상(예컨대 *ly* → *ll*, †*alyos* → 그리스어 *állos*, *tn* → *nn*, †*atnos* → 라틴어 *annus*), 그리고 동화 현상의 하나에 불과한 이중모음의 단모음화(예를 들면, *ai* → *ę* 불어의 *maizõn* → *męzõ* '*maison*') 등.

그러나 정반대 현상이 일어나는 경우도 그만큼 있다고 말할 수 있을 것이다. 단모음화에 대해서 가령 독어 *i*, *ū*, *ǖ*가 *ei*, *au*, *eu*로 변화하는 것을 대립시킬 수 있을 것이다. 만일 슬라브어 *ā*, *ē*이 *ă*, *ě*로 단음화되는 것이 최소 노력에 의한 것이라고 주장한다면, 독어에 나타나는 그 반대 현상(*fäter → Väter*, *gĕben → gēben*)은 최대 노력에 의한 것이라고 생각할 수밖에 없지 않은가? 만일 유성음이 무성음보다 발음하기가 훨씬 쉽다고 생각한다면(*opera →* 프로방스어 *obra*), 그 반대는 틀림없이 더 큰 노력이 필요하다는 얘기가 되는데, 그럼에도 불구하고 스페인어에서는 *ž*가 *x*로 바뀌었고(*hixo*(아들), *hijo*로 표기된 것 참조.), 게르만어에서는 *b*, *d*, *g*가 *p*, *t*, *k*로 변했다. 만일 대기음의 상실(인도유럽어 †*bherō →* 게르만어 *beran* 참조.)이 노력의 절감으로 간주된다면, 대기음이 없던 곳에 대기음을 넣은 독어(*Thanne*, *Phute*로 발음되는 *Tanne*, *Pute* 등)에 대해서는 뭐라고 말할 것인가?

이상의 지적들은 제안된 해결책을 거부하려고 하는 것이 아니다. 사실상 각각의 언어에 대해 어떤 것이 발음하기 더 쉽고 어떤 것이 발음하기 더 어려운가를 정하는 것은 힘들다. 단음화가 지속이라는 기준에서 볼 때 최소 노력에 해당하는 것이 사실이라 할지라도, 신경 안 쓰는 발음들이 장음이 되고, 단음이 더 많은 주의를 요한다는 것도 또한 사실이다. 그리하여 상이한 선천성들을 가정하면서도 대립되는 두 현상을 한 가지로 나타낼 수 있는 것이다. 마찬가지로 *k*가 *ts*로 된 것(라틴어 *cēdere →* 이탈리아어 *cedere* 참조.)도 변화의 양 끝만 본다면 노력의 증가로 보일 것이다. 그러나 현상의 줄거리를 복원시켜 보면, 그 인상은 아마 달라질 것이다. 즉 *k*는 후속 모음에 동화되어 구개음 *k'*로 된다. 그리고 *k'*는 *ky*로 된다. 그 발음이 더 어려워진 것은 아니다. *k'*에 얽혀 있던 두 요소는 뚜렷이 분화되었다. 그다음에 *ky*에서 순차적으로 *ty*, *tx'*, *tš*로 되는데, 매번 노력이 절감된다.

이에 대해 광범위한 연구가 가능하다고 보이는바, 이 연구가 보다 완전한 것이 되려면 생리적인 관점(조음 문제)과 심리적인 관점(주의력 문제)을 동시에 고려해야 할 것이다.

IV. 몇 해 전부터 각광을 받고 있는 설명이 하나 있는데, 이 설명에 의하면 발음의 변화는 우리들이 유년기 때 받은 음성 교육에 기인한다. 즉 어린이는 많은 모색과 시도와 수정을 통해 주위에서 듣는 소리를 발음하게 된다. 여기에 변화의 싹이 있을 것이다. 수정되지 않은 몇몇 부정확성이 한 개인에게서 우세해짐으로써 결국 자라나는 세대 속에 고정될 것이다. 서구 어린이들은 가끔 *k*를 *t*로 발음하는데, 그렇다고 해서 서구 여러 언어들의 역사에 이에 해당하는 음성 변화가 있는 것은 아니다. 그러나 다른 기형적 발음에서는 얘기가 달라진다. 가령 파리에서는 많은 어린이들이 *fl'eur*, *bl'anc*을 습음 *l*로 발음한다. 그런데 이탈리아어에서 *florem*이 *fl'ore*로, 그다음 *fiore*로 바뀐 것은 그와 유사한 과정에 의한 것이다.

이러한 확인들은 아주 주목할 만하지만, 그렇다고 문제를 해결한 것은 아니다. 사실 똑같이 자연스러운 부정확성인데, 왜 한 세대가 다른 부정확성은 버리고 그러한 부정확성만 취하려고 하는지 알 수가 없는 것이다. 사실상 그릇된 발음의 선택은 순전히 자의적인 것으로 보이며, 따라서 그 이유를 알 수가 없다. 더구나 왜 이 현상이 다른 때가 아니고 이번에야 두각을 나타낼 수 있었을까?

그런데 이 견해는 앞서 나온 원인들의 작용이 수긍된다 하더라도 이들 모두에 적용된다. 기후의 영향, 인종의 선천성, 최소 노력의 경향 등은 항구적이거나 지속적으로 존재한다. 왜 그것들은 음운 체계의 여기 또는 저기에 간헐적으로 작용하는 것일까? 역사적 사건은 결정적인 원인이 있기 마련이다. 변화의 일반적 원인은 오래전부터 존재해 왔지만, 매 경우에 있어 무엇이 이 변화를 야기시키는가에 대해 말해 주는 사람이 없다. 이 점을 밝히는 것이 가장 어렵다.

V. 사람들은 가끔 이 결정적 원인 중 하나를, 어느 특정한 순간에 있어 국민의 일반적 상태에서 찾으려 한다. 언어들이 유별나게 파란 많은 시기를 겪을 때가 있다. 사람들은 그 시기를 외적 역사의 혼란 시기에 결부시켜, 정치적 불안정성과 언어적 불안정성 사이에 어떤 관계를 발견하고자 한다. 이렇게 하고 나서 일반적으로 언어에 관한 결론을 음성 변화에 적용할 수 있다고 믿는다. 가령 라틴어가 로맨스어로 이전될 때의 가장 심각한 변동은 아주 혼란했던 침략 시대와 일치하고 있다고 본다. 방향을 잃지 않기 위해서는 다음과 같은 두 구분을 놓치지 말아야만 한다.

(a) 정치적 안정성은 불안정성과 똑같은 방식으로 언어에 영향을 미치지는 않는다. 거기엔 어떤 상호 관계도 없다. 정치적 균형이 언어의 진화를 더디게 한다면 이는 외적이지만 적극적 원인인 반면, 그 효과가 반대인 불안정성은 소극적으로 작용할 수밖에 없다. 한 고유 언어의 부동성, 상대적인 고정성은 언어 외적 현상들(궁정, 학교, 아카데미, 문자체계 등의 영향)에서 유래할 수 있는데, 이들 언어 외적 현상은 그들대로 사회적, 정치적 균형에 의해 적극적으로 조성된다. 반대로, 만일 국민 상태에 일어난 어떠한 외적 변동이 언어의 진화를 가속시킨다면, 이것은 단지 언어가 자유 상태로 되돌아가 자신의 규칙적 흐름을 따르기 때문이다. 고전 시대 라틴어의 부동성은 외적 현상에 기인하며, 그 후에 있었던 변화들과는 비교될 수 없다. 왜냐하면 이들 현상은 외적 조건의 부재로 스스로 발생한 것이기 때문이다.

(b) 여기서 문제되는 것은 모든 종류의 언어 변화가 아니라 음성 현상일 뿐이다. 문법적 변화가 이런 류의 원인에 해당한다는 것은 이해할 법도 하다. 문법적 현상들은 어떤 측면에서든 항시 사고에서 나오므로, 외적 변동의 영향을 더 쉽게 받는다. 왜냐하면 이 외적 변동은 정신에 더 직접적으로 반향하기 때문이다. 그러나 한 고유 언어에 있어 음의 급격

한 진화가 한 국민 역사의 혼란 시기와 일치한다고 볼 수 있는 근거는 전혀 없다.

언어가 인위적 부동 상태에 있던 시기에서조차도 그러하다. 음성 변화를 겪지 않는 시대는 찾아볼 수 없으며, 심지어는 불가능하다.

VI. '선행 언어 기층'이라는 가설에 의존하기도 했다. 즉 어떤 변화는 새로운 주민이 흡수해 버린 토착민에 기인했으리라는 것이다. 가령 중세 남부불어(*langue d'oc*)와 중세 북부불어(*langue d'oïl*)의 차이는 고올의 두 지역에 있어 토착 켈트 요소의 상이한 비율에 대응한다는 것이다. 이 이론을 이탈리아어 방언의 다양성에도 적용시켜, 이 다양성을 지역에 따라 리그리아, 에트루리아 등의 영향으로 귀착시킨다. 그러나 우선 이 가설은 극히 드문 상황을 가정하고 있다. 더구나 분명히 해야 할 것이 있다. 즉 이전 주민들이 새로운 언어를 채택하면서 자신들의 음성 습관을 어느 정도 도입시켰다고 하려는 것인가? 그 자체는 납득할 만하며 충분히 자연스러운 것이지만, 인종 등의 헤아릴 수 없는 요인들을 재개입시키면, 우리는 위에서 말한 바의 암흑 속으로 다시 빠져 들게 된다.

VII. 마지막 남은 설명 —— 설명이라고 부를 수도 없지만 —— 이 있는데, 이는 음성 변화를 유행의 변화와 동일시하는 것이다. 그러나 이 유행의 변화 자체에 대해서는 아무도 설명한 적이 없다. 그것은 단지 심리학자들의 큰 관심사였던 모방의 법칙을 따르는 것이라고만 알고 있을 뿐이다. 그렇지만 이 설명이 문제를 해결하지는 못한다 할지라도, 이 문제를 더 큰 문제 속에 포함시키는 이점이 있다. 즉 음성 변화의 원칙은 순전히 심리적이라는 것이다. 다만 모방의 출발점이 어디인가, 바로 이것이 음성 변화에서건 유행의 변화에서건 풀리지 않는 점이다.

5절. 음성 변화의 작용은 무한하다

만일 이 변화의 효과를 평가하려고 시도해 보면, 그것이 무한하고 측정 불가능하다는 것, 즉 그 변화가 어디에서 멈출 것인지 예측할 수 없다는 것을 곧 알게 된다. 마치 낱말을 보존해 주는 그 어떤 것이 낱말 속에 있기라도 한 것처럼, 낱말은 어느 정도까지만 변할 수 있다고 믿는 것은 유치한 생각이다. 음성 변화의 이러한 특징은 의미와는 아무 관계도 없는 언어기호의 자의적 성질에 기인한다.

어느 순간을 놓고 볼 때 한 낱말의 소리가 우여곡절을 겪어야 했으며 동시에 그것이 어느 정도까지였을지는 확인할 수도 있다. 그러나 그것이 어느 정도로 알아볼 수 없게 변했는지, 혹은 변할 것인지 미리 단정할 수는 없는 것이다.

동일한 어미를 가진 낱말들이 다 그렇듯이 게르만어에서 인도유럽어 †*aiwom*(라틴어 *aevom* 참조.)은 †*aiwan*, †*aiwa*, †*aiw*로 변했다. 그 후 †*aiw*는 고대 독어에서 *ew*로 되었는데, *aiw* 그룹이 있는 모든 낱말들이 마찬가지로 변했다. 그러고 나서 마지막 *w*가 모두 *o*로 변했기 때문에 *ēo*가 되었다. 이번에는 *ēo*가 역시 일반적 성격을 띤 다른 규칙들에 의해서 *eo*, *io*로 변했다. *io*는 계속해서 *ie*, *je*로 변하여 현대 독어의 *jē*로 되었다. (das schönste, was ich *je* gesehen habe 참조.)

출발점과 기착점만 따진다면, 현재의 낱말에는 원시적 요소가 하나도 남아 있지 않다. 그러나 각 단계는 따로 떼어 보면 아주 분명하고 규칙적이다. 게다가 각 단계는 그 효과가 한정되어 있지만, 다 합쳐보면 무한한 변화라는 인상을 준다. 라틴어 *calidum*에 대해서도 동일한 확신을 할 수 있는바, 우선 중간 과정을 빼고 현대 불어에서의 그 변화형(*šọ*, 'chaud'로 표기된다.)과 비교하고, 그다음 중간 단계(*calidum*, *calidu*, *caldu*, *cald*, *calt*, *tšalt*, *tšaut*, *šaut*, *šot*, *šọ*)를 복원시키면 된다. 또한 라틴 속어 †*waidanju* → *gē*('gain'으로 표기된다.), *minus* → *mwē*('moins'으로 표기된다.), *hoc illī* → *wi*('oui'로 표기된다.)을 비교해 보자.

음성 현상은 다음과 같은 의미에서도 역시 무한하고 측정 불가능하다. 즉 형용사, 실사 등, 혹은 어간, 접미사, 어미 등의 구별 없이 어떤 기호에서든지 음성 변화가 일어날 수 있다는 것이다. 이 현상은 선험적(*a priori*)이다. 왜냐하면 만일 문법이 개입된다면 음성 현상은 공시적 현상과 혼동될 것인데, 이는 근본적으로 불가능한 일이기 때문이다. 그것이 바로 소리의 진화가 가진 맹목적인 성격이라고 부를 수 있는 것이다.

예를 들어 그리스어에서 *s*는 *n* 뒤에서 탈락됐는데, †*khānses*(거위), †*mēnses*(월(月))(*khênes, mênes*로 된다.)와 같이 문법적 가치가 없는 것에서뿐만 아니라, †*etensa,* †*ephansa* 등(*éteina, éphēna* 등으로 된다.)의 유형처럼 부정과거를 나타내 주는 동사 형태 속에서도 탈락됐다. 중세 고지독어에서 강세 음절 뒤의 모음인 *ĭ ĕ ă ŏ*는, 음색의 차이가 어미의 수를 나타내 주는데도 불구하고, *e*라는 단일 음색을 취했다.(*gibil* → *Giebel, meistar* → *Meister*) 이렇게 하여 단수 대격인 *boton*과 단수 소유격과 여격인 *boten*이 혼동되어 *boten*으로 되었다.

그러므로 어떠한 제한도 음성 현상을 저지시키지 않을 경우, 문법 조직 속에 심각한 혼란이 야기되고 말 것이다. 이제 이러한 측면에서 음성 현상 문제를 고찰하겠다.

3장

음성 진화의 문법적 결과

1절. 문법적 관계의 단절

음성 현상으로 인한 첫 번째 결과는 몇몇 용어들을 연결하는 문법적 관계를 단절시키는 것이다. 그리하여 한 낱말이 더 이상 다른 하나로부터 파생된 것처럼 느껴지지 않게 된다.

예 : *mansiō* — *†mansiōnāticus*

    maison ‖ *ménage*

언어 의식이 예전에는 *†mansiōnāticus*를 *mansiō*의 파생어로 간주했었으나, 그 후에 음성 변천들이 이들을 분리시켰다. 다음도 마찬가지이다.

    (*vervēx* — *verevēcārius*)

라틴 속어 *berbīx* — *berbīcārius*

    brebis ‖ *berger*

그런 분리는 자연히 의미에 여파를 미치게 된다. 그래서 어떤 지방 사투리에서는 *berger*가 특별히 '소 지키는 사람'을 의미하게 되었다.

다음도 역시 마찬가지이다.

Grātiānopolis — *grātiānopolitānus*   *decem* — *undecim*

Grenoble ‖ *Grésivaudan*   *dix* ‖ *onze*

유사한 경우로, 고트어의 *bītan*(깨물다) — *bitum*(우리는 깨물었다) — *bitr*
(깨무는 듯한, 맛이 쓴)의 경우가 있다. 한편에서는 *t* → *ts*(*z*)의 변화가 이
루어지고, 다른 한편에서는 *tr* 그룹을 보존시킴으로써, 서부 게르만어에
서는 위의 것이 *biȝan, biȝum* ‖ *bitr*로 되었다.

음성 진화는 또 동일한 낱말의 두 굴절 형태 사이에 존재했었던 정상
적인 관계를 단절시킨다. 그런 경우로, *comes* — *comiten*이 고대 불어에
서 *cuens* ‖ *comte*가 되었고, *barō* — *barōnen*이 *ber* ‖ *baron*으로, *presbiter*
— *presbiterum*이 *prestre* ‖ *provoire*가 되는 현상이 일어났다.

그 밖에, 어떤 어미는 둘로 분화된다. 인도유럽어에서는, 모든 단수 대격
들이 동일한 어미 −*m*[1]으로 특징지어졌었다.(*ek₁wom*, *owim*, *podm*,
māterm 등.) 라틴어에서는 이 점에 있어서 근본적인 변화가 없었다. 그
러나 그리스어에서는 자명비음(la nasale sonante)과 공명비음(la nasale
consonante)을 아주 달리 취급함으로써, 뚜렷이 구별되는 두 종류의 형
태가 생겼다. 즉 *híppon, ó(w)in* : *póda, mátera*이다. 복수 대격은 아주
유사한 현상을 보여주고 있다.(*híppous*와 *pódas* 참조.)

2절. 낱말 합성의 소멸

음성 변화로 인한 또 다른 문법적 결과는, 한 낱말의 의미를 정하는
데 기여했던 별개의 부분들이 더 이상 분석될 수 없다는 점이다. 즉 그
낱말은 하나의 불가분한 전체가 된다. 예를 들면 다음과 같다.

불어의 *ennemi*.(라틴어 *in-imīcus* — *amīcus* 참조.)

라틴어의 *perdere*.(고형(古形) *per-dare* — *dare* 참조.)

---

1) 또는 −*n*? 1부 3장 6절의 각주 참조.

amiciō.(원형. *ambjaciō — jaciō*)

독어의 *Drittel.*(원형. *drit-teil — teil*)

더구나 이 경우는 앞 절의 경우로 귀결됨을 알 수 있다. 가령 *ennemi* 가 분석 불가능하다면, 이는 결국 *ennemi*를 *in-imīcus*에서처럼 단일한 *amīcus*에 결부시키는 것이 이미 불가능하다는 말이 된다. 그러므로

amīcus — inimīcus

ami ‖ *ennemi*의 공식은

mansiō — mansiōnāticus

maison ‖ *ménage*와 매우 유사하다.

또한 다음의 예도 참조할 수 있다.

ecem — undecim

dix ‖ *onze*

hunc, hanc, hāc 등 고전 라틴어의 단일 형태들은, 비석에 적힌 형태들이 보여주듯이, *hon-ce, han-ce, hā-ce* 등에서 비롯되는 것들로서 대명사와 조사 *-ce*가 교착되어 생긴 것이다. 예전에는 *hon-ce* 등을 *ec-ce*에 연관시킬 수 있었으나, 후에 *-e*가 음성학적으로 탈락된 다음에는 그런 연관이 더 이상 가능치 못하게 되었다. 이는 결국 *hunc, hanc, hāc* 등에 있는 요소들을 이미 구분할 수 없음을 말한다.

음성 변화들은 우선 분석을 혼란시키고, 나아가서 분석을 완전히 불가능하게 만든다. 인도유럽어의 명사 굴절은 그런 경우의 일례를 보여준다.

인도유럽어는 다음과 같이 곡용한다. 단수 명격 †*pod-s*, 대격 †*pod-m*, 여격 †*pod-ai*, 위격(位格) †*pod-i*, 복수 명격 †*pod-es*, 대격 †*pod-ns* 등. †*ek₁wos*의 굴절도 처음에는 정확히 이에 대응하였다. †*ek₁wo-s*, †*ek₁wo-m*, †*ek₁wo-ai*, †*ek₁wo-i*, †*ek₁wo-es*, †*ek₁wo-ns* 등. 그 당시에는 †*pod-*만큼이나 쉽게 †*ek₁wo-*를 가려낼 수 있었다. 그러나 그 이후 모음 축약이 이러한 상태를 변경시켰다. 즉 여격 †*ek₁wōi*, 위격

†*ekıwoi*, 복수 명격 †*ekıwōs*가 되었다. 그때부터 어간 †*ekıwo-*의 명료성은 손상되고, 분석이 오도되게 되었다. 그 이후에도 대격의 이화 현상과 같은 새로운 변화들이 일어나서, 원시적 상태의 마지막 흔적들이 없어졌다. 크세노폰의 동시대인들은 아마 어간은 *hipp-*, 어미는 모음 부분이라 생각했을지도 모르며, 그로부터 †*ekıwo-s*형과 †*pod-s*형의 절대적인 구별이 생겼을 것이다. 어디서나 마찬가지로 굴절 부분에 있어서도 분석을 교란시키는 것은 모두 문법적 관계를 이완시키는 역할을 한다.

3절. 음성학적 쌍형어는 존재하지 않는다

1절과 2절에서 살펴본 두 경우에 있어서, 원래는 문법적으로 맺어진 두 용어가 진화에 의해 근본적으로 분리된다. 그런 현상은 해석상의 중대한 오류를 야기시킬 수 있을 것이다.

라틴 속어에서 *barō : barōnem*이 비교적 일치하는 것과 고대 불어에 있어 *ber : baron*의 상이성을 볼 때, 하나의 동일한 원시적 단위(*bar-*)가 두 개의 다른 방향으로 발전하여, 두 개의 형태를 산출하였다고 말하고 싶어지지 않는가? 그렇지 않다. 왜냐하면 하나의 동일한 요소가 동시에 동일한 장소에서 상이한 두 가지 변형을 감수할 수는 없기 때문이다. 이는 음성 변화의 정의 자체에도 모순될 것이다. 음의 진화 그 자체에는 하나의 형태를 둘로 만들어내는 힘이 없다.

우리 논제에 다음과 같은 이견들을 제기할 수 있을 것이다. 그 이견들이 다음과 같은 예를 들고 있다고 가정해 보자.

*Collocāre*가 *coucher*와 *colloquer*를 만들었다고 말하리라. 그렇지 않다. 단지 *coucher*뿐이다. *colloquer*는 라틴어의 학문적인 차용어일 뿐이다. (*rançon*과 *rédemption* 등 참조.)

그러나 *cathedra*는 틀림없이 불어인 두 낱말 *chaire*와 *chaise*를 만들지 않았는가? 사실 *chaise*는 방언형이다. 파리 사투리에서는 모음 사이의 *r* 가 *z*로 변화되었다. 예를 들어, *père, mère* 대신 *pèse, mèse*를 사용했었다. 불어 문어에는 단 두 가지의 그와 같은 지방 발음의 예가 남아 있다. *chaise*와 *bésicles*.(*béryl*에서 유래된 *béricles*의 쌍형어.) 이 경우는 확실히 피카르디 방언 *rescapé*의 경우와 비교될 수 있는데, *rescapé*는 공통 불어에 편입되어, 그 후 *réchappé*와 대조되고 있다. *cavalier*와 *chevalier*, *cavalcade*와 *chevauchée*를 병용하더라도, 이는 *cavalcade*와 *cavalier*가 이탈리아어에서 차용되었기 때문이다. *calidum*도 근본적으로 같은 경우로, 불어에서는 *chaud*, 이탈리아어에서는 *caldo*를 만들었다. 이 모든 예에서 문제가 되는 것은 차용어들이다.

이번에는 만약에 라틴어의 대명사 *mē*가 불어에서 두 형태, 즉 *me*와 *moi*로 나타난다고 주장한다면('il *me* voit : 그는 나를 본다'와 'c'est *moi* qu'il voit : 그가 보는 것은 나다' 참조.) 이렇게 답할 수 있을 것이다. 라틴어에서 악센트 없는 *mē*는 *me*가 되었고, 있는 것은 *moi*가 되었다. 그런데 악센트의 유무는 *mē*를 *me, moi*로 변화시킨 음성적 법칙에 따르는 것이 아니라, 문장에서 낱말의 역할에 따른다. 이것이 문법적인 이중성이다. 마찬가지로 독어에서 ʾ*ur-*는 악센트에서는 그대로 있고, 악센트 앞 음절에서는 *er-*로 된다.(*úrlaub : erláuben* 참조.) 그러나 이와 같은 악센트 작용 자체도 *ur-*가 속해 있는 합성 유형에 결부되어 있으며, 따라서 문법적이고 공시적인 조건에 결부된 것이다. 마침내 처음 우리들의 예로 돌아와 보면, *bárō : barónem* 쌍이 보여주는 형태의 차이와 악센트 차이는 분명히 음성 변화에 선행하고 있다.

사실 어디서도 음성적 쌍형어는 확인되지 않는다. 소리의 진화는 그 이전에 이미 존재하던 차이들을 강화시킬 뿐이다. 이들 차이점이 차용어의 경우처럼 외부적 요인에 기인하는 것이 아닐 때에는 언제나 음성 현상과는 하등 관계없는 문법적이고 공시적인 이중성을 전제한다.

4절. 교체

maison : *ménage* 같은 두 낱말에서는, 무엇이 용어의 차이를 만드는
지 알아보고 싶은 생각이 거의 안 난다. 이는 이화적 요소들(*-ezõ*과
-en-)이 비교하기에 적합하지 않기 때문일 수도 있고, 혹은 이에 병립하
는 대립을 보여주는 쌍이 전혀 없기 때문일 수도 있다. 그러나 대개는,
유사한 두 낱말이 가려내기 쉬운 한두 요소에서만 차이날 뿐이고, 바로
이 차이가 비슷한 일련의 쌍들에서 규칙적으로 반복되고 있다. 이것이
음성 변화가 한몫을 하는 가장 광범위하고 가장 일반적인 문법적 현상이
다. 이를 교체라 지칭한다.

불어에서 개음절에 위치한 모든 라틴어음 *õ*는 악센트 뒤에서는 eu로
악센트 앞 음절에서는 *ou*로 된다. 이로부터 *pouvons* : *peuvent*, *œuvre* :
ouvrier, *nouveau* : *neuf* 등의 쌍이 성립되는데, 이들에서 상이한 요소와
규칙적 변화 요소를 어렵지 않게 가려낼 수 있다. 라틴어에서는 *r*음화로
인하여 *gerõ*는 *gestus*와, *oneris*는 *onus*와, *maeror*는 *maestus*와 교체된
다. 게르만어에서는 *s*가 악센트 위치에 따라 달리 취급되었는데, 중세 고
지독어에 *ferliesen* : *ferloren*, *kiesen* : *gekoren*, *friesen* : *gefroren* 등이
있다. 인도유럽어의 *e*탈락은 현대 독어에서 *beissen* : *biss*, *leiden* : *litt*,
reiten : *ritt* 등의 대립 속에 반영되고 있다.

이 모든 예에서는 바로 어간 요소가 침해당하고 있다. 그러나 말할 필
요도 없이, 낱말의 모든 부분에서 유사한 대립 관계가 나타날 수 있다.

예를 들어 어간 첫 음의 성격에 따라 다양한 형태로 나타나는 접두사
는 극히 일반적이다.(그리스어 *apo-dídomi* : *ap-érchomai*, 불어 *inconnu* :

inutile 참조.) 인도유럽어의 *e* : *o* 교체는 결국 음성적 요인에서 비롯된 것으로, 상당수의 접미사적 요소에서 발견된다.(그리스어 *híppos* : *híppe*, *phér-o-men* : *phér-e-te*, ⁺*gén-es-os*를 대신하는 *gén-os* : *gén-e-os* 등.) 고대 불어는, 구개음 다음에 오는 악센트 있는 라틴어음 *a*에 대해 특별한 취급을 한다. 그래서 많은 어미 가운데 *e* : *ie*의 교체가 생겨났다. (*chant-er* : *jug-ier*, *chant-é* : *jug-ié*, *chant-ez* : *jug-iez* 등 참고.)

따라서 교체란 이렇게 정의될 수 있다. 공존하는 두 종류의 형태 사이에서 규칙적으로 치환되는, 특정한 두 소리 혹은 두 소리 그룹 사이의 상응.

음성 현상 하나만으로 쌍형어를 설명할 수 없듯이, 음성 현상이 교체의 유일한 원인도 아니며 주된 원인도 아니라는 점은 쉽게 알 수 있다. 라틴어의 *nov-*가 음성 변화에 의해서 *neuv-*, *nouv-*로 되었다고 말한다면(*neuve*와 *nouveau*), 이는 가상적 단위를 꾸며내는 것이며, 또한 기존의 공시적 이중성을 무시하는 것이다. *nov-us*와 *nov-ellus*에서 *nov-*의 상이한 위치는 음성 변화에 선행함과 동시에 매우 문법적이다.(*barō* : *barōnem* 참고.) 이 이중성이야말로 모든 교체의 근원이며 이를 가능케 해주는 것이다. 음성 현상은 하나의 단위를 깨뜨린 것이 아니고, 단지 소리의 차를 크게 해줌으로써, 공존하는 용어들의 대립을 더욱 두드러지게 해주었을 따름이다. 소리들이 교체의 재료라는 이유만으로, 그리고 교체의 발생에 소리들 변천이 개입한다는 이유만으로, 교체가 음성학적이라고 생각하는 것은 하나의 오류로서, 많은 언어학자들이 이를 공유하고 있다. 실상 출발점에서 포착하건 도착점에서 포착하건, 교체는 항상 문법과 공시태에 속해 있다.

5절. 교체의 법칙

교체는 법칙으로 귀착될 수 있는가? 그리고 그 법칙은 어떤 성격의 것인가?

현대 독어에서 매우 빈번한 *e* : *i*의 교체를 보자. 모든 경우를 한꺼번에 묶어서 보면(*geben* : *gibt, Feld* : *Gefilde, Wetter* : *wittern, helfen* : *Hilfe, sehen* : *Sicht* 등) 아무런 일반적 원칙도 세울 수 없다. 그러나 그 무리에서 *geben* : *gibt* 쌍을 빼내어 *schelten* : *schilt, helfen* : *hilft, nehmen* : *nimmt* 등에 대립시켜 보면 교체가 시제, 인칭 등의 구별과 일치함을 알 수 있다. *lang* : *Länge, stark* : *Stärke, hart* : *Härte* 등에서 매우 유사한 *a* : *e*의 대립은, 형용사를 사용하여 실사를 형성하는 데 관계되는 것이고, *Hand* : *Hände, Gast* : *Gäste* 등에서는 복수 형성에 관계되는 것이다. 그리고 게르만어 학자들이 압라우트라는 명칭으로 알고 있는 매우 빈번한 모든 경우도 마찬가지이다.(*finden* : *fand* 혹은 *finden* : *Fund, binden* : *band* 혹은 *binden* : *Bund, schiessen* : *schoss* : *Schuss, fliessen* : *floss* : *Fluss* 등 참조.) 압라우트 혹은 문법적인 대립과 일치하는 모음 어간의 변화는 교체의 아주 중요한 예이다. 그러나 이것을 일반적인 현상과 구별짓는 특별한 특징이라고는 아무것도 없다.

교체는 보통 몇몇 용어들 사이에 규칙적인 방법으로 배분되어 있으며, 기능, 범주, 한정 등의 중요한 대립과 일치하는 것을 알 수 있다. 교체의 문법적인 법칙에 대하여 언급할 수는 있다. 그러나 그런 법칙들이란 음성 현상들이 낳은 것으로서, 이들 현상의 우연한 결과일 뿐이다. 가치의 대립을 보여주는 두 부류의 용어들 사이에 음성 현상들로 인하여 규칙적인 음적 대립이 생기면, 정신은 이 물질적인 차이를 제멋대로 파악하여, 이를 의미적인 것으로 만들어 개념적인 차이를 내포하도록 한다.(1부 3장 3절 참고.) 모든 공시적 법칙들과 마찬가지로 교체 법칙도 단순한 배열의 원칙으로서 강제적인 힘을 갖진 않는다. 곧잘 사람들이 그러듯이, *Nacht*의 *a*가 복수 *Nächte*에서 *ä*로 변한다고 말하는 것은 매우 그릇된 것이다. 그것은 두 낱말 사이에 개입하는 변형이 마치 강제적인 원칙에 의하여 규정되는 듯한 착각을 일으킨다. 실상은 음성 진화에서 기인하는 형태들의 단순한 대립일 뿐이다. 물론 곧 문제 삼게 될 유추에 의해서, 동일한 음적 차이를 보여주는 새로운 쌍들이 생길 수 있다.(*Gast* : *Gäste* 에 의거하는 *Kranz* : *Kränze* 등 참조.) 이때에는 법칙이 강력한 규칙으로 적용되어, 어법을 수정시킬 수 있을 정도로 이를 지배하는 것처럼 보인다. 그러나 언어에 있어서 이들 치환은 상이한 유추 영향에 의해 좌우됨을 잊지 말아야 한다. 이 점만 가지고도, 이런 유의 규칙들이 항상 일시적이며, 전적으로 공시적 법칙의 정의에 부합한다는 것을 충분히 밝힐 수 있다.

교체를 야기시킨 음성적 조건이 여전히 명백하게 남아 있는 경우도 있다. 가령 본 절 앞에서 인용되었던 쌍들은 고대 고지독어에서 *geban* : *gibit, feld* : *gafildi* 등의 형태를 가지고 있었다. 그 당시에는 어간에 *i*가 따라오면 어간 자신도 *e* 대신 *i*와 더불어 나타났고, 반면 기타의 모든 경우에서는 *e*를 가지고 있다. 라틴어에서 *faciō* : *conficiō, amīcus* : *inimīcus, facilis* : *difficilis* 등의 교체도 역시 음적 조건에 관계되어 있는데, 화자는 이를 다음과 같이 표현했을 것이다. 즉 *faciō, amīcus* 유형의 낱말에서 *a*는 내부 음절에 *a*가 있는 동일 어군의 낱말에서 *i*와 교체된다.

그러나 이 음적 대립도 모든 문법 법칙과 동일한 관찰을 하게끔 해준다. 즉 이들은 공시적이다. 이 사실을 잊게 되면 곧 1부 3장 8절에서 이미 지적한 바 있는 해석상의 오류를 범할 위험을 안게 된다. *faciō* : *conficiō* 같은 쌍을 대하면 두 가지 관계를 혼동하지 않도록 주의해야 하는데, 하나는 공존하는 용어들 사이의 관계이고, 다른 하나는 통시적 현상의 잇다른 용어들을 맺어주는 관계이다.(*confaciō → conficiō*) 이를 혼동하게 되는 것은 음성적 이화 현상의 원인이 이 쌍에서 아직도 나타나고 있기 때문이다. 그러나 이 원인은 과거에 작용한 것이고, 화자가 보기에는 단순한 공시적 대립만이 있을 뿐이다.

이 모든 것으로부터, 교체의 특성이 엄격히 문법적이라고 언급한 것이 결국 입증된다. 사람들은 이를 지칭하기 위하여 치환이라는 용어를 사용했는데, 이는 어떤 점으로 보면 매우 정확하다. 그러나 이 용어를 피하는 것이 좋겠다. 그 이유는 정확히 말해서, 이 용어가 흔히 변화에 적용되는 까닭에, 실상은 하나의 상태만 있는 곳에 움직임이 있다는 그릇된 생각을 불러일으키기 때문이다.

6절. 교체와 문법적 관계

우리는 어떻게 음성 진화가 낱말들의 형태를 변화시켜, 결국 그들 상호 간에 가능한 문법적 관계를 단절시키는가 하는 점을 보았다. 그러나 이는, *maison* : *ménage*, *Teil* : *Drittil*과 같이 고립된 쌍들에서만 적용된다. 교체에 있어서는 사정이 달라진다.

무엇보다 명백한 것은, 어느 정도 규칙적인 두 요소 간의 대립은 양자 사이에 하나의 관계를 맺어주는 경향이 있다는 점이다. *Wetter*는 본능적으로 *wittern*과 결부되는데, 그 까닭은 *e*가 *i*와 교체하는 것을 익히 보아 왔기 때문이다. 더구나 일단 화자가 음적 대립이 어떤 일반적 법칙에 의해 규정되었다고 느끼게 되면, 이런 습관적 상응성은 화자의 주의를 사로잡아, 문법적 관계를 이완시키기보다는 오히려 강화시키는 역할을 한다. 그래서 독어의 압라우트는 모음 변화를 통하여 어간 단위의 파악을 더욱 강화시킨다.(본 장 5절 참고.)

의미를 갖지 않는, 순수히 발음 조건에 매여 있는 교체에 있어서도 마찬가지이다. 접두사 *re-*(*reprendre, regagner, retoucher* 등)는 모음 앞에서 *r-*로 축약된다.(*rouvrir, racheter* 등.) 마찬가지로 접두사 *in-*은 그 기원이 학술적이지만 매우 일상적인데, 동일한 조건 아래에서 두 가지의 구별되는 형태로 나타난다. *ẽ-*(*inconnu, indigne, invertébré* 등)와 *in-*(*inavouable, inutile, inesthétique* 등). 이 차이는 개념의 통일성을 조금도 파괴하지 않는다. 왜냐하면 의미와 기능은 동일한 것으로 생각되고, 언어는 이 형태를 써야 하느냐 저 형태를 써야 하느냐의·경우에 따라 고정되기 때문이다.

1절. 정의와 실례

앞에서 살펴본 결과, 음성 현상은 혼란의 요인이다. 음성 현상은 교체의 경우를 제외하고는 어디서나, 낱말을 서로 연결시키는 문법적 관계를 이완시키는 역할을 한다. 그리하여 낱말 형태의 수가 불필요하게 증가된다. 음성 현상이 낳은 불규칙들이 일반 유형 아래 모인 형태들보다 더 우세해짐에 따라, 다시 말해 절대적 자의성이 상대적 자의성보다 우세해짐에 따라(2부 6상 3절 참고.) 언어 메커니즘은 애매해지고 복잡해진다.

다행히도 이들 변형의 효과는 유추에 의해 상쇄된다. 음성적 성격이 없는 낱말의 정상적인 외양 변화는 바로 유추에 속한다.

유추는 하나의 모델과 이의 규칙적인 모방을 전제한다. 유추 형태는 정해진 규칙에 따라 하나 또는 그 이상의 형태를 모델로 해서 이루어진 형태이다.

그런 경우의 하나로 라틴어 명격 *honor*는 유추형이다. 처음에는 *honōs* : *honōsem*이 쓰였는데, 이후 *s*의 *r*음화로 인하여 *honōs* : *honōrem*이 되었다. 그때부터 어간은 두 형태가 있었다. 이 이중성은 새로운 형태 *honor*가 생기면서 없어졌다. 신형 *honor*는 *ōrātor* : *ōrātōrem* 등을 모델로 하

여 생성되었는데, 그 방식은 나중에 살펴볼 것이고 지금은 이를 비례
4항식으로 귀착시켜 보자.

ōrātōrem : *ōrātor*=*honōrem* : *x*

$$x=honor$$

따라서 음성 변화의 다양화 작용(*honōs* : *honōrem*)을 상쇄하기 위하
여, 유추가 형태들을 새로이 통일시켰고 규칙성을 재정립했다는 것을 알
수 있다.(*honor* : *honōrem*)

불어에서는 오랫동안 *il preuve, nous prouvons, ils preuvent*가 사용되
었다. 오늘날에는 *il prouve, ils prouvent*가 쓰이는데, 이 형태들은 음성
학적으로 설명이 불가능하다. *il aime*는 라틴어 *amat*에서 유래하는데, 반
면 *nous aimons*은 *amos*에 대한 유추형이다. 또한 *aimable*도 *amable*이라
해야 할 것이다. 그리스어에서 두 모음 사이의 *s*는 소멸되었다. 즉 *-eso-*
는 *-eo-*가 된다.(†*genesos* 대신에 *géneos* 참조.) 그렇지만 모든 모음 동
사의 미래형과 부정 과거형에서는 이 모음 간 *s*가 나타난다. 즉 *lúsō,*
élūsa 등이다. 그 이유는 *s*가 탈락되지 않은 *túpsō, étupas* 형태들과의
유추로 인하여, *s*가 있는 미래형, 부정과거형이 남아 있기 때문이다. 독
어에서 *Gast* : *Gäste, Balg* : *Bälge* 등이 음성학적인 반면, *Kranz* : *Kränze*
(고형. *kranz* : *kranza*), *Hals* : *Hälse*(고형. *halsa*) 등은 모방에서 기인된
것이다.

유추는 규칙 지향적이어서, 형성 방식들과 굴절 방식들을 통일시키는
경향이 있다. 그러나 여기에도 변덕이 있다. 즉 *Kranz* : *Kränze* 등도 있
지만 *Tag* : *Tage, Salz* : *Salze* 등과 같이 이런저런 이유로 유추에 저항
하는 것들이 있다. 그러므로 모델 모방의 범위가 어디까지인지, 또 모방
을 유발시키는 것은 어떤 유형들인지 미리 말할 수 없다. 가령 최다 형
태들이라 해서 반드시 유추를 유발시키는 것은 아니다. 그리스어 완료시
제에서는, *pépheuga, pépheugas, pephéugamen* 등의 능동태에 비하여,

모든 중간태가 *a* 없이 굴절한다. 즉 *péphugmai, pephúgmetha* 등이다. 그리고 호메로스의 언어를 보면, 그 *a*가 옛날에는 능동태 복수와 쌍수에 없었음을 알 수 있다.(호메로스 시대의 *ídmen, eíkton* 등 참조.) 이 유추의 출발점은 단지 능동태 단수 1인칭이었지만, 직설법 완료시제의 거의 모든 계사체에 미치게 되었다. 이 경우가 더욱 주목할 만한 이유는, 여기서 원래는 굴절 요소인 *-a-*가 유추로 인하여 어간에 붙게 되기 때문이다. 그로부터 *pepheúga-men*이 된다. 반대 경우인 어간 요소가 접미사에 병합되는 예는 훨씬 더 빈번한데 다음 5장 2절에서 그것을 살펴볼 것이다.

흔히 고립된 두세 낱말만으로도 하나의 일반형, 예를 들어 하나의 어미를 만들기에 충분하다. 고대 고지독어에서 *honēn, lobōm* 형의 약변화 동사들은 현재 단수 1인칭에서 *-m*을 갖는다. 즉 *habem, lobōm*이다. 이 *-m*은, 그리스어의 *-mi*형 동사들과 유사한 몇몇 동사들에서 비롯된다. 즉 *bim, stām, gēm, tuom*인데, 순전히 이 몇 동사만으로 말미암아 모든 약변화 굴절에서 그 어미가 의무화되었다. 여기서 유추가 음성적 다양성을 소멸시킨 것이 아니라, 하나의 형성 양식을 일반화시켰다는 것을 주목하자.

2절. 유추는 변화가 아니다

초기 언어학자들은 유추 현상의 본질을 파악하지 못하여, 이를 '그릇된 유추'라 칭했다. 그들 생각에는, 라틴어가 *honor*를 만든 것은 원형 *honōs*에 대해 '잘못 알고' 있었기 때문이다. 그들에게 있어서 주어진 질서를 벗어나는 것은 모두 불규칙이며 이상형에 대한 위배이다. 그 이유는, 당시의 특유한 착각인데, 언어의 원상태를 탁월하며 완전한 것으로 보아서, 그 상태에 선행하는 어떤 다른 상태가 있지 않았는지 생각조차

안 했기 때문이다. 그러므로 원상태에 대한 자유는 모두 파격이었다. 신문법학파에 이르러서야 처음으로, 유추가 음성 변화와 더불어 언어 진화의 큰 요인, 즉 언어가 한 조직 상태에서 다른 조직 상태로 넘어가는 방식이라는 점을 보여줌으로써, 유추에 진정한 위치를 부여하게 되었다.

그러면 유추의 본질은 무엇인가? 일반적으로 생각하듯이 변화인가?

모든 유추 현상은 삼인극이다. (1) 합법적, 세습적, 전래형(예를 들어 *honōs*), (2) 경쟁형(*honor*), (3) 경쟁형을 만든 형태들이 구성하는 집합체(*honōrem*, *ōrātor*, *ōrātōrem* 등). 사람들은 곧잘 *honor*를 *honōs*의 변형, 즉 '변이형(métaplasme)'으로 간주한다. 바로 이 후자에서 *honor*가 그 실체의 대부분을 얻었으리라는 것이다. 그렇지만 *honor*의 생성과 아무 상관 없는 유일한 형태야말로 바로 *honōs*이다!

이 현상을 다음과 같이 도식으로 나타낼 수 있다.

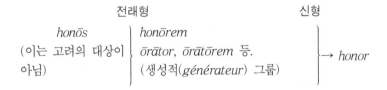

보다시피 이는 '병측형(paraplasme)'이며, 전통형에 병치되는 경쟁형의 정착으로서, 결국 하나의 창조이다. 음성 변화가 이전의 것을 폐기시키고서야 새로운 것을 도입시키는 반면(*honōrem*은 *honōsem*을 대체한다.) 유추형은 병용되는 기존의 것을 반드시 소멸시키는 것은 아니다. *honor*와 *honōs*는 한동안 공존하여 그 어느 것을 써도 되었다. 그러나 언어는 하나의 개념에 대한 두 기표의 존속을 꺼리므로, 대개의 경우 원시적이며 규칙성이 덜한 형태가 효력을 잃고 소멸된다. 바로 이 결과를 보고 변형이라 생각하게 되는 것이다. 일단 유추 작용이 완료되면, 옛 상태(*honōs* :

honōrem)와 새로운 상태(*honor : honōrem*)의 대립 관계는 외관상으로 볼 때, 소리의 진화로부터 생기는 대립 관계와 동일하다. 그러나 *honor*가 출현했을 때 무엇을 대체한 것이 아니므로 변한 것은 아무것도 없었다. *honō*의 소멸 역시 변화가 아니다. 왜냐하면 그 현상은 앞의 현상과 무관하기 때문이다. 언어 사건들의 진행을 추적해 보면 어디서나, 유추적 혁신과 구형의 소멸은 별개의 두 현상이며 어디서도 변형을 포착할 수 없음을 알 수 있다.

유추라는 것이 워낙 한 형태를 다른 형태로 대체시키는 특성을 지닌 것이 못 되기 때문에, 아무것도 대체하지 않는 형태들이 유추로 인해 생겨나는 것을 흔히 볼 수 있다. 독어에서는 구체적 의미를 갖는 어떤 실사에서도 *-chen*형 축소사를 끌어낼 수 있다. *Elefantchen* 형태가 언어에 도입될 경우, 이는 기존의 아무것도 대신한 것이 아닐 것이다. 마찬가지로 불어에서는 *pension : pensionnaire, réaction : réactionnaire* 등의 모델에 따라, 누구라도 *interventionnaire, répressionnaire*를 만들어낼 수 있는데, 이들은 '*intervention*에 찬성하는 (자)', '*répression*에 찬성하는 (자)'를 의미한다. 그 과정은 분명히 방금 전 honor를 산출시켰던 과정과 동일한 것이나, 둘 다 똑같은 공식을 요한다.

$$réaction : réactionnaire = répression : x$$

$$x = répressionnaire$$

그리고 둘 중 어느 경우에도 변화라고 할 만한 구실이 전혀 없다. *répressionnaire*는 아무것도 대체하지 않는다. 기타의 예로는, 한편에서는 *finals* 대신에 유추적으로 *finaux*가 쓰이는데 *finals*이 더 규칙적이라고 인정된다. 다른 한편에서는, 누구라도 형용사 *firmamental*을 만들고 이의 복수형으로서 *firmamentaux*를 쓸 수 있다. *finaux*는 변화의 경우이고 *firmamentaux*는 창조의 경우라고 말할 것인가? 두 경우 다 창조이다. *mur : emmurer*를 모델로 하여, *tour : entourer, jour : ajourer*(un travail *ajouré* '투조세공'에서)가 이루어졌다. 비교적 최근에 생긴 이 파생어들은 창조처럼 보인다. 그러나 이전 시대에 *torn*, *jorn*을 근거로 형성된 *entorner*, *ajorner*가 있었음을 알게 된다 해서, 의견을 바꾸어 *entourer*, *ajourer*를 이전 낱말들의 변형이라 주장해야 할까? 이처럼, 신형에 의해 밀려난 용어들과 연관시키는 데서 유추적 '변화'라는 착각이 일어난다. 그러나 이는 오류이다. 왜냐하면 변화라 간주되는 형성(*honor* 유형)과 창조라 지칭되는 형성(*répressionnaire* 유형)은 동일한 성질의 것이기 때문이다.

3절. 유추 : 언어 창조의 원칙

어떠어떠한 것은 유추가 아니라고 일단 지적한 다음, 이번에는 적극적 관점에서 유추를 살펴보면, 그 원칙이 다름 아닌 일반적 창조 원칙과 매한가지라는 것을 금방 알 수 있다. 그 원칙은 어떤 것인가?

유추는 심리적인 것이다. 그러나 이 점만으로는 음성 현상과 구별하기에 충분하지 않다. 왜냐하면 음성 현상 역시 심리적인 것으로 간주될 수 있기 때문이다.(3부 2장 4절 참고.) 한 걸음 더 나아가서, 유추는 문법적인 것이라고 말해야 한다. 유추는 형태들의 상호 연관 관계에 대한 의식과 이해를 전제한다. 음성 현상에서는 개념이 아무것도 아닌 반면, 유추에 있어서는 개념의 개입이 불가피하다.

라틴어에서 모음 사이의 s가 r로 되는 음성 변이에서는(*honōsem → honōrem* 참고.) 기타 형태들과의 비교도, 낱말의 의미도 개입하지 않는다. *honōrem*으로 변하는 것은 *honōsem* 형태의 몸뚱이뿐이다. 그 반면 *honōs*에 맞서 *honor*가 출현한 것을 설명하려면, 비례 4항식이 보여주듯이 다른 형태들의 도움을 청해야 한다.

$$\bar{o}r\bar{a}t\bar{o}rem : \bar{o}r\bar{a}tor = hon\bar{o}rem : x$$
$$x = honor$$

그리고 정신이 이 결합의 구성 형태들을 의미로써 연합시켜 주지 않는다면, 이 결합은 아무런 존재 이유를 갖지 못할 것이다.

이처럼 유추에 있어서는 모든 것이 문법적이다. 그러나 곧 덧붙여 말할 것은, 유추의 결과인 창조가 무엇보다도 화언에만 속할 수 있다는 점이다. 즉 그것은 고립된 언어 행위 주체의 계기적(우연적)인 창작물이다. 화언의 영역 안에서, 즉 언어의 테두리 밖에서 우선 그 현상을 포착해야 한다. 그렇지만 여기에서 두 가지를 구별해야 한다. (1) 생성적 형태들의 상호 연관 관계 파악, (2) 비교에 의해서 나타난 결과, 즉 화자가 사고를 표현하기 위하여 즉흥적으로 만들어낸 형태. 이 결과만이 화언에 속하는 것이다.

따라서 유추는 다시 한번 언어와 화언을 구별하게 해준다.(서론 4장 참조.) 유추는 후자가 전자에 종속되어 있음을 보여주며, 2부 6장 2절에서 기술된 바 있는 언어 메커니즘 작용을 정확히 포착하게 해준다. 모든 창조에는, 언어의 보고 속에 축적된 자료들에 대한 무의식적인 비교가 선행되어야 하는데, 이 보고 속에는 생성적 형태들이 연사적이고 연합적인 관계에 따라 배열되어 있다.

이처럼 현상의 상당한 부분이 완전히 이루어진 다음에야 신형의 출현을 보게 된다. 자기에게 주어진 단위들을 분해하는 언어활동의 부단한 작용은 그 자체 내에, 어법에 부합하는 말행위의 모든 가능성을 포함할 뿐 아니라, 유추적 형성의 가능성도 모두 포함한다. 그러므로 생성 과정이 창조가 돌발하는 순간에만 이루어진다고 생각하는 것은 잘못이다. 그 요소들은 이미 주어져 있다. 즉흥적으로 만들 수 있는 *in-decor-able* 같은 낱말은 이미 언어 속에 잠재되어 있다. *décor-er, décor-ation* : *pardonn-able, mani-able* : *in-connu, in-sensé* 등과 같은 연사체들 속에서, 창조의 모든 요소를 찾을 수 있다. 그러므로 화언 속에 그 낱말이 실현되는 것은, 이를 형성시킬 수 있는 가능성에 비해 미미한 현상이다.

요컨대 유추 그 자체는 해석 현상의 한 측면일 뿐이며, 단위들을 구분한 다음 활용하는 일반적 행위의 발현일 뿐이다. 그렇기 때문에 우리는 유추가 전적으로 문법적이며 공시적이라고 말하는 것이다.

이러한 유추의 특성은 두 가지 고찰을 시사하는데, 이들 고찰이 절대적 자의성과 상대적 자의성에 대한 우리의 견해를 확인시켜 준다.

(1) 낱말들은 자체 분해 가능성 정도에 따라, 다른 낱말을 만들어낼 수 있는 상대적 능력별로 분류될 수 있다. 단일어들은 원래 비생산적이다.(*magasin, arbre, racine* 등 참조.) *magasinier*는 *magaisin*에 의해 생성된 것이 아니다. 그것은 *prisonnier : prison* 등의 모델에 따라 형성되었다. 마찬가지로 *emmagasiner*의 존재는 *maillot, cadre, capuchon* 등이 내포된 *emmailloter, encadrer, encapuchonner* 등과의 유추에서 비롯된다.

따라서 각 언어에는 생산적 낱말들과 생산 불능 낱말들이 있지만, 이들의 비율은 일정치 않다. 이는 결국 2부 6장 2절에서 했던 '어휘적' 언어와 '문법적' 언어의 구별로 귀착된다. 중국어에서는 대부분의 낱말들이 분해 불가능하다. 반면 인위적 언어에서는 낱말들이 거의 모두 분석 가능하다. 에스페란토어 학자는 주어진 어근을 토대로 마음껏 새 낱말들을 구성할 수 있다.

(2) 본 장 1절에서 보았듯이, 모든 유추적 창조는 비례 4항식과 유사한 조작으로 표현될 수 있다. 대개는 현상 자체를 설명하기 위하여 이 공식을 사용하고들 있지만, 우리는 언어가 제공하는 요소들의 분석과 재구성에서 이 공식의 존재 이유를 찾았다.

이 두 개념 사이에는 갈등이 있다. 비례 4항식이 충분한 설명이 된다면, 요소 분석의 가설은 무슨 소용이 있는가? *indécorable*을 형성하기 위해서, 그 요소들(*in-décor-able*)을 추출해 낼 필요는 전혀 없다. 전체를 취하여 방정식에 대입시키기만 하면 충분하다.

pardonner : *impardonnable* 등=*décorer* : *x*

$$x=indécorable$$

이렇게 하면 문법학자의 의식적인 분석과 너무나 흡사한 복잡한 조작을 언어 행위 주체에게 전제하지 않게 된다. *Gast* : *Gäste*에 의거하여 이루어진 *Kranz* : *Kränze* 같은 경우에서, 분해보다는 비례 4항식이 더 타당해 보인다. 왜냐하면 이 모델의 어간은 *Gast*-일 수도 *Gäst*-일 수도 있기 때문이다. 단순히 *Gäste*의 음적 특성을 *Kranz*에 부여했을 것이다.

이 이론들 중 어느 것이 현실에 부합하는가? *Kranz*의 경우가 반드시 분석을 배제하지는 않는다는 것에 우선 주목해야 한다. 우리가 어근과 접두사에서의 교체를 보았듯이(3부 3장 4절 참고.) 적극적 분석 외에도 교체감(感)이 충분히 살아 있을 수 있는 것이다.

이 두 가지 대립되는 개념은 상이한 두 가지 문법에 반영되고 있다. 유럽 문법들은 비례 4항식을 가지고 작용한다. 예를 들어 독어의 단순과거형을 설명할 때, 완전한 낱말들에서부터 시작한다. 학생들에게 이렇게 지시한다. *setzen* : *setzte*의 모델을 따라서, *lachen* 등의 단순과거형을 형성하라고. 반면 인도 문법은, 특정한 어떤 장(章)에서는 어근들(*setz-*, *lach-* 등)을, 또 다른 장에서는 어미들(-*te* 등)을 연구할 것이다. 문법이 분석에서 생기는 요소들을 제공해 주면, 이에 따라 완전한 낱말을 재구성해야 할 것이다. 모든 산스크리트어 사전에는 어근이 지정하는 순서에 따라 동사들이 정리되어 있다.

각 언어 집단의 지배적 경향에 따라, 문법 이론가들은 그 방법들 중 어느 하나로 기울어질 것이다.

고대 라틴어는 분석적 방법을 조장했던 것 같은데, 그 명백한 증거가 하나 있다. *făciō*, *ăgō*에서는 음량이 같음에도 불구하고, *făctus*, *āctus*에서는 같지 않다. *āctus*를 †*ăgtos*로부터 유래한 것이라 가정하고, 장모음화는 다음에 오는 유성음 탓으로 돌려야 한다. 이 가설은 여러 로맨스어에 의해 완전히 입증된다. *tĕgō : tēctus*에 대한 *spĕciō : spĕctus*의 대립은, 불어에서 *dépit*(=*despĕctus*)와 *toit*(*tēctum*)에 반영된다.(*rĕgō : rēctus* (*dīrēctus* → 불어. *droit*)에 대한 *confĭciō : confĕctus*(불어. *confit*) 참조.) 그러나 †*agtos*, †*tegtos*, †*regtos*는 인도유럽어로부터 유래된 것이 아니다. 인도유럽어는 분명히 †*ăktos*, †*tĕktos* 등을 사용했을 것이다. 무성음 앞에서 유성음을 발음해야 하는 난점에도 불구하고 이들을 도입시킨 것은 선사 시대 라틴어였다. *ag-*, *teg-* 등의 어간 단위를 강하게 의식하면서만 이 그렇게 할 수 있었을 것이다. 그것으로 미루어 보아 고대 라틴어는 낱말의 성분(어간, 접미사 등)과 이들의 배열에 대한 감각을 고도로 지녔었다. 현대어들은 이 감각을 그만큼 예리하게 지니지는 못하지만, 그래도 독어가 불어보다는 더 지닌 것 같다.('2부와 3부에 대한 보충'에서 B 참고.)

5장
유추와 진화

1절. 유추적 혁신은 어떻게 언어에 도입되는가

화언에서 미리 시도되지 않은 것은 어떤 것도 언어 속에 들어갈 수 없으며, 모든 진화 현상들은 개인의 영역에 근거를 두고 있다. 이미 1부 3장 9절에서 언급되었던 이 원칙은 특히 유추적 혁신에 적용된다. 어떤 최초의 언어 행위 주체가 *honor*를 즉흥적으로 구사하고, 다른 사람들이 이것을 모방, 반복하여 필히 관용적인 것이 된 다음에야, *honor*가 *honōs*를 대체할 만한 경쟁어로 된 것이다.

유추적 혁신이라 해서 다 그런 행운을 갖는 것은 아니다. 십중팔구 언어가 채용하지 않을, 일시적인 결합들을 항시 볼 수 있다. 어린이들의 언어활동은 그러한 것들로 가득 차 있는데, 이는 어린이들이 어법을 잘 모르고, 거기에 종속되어 있지 않기 때문이다. 그들은 가령 *venir*를 써야 할 때 *viendre*를, *mort* 대신에 *mouru*를 사용한다. 그러나 어른들의 말투에서도 역시 그런 예를 볼 수 있다. 그런 경우로, 많은 사람들이 *trayait*를 *traisait*로 바꿔 쓴다.(이는 루소의 작품 중에도 나타난다.) 이런 모든 유추적 혁신도 그 자체로는 완전히 규칙적이다. 이들은 언어가 이미 받아들인 것들과 동일하게 설명된다. 가령 *viendre*는 다음과 같은 비례 관계에 근거하고 있다.

$$\text{éteindrai} : \text{éteindre} = \text{viendrai} : x$$

$$x = \text{viendre}$$

그리고 *traisait*는 *plaire* : *plaisait*를 모델로 하여 만들어진 것이다.

언어는 화언의 창조물 중 극히 일부만을 취할 뿐이다. 그러나 지속되는 것들도 상당수여서, 시대가 지남에 따라 새로운 형태들이 어휘와 문법에 전혀 다른 양상을 부여함을 보게 된다.

앞의 4장을 통하여 분명히 알 수 있듯이, 유추 그 자체만으로는 진화의 요인이 될 수 없다. 그렇지만 신형에 의한 구형의 이 끊임없는 대체 작용이 언어 변형의 가장 현저한 양상 중 하나라는 것은 사실이다. 하나의 창조물이 결정적으로 정립되어 그 경쟁어를 제거할 때마다 틀림없이 신생된 것과 폐기된 것이 있기 마련으로, 이 때문에 유추가 진화 이론 가운데 우월한 위치를 차지하는 것이다.

바로 이 점에 주력하여 전개해 보고자 한다.

2절. 유추적 혁신 : 해석 변화의 징후

언어는 자기에게 주어진 단위를 끊임없이 해석하고 분해한다. 하지만 어째서 그 해석이 세대에 따라 부단히 변하는 것일까?

한 언어 상태에서 받아들여지는 분석을 끊임없이 위협하는 막대한 양의 요인 중에서 그 변화 요인을 찾아야 한다. 그중 몇 가지를 열거하고자 한다.

이 중 첫 번째이며 가장 중요한 요인은 음성 변화이다.(2장 참고.) 음성 변화는, 어떤 분석은 모호하게 어떤 분석은 불가능하게 만들면서, 분해 조건과 동시에 분해 결과를 변화시킨다. 그리하여 단위들의 한계가 이동되고 그 성격이 변화된다. *beta-hûs, redo-lîch* 같은 합성어들과(3부 1장), 인도유럽어의 명사 굴절에 대하여(3부 3장 2절) 이미 언급한 것을 보라.

그러나 음성 현상만이 있는 것은 아니다. 교착 현상이 또한 있는데 ——이는 나중에 문제 삼게 될 것이다——이 현상은 결과적으로 요소들의 결합체를 하나의 단위로 축약시키는 것이다. 그다음에, 낱말에 있어서 외부적이긴 하나 그 분석을 변화시킬 수 있는 각종 상황들이 있다. 사실 분석이란 것은 일련의 비교들에서 비롯되는 것이므로, 낱말의 연합적인 주위 상황에 항상 의존한다는 것은 자명하다. 가령 인도유럽어의 최상급 †*swād-is-to-s*에는 두 개의 독립된 접미사가 있었다. *-is-*는 비교급 개념을 나타내고(예: 라틴어 *mag-is*), *-to-*는 배열 속에서 한 대상의 일정한 위치를 나타냈었다.(그리스어 *trí-to-s*: '세 번째의' 참조.) 이 두 어미가 교착된 것이다.(그리스어 *héd-isto-s* 혹은 *héd-ist-os* 참조.) 그러나 이번에는 최상급과는 무관한 현상이 이 교착을 크게 조장했다. *-is-* 비교급이 *-jōs* 형성에게 밀려나면서 쓰이지 않게 되자, *-is-*가 이미 독자적인 요소로 간주되지 않게 되었으며, *-isto-* 속에서 이를 구별하지 않게 되었다.

어간 요소를 없애고 형성소에 붙이는 일반적 경향이 있다는 점을 주목하고 지나가자. 특히 어간 요소가 모음으로 끝날 때가 그렇다. 예를 들어 라틴어에서 접미사 *-tāt-(vēri-tāt-em*, 원형은 †*vēro-tāt-em*. 그리스어 *deinó-tēt-a* 참조)가 어간 *i*를 빼앗는 경우가 그러하다. 거기에서 *vēri-tāt-em*의 분석이 나온다. 마찬가지로 *Rōmā-nus, Albā-nus*(*aēnus* 참조. 원형은 †*aes-no-s.*)는 *Rōm-ānus* 등이 된다.

그런데 해석 변화들의 근원이 무엇이든 간에, 이들은 항상 유추 형태들의 출현으로 말미암아 드러나게 된다. 사실 주어진 순간에 화자에게 감지되는 일상 단위들만이 유추적 형성을 유발시킬 수 있지만, 반대로 단위들의 모든 특정한 분배가 이들 단위의 사용을 확대시킬 수 있는 가능성을 전제하고 있는 것이다. 그러므로 유추는 주어진 순간에 있어 형태소가 의미 단위로 존재한다는 결정적 증거이다. *merīdiālis*를 대신한 *Merīdiōnālis*(Lactance)를 보면, *septentri-ōnālis, regi-ōnālis*로 구분했었음을 알 수 있다. 그리고 접미사 *-tāt-*에 어간에서 따온 요소 *i*가 첨가되었음을 보여주기 위해서는, *celer-itātem*을 제시하기만 하면 된다. *pāg-us*를 토대로 형성된 *pāg-ānus*만으로도, 라틴인들이 *Rōm-ānus*를 어떻게 분석하였는지 보여주기에 충분하다. *redlich*(3부 1장)의 분석은 동사 어근을 가지고 만든 *sterblich*의 존재로 확인된다.

시대가 지남에 따라 유추가 어떻게 새로운 단위들에 작용하는가를 보여줄 수 있는 매우 흥미로운 예가 하나 있다. 현대 불어에서 *somnolent*은 마치 현재분사인 것처럼 *somnol-ent*으로 분석된다. *somnoler* 동사가 존재하는 것이 그 증거이다. 그러나 라틴어에서는 *succu-lentus* 등처럼 *somno-lentus*로 분리하였고, 더 오래전에는 *somn-olentus*(*vīn-olentus*: '술취한 냄새를 풍기는'처럼 *olēre*로 인하여 '잠에 취한'의 뜻)로 분리하였다.

이처럼 유추의 가장 현저하고 중요한 결과는, 불규칙하고 낡은 구형성들을 현행 요소들로 구성된 보다 정상적인 형성들로 대체하는 것이다.

물론 일이 항상 그렇게 간단하게만 진행되는 것은 아니다. 언어 작용에는 수많은 주저, 적당주의, 반쯤의 분석들이 있다. 어떤 순간에도 고유 언어는 완벽하게 고정된 단위 체계를 소유하고 있지 않다. †*pods*의 굴절에 대한 †*tekwos* 굴절에 관하여 3부 3장 2절에서 언급했던 것을 상기해 보라. 이러한 불완전한 분석들이 이따금 모호한 유추적 창조들을 야기시킨다. 인도유럽어 형태 †*geus-etai,* †*gus-tos,* †*gus-tis*는 어근 *geus-, gus-* 'gouter(맛보다)'를 추출하도록 해준다. 그러나 그리스어에서 모음 사이의 *s*는 탈락되므로 *geúomai, geustós*의 분석이 모호해진다. 그 결과 분석이 흔들리게 되어 때로는 *geus-*를, 때로는 *geu-*를 추출하게 된다. 이번에는 유추도 그런 유동 상태를 보여주게 되어, *eu-*형의 기본 형태들조차 그 마지막 s를 취하는 경우가 있다.(예. *pneu-*, *pneûma*, 동사적 형용사 *pneus-tós*.)

그러나 이와 같은 암중모색 중에서도 유추는 언어에 영향력을 행사한다. 그래서 유추가 그 자체로서 진화 현상은 아닐지라도 간간이 언어 조직에 나타난 변화들을 반영해 주고, 새로운 결합들을 통해 이들 변화를 인정해 준다. 유추는, 고유 언어의 건축 구조를 끊임없이 변화시키는 여러 세력의 유능한 협력자이며, 그런 까닭에 강력한 진화 요인인 것이다.

3절. 유추 : 쇄신과 보존의 원칙

유추가 앞의 논증들에서 추정한 중요성을 과연 지닌 것인지, 그리고 음성 변화만큼 폭넓은 작용인지 이따금 자문하게 된다. 실제로 언어사를 살펴보면 서로의 위에 쌓이고 쌓이는 수많은 유추 현상을 발견할 수 있는데, 이들을 통틀어 보면, 그 부단한 수정 작업들은 언어 진화에 중대한 역할, 심지어 소리 변화보다도 더 중대한 역할을 하고 있다.

그러나 특히 언어학자의 관심을 끄는 것이 하나 있다. 수 세기의 진화에 상당하는 막대한 양의 유추 현상에서, 거의 대부분의 요소가 보존되어 있다. 단지 이들이 다르게 분배되었을 뿐이다. 유추로 인한 혁신들은 실제적이기보다는 외견적이다. 언어란 자신의 천으로 기워진 조각들로 덮인 옷이다. 불어 문장들을 구성하는 실체를 생각한다면, 그 5분의 4는 인도유럽어이지만, 반면 유추적 변화가 없었다면 조어(祖語)로부터 현대 불어에 이르기까지 전래된 낱말들은 모두 합쳐봐야 한 페이지 속에 다 들어갈 수 있을 것이다.(예를 들면 *est=esti*, 수사들, *ours*, *nez*, *père*, *chien* 같은 몇몇 낱말들.) 거의 대부분의 낱말은 어쨌건 간에 구형태들에서 따온 음적 요소들의 새로운 결합이다. 그런 의미에서 유추는 매우 보존적이라고 말할 수 있겠는데, 이는 바로 유추가 그 혁신을 위하여 항상 옛 소재를 사용하기 때문이다.

그러나 순수·단순 보존의 요인으로서도 유추는 깊이 작용한다. 기존 소재들이 새로운 단위들 중에 분배되는 경우뿐만 아니라, 형태 자체가 불변 상태로 있는 경우에도 역시 유추가 개입한다고 말할 수 있다. 두 경우 다 동일한 심리적 과정이다. 이 점을 납득하기 위해서는 유추 원칙이 결국 언어활동 메커니즘의 원칙과 일치함을 상기해 보는 것으로 충분하다.(3부 4장 3절 참고.)

라틴어 *agunt*는, 선사 시대로부터(그때는 †*agonti*라고 했다.) 초기 로맨스어 시대에 이르기까지 거의 그대로 전래되었다. 그동안 어떤 경쟁형도 이 형태를 밀어내지 않은 채, 세대들이 교체되면서도 계속 사용되었다. 유추는 이 보존에서 별 역할을 하지 못하는가? 오히려 그 반대로 *agunt* 의 안정성은 어떤 혁신만큼이나 유추의 작용 결과이다. *agunt*는 하나의 체계 속에 얽매여 있다. 즉 이 형태는 *dīcunt*, *legunt* 등의 형태 및 *agimus*, *agitis* 등의 기타 형태들과 유대 관계에 있다. 이런 주변 상황이 없었더라면, 새 요소들로 구성된 형태로 대체될 가능성이 다분히 있었다. 전래된 것은 *agunt*가 아니라 *ag-unt*인 것이다. 이 형태가 변하지 않은 것은 *ag-*와 *-unt*가 다른 계열 속에서 규칙적으로 확인되어 왔기 때문이다. 그러므로 긴 노정에서 *agunt*를 보존시킨 것은 바로 동행하던 이 연관 형태들인 것이다. *sex-tus*를 또한 비교해 보라. 이 형태도 역시 밀집계열에 의거해 있다. 즉 한편으로는 *sex*, *sex-āginta* 등이며, 다른 한편으로는 *quar-tus*, *quin-tus* 등이다.

이처럼 끊임없이 유추적으로 재형성됨으로써 형태들은 지속되고 있다. 한 낱말은 단위로 이해됨과 동시에 연사체로서 이해되며, 그 요소들이 변하지 않는 한 보존된다. 역으로 낱말의 존재는 그 요소들이 사용되지 않게 됨에 따라서만 위협받게 되는 것이다. 불어의 *dites*, *faites*에서 일어나는 현상을 보라. 이들 형태는 곧장 라틴어의 *dic-itis*, *fac-itis*와 상응하지만, 현행 동사 굴절에서는 이미 지주를 상실했다. 언어는 이들을 대체시키려 한다. *plaisez*, *lisez* 등을 모델로 하여 *disez*, *faisez*를 사용하고 있는데, 이들 새로운 어미는 이미 대부분의 합성어에서 상용되고 있다 (*contredisez* 등).

유추가 전혀 세력을 갖지 못하는 유일한 형태는 고립어들로서, 고유명사 특히 장소명 같은 것들이다.(*Paris*, *Genève*, *Agen* 등 참조.) 이런 형태들은 어떤 분석도 허용치 않으므로, 따라서 그 요소들에 대한 아무런 해석도 내릴 수 없다. 이들과 병행하는 어떤 경쟁적 창조도 일어나지 않는다.

이상에서 보았듯이 형태의 보존은 전혀 상반되는 두 원인에 기인할 수 있다. 완전한 고립, 혹은 그 본질적 구성 부분들이 그대로 남아 있어 꾸준히 형태를 보호해 주는 어떤 체계 속에 철저히 매여 있을 경우. 혁신적 유추가 그 효과를 발휘하는 것은 주위 상황이 충분히 지탱시켜 주지 못하는 중간 영역의 형태들에서이다.

그러나 여러 요소로 된 형태의 보존에서이건, 혹은 언어학적 소재를 재분배하여 새로운 구조를 만드는 경우이건, 유추의 역할은 거대하다. 항상 유추가 작용하고 있는 것이다.

6장

민간 어원

우리는 이따금 그 형태와 의미가 별로 익숙지 않은 낱말들을 왜곡시키는 일이 있는데, 관용이 이들 변형을 인정하기도 한다. 가령 고대 불어 *coute-pointe*(*coute*는 *couette* 'couverture: 이불'의 이형이고 *pointe*는 *poindre* 'piquer: 누비다'의 과거분사이다.)가 *courte-pointe*로 바뀌어서, 마치 형용사 *court*와 실사 *poindre*의 합성어인 것처럼 되었다. 이런 혁신들이 아무리 기이하더라도, 완전히 우연하게 이루어지는 것은 아니다. 이런 것은 거북스러운 낱말을 이미 알고 있는 것에다 결부시켜 대강 설명하려는 시도들이다.

사람들은 이런 현상에다 민간 어원이라는 명칭을 붙였다. 언뜻 보기에 이것은 유추와 별 차이가 없는 듯하다. 화자가 *surdité*의 존재를 잊고서 유추적으로 *sourdité*를 만들 경우, 그 결과는 *surdité*를 잘 모르기 때문에 형용사 *sourd*를 기억하여 *surdité*를 왜곡시켰을 경우와 마찬가지이다. 이때 유일한 차이점이라면, 유추의 구성들이 합리적인 반면 민간 어원은 어느 정도 우연히 발상되어 횡설수설에 그치고 만다는 점이다.

그러나 이 차이점은 결과에만 관련되므로 본질적인 것은 아니다. 성격상의 차이점은 더욱 심오하다. 그것이 어떤 것인지 보여주기 위해서, 우선 민간 어원의 주된 유형들 중 몇 가지를 예로 들어보자.

맨 먼저, 낱말이 형태는 변화되지 않은 채 새로운 해석을 받아들이는 경우가 있다. 독어에서 *durchbläuen*(사정없이 때리다)은 어원상 *bliuwan*(매질하다)에서 유래한다. 그러나 구타에 의해 생기는 '푸른 멍들' 때문에 사람들은 그것을 *blau*(푸른)에 연관시킨다. 중세에 독일어는 불어에서 *aventure*를 차용해서, 규칙에 맞게 *ābentüre*로 만들고 그 후에는 *Abenteuer*로 만들었다. 낱말을 왜곡시키지 않고 이를 *Abend*(초저녁에 모여 하는 이야기)와 연합시켜서, 18세기에는 아예 *Abendteuer*라 표기했다. 고대 불어 *soufraite*(결핍)(=*suffracta, subfrangere*에서 나왔다.)는 형용사 *souffreteux*에 결부시킨다. *Lais*는 *laisser*의 동사적 실사이다. 그러나 현재는 이것을 *léguer*의 동사적 실사로 보고 *legs*라 표기한다. 이것을 *le-g-s*로 발음하는 사람들조차 있다. 이를 보고, 거기에 이미 새로운 해석에서 비롯되는 형태의 변화가 있다고 생각할지도 모르겠다. 그러나 이는 철자 형태의 영향인바, 이 철자 형태를 통해 사람들이 발음의 변경 없이 어원에 대해 갖고 있는 관념을 나타내고자 한 것이다. 이와 마찬가지 방식으로, 고대 북구어 *humarr*(덴마크어 *hummer* 참조.)에서 차용된 *homard*가 -*ard*로 된 것은 불어 낱말들과의 유추에 의하여 끝의 *d*를 취한 것이다. 단 여기서 철자가 지적해 주고 있는 해석상의 오류는 낱말의 끝부분에만 관계되는데, 이것이 관용적인 접미사와 혼동되었다.(*bavard* 등 참조.)

그러나 대개의 경우 사람들이 낱말을 왜곡시키는 것은, 낱말에서 자기가 알아본다고 믿는 요소들에 그것을 맞추기 위해서이다. *choucroute*(*Sauerkraut*에서 나왔다.)의 경우가 그렇다. 독어에서 *dromedārius*는 *Trampeltier*(발을 구르는 동물)가 되었다. 이 합성어는 새로운 것이지만 이미 존재하던 *trampeln*과 *Tier*를 포함하고 있다. 고대 고지독어는 라틴어 *margarita*를 *mari-greoz*(바다 조약돌)로 만들었는데, 이는 이미 알려져 있는 두 낱말을 결합시킨 것이다.

이제 마지막으로, 각별히 교훈적인 경우가 있다. 라틴어 *carbunculus* (작은 석탄)는 독어에서 *Karfunkel*(*funkeln* : '불똥을 튀기다'와의 연합에 의해서)을, 불어에서는 *boucle*에 결부되는 *escarboucle*을 유래시켰다. *Calfeter, calfetrer*는 *feutre*의 영향을 받아 *calfeutrer*를 유래시켰다. *Calfeter, calfetrer*는 *feutre*의 영향을 받아 *calfeutrer*로 되었다. 이런 예들에서 우선 인상적인 점은, 실제로 존재하는 이해 가능한 요소 외에, 이전의 어떤 것도 대신한다고 볼 수 없는 부분(*Kar-, escar-, cal-*)을 각기 포함한다는 것이다. 그러나 이들 요소 속에 어느 정도의 창조, 즉 그 현상 때문에 갑자기 생긴 어떤 것이 있다고 생각한다면 잘못일 것이다. 사실은 그 반대이다. 문제의 부분들은 해석이 완전히 풀지 못한 단편들이다. 이들은 말하자면 중도에서 멈춘 민간 어원들이다. *Karfunkel*은 *Abenteuer*와 동일한 입장에 있다.(-*teuer*가 설명 불가능한 잔재임을 인정한다면.) 이것은 또한 어떤 것과도 맞춰볼 수 없는 *hom-*을 가진 *homard*에 비교될 수 있다.

이처럼 왜곡의 정도 차이가 있다고 해서, 민간 어원이 서툴게 취급한 낱말들 사이에 본질적 차이가 생겨나는 것은 아니다. 이 낱말들은, 이미 알고 있는 형태를 통하여 미지의 형태를 해석한 것일 뿐이라는 특성을 공유한다.

따라서 어떤 점에서 민간 어원이 유추와 비슷하며, 어떤 점에서 다른가를 알 수 있다.

이 두 현상의 공통점은 단 하나이다. 두 경우 다 언어가 제공해 준 의미 요소들을 사용하고 있다. 그러나 그 외의 것에 있어서는 정반대이다. 유추는 항상 이전 형태의 망각을 전제한다. *il traisait*(3부 5장 1절 참고.)라는 유추 형태의 바탕에는 구형태 *il trayait*에 대한 분석이 전혀 없다. 경쟁어가 출현하기 위해서는 이 형태의 망각이 오히려 필수적이다. 유추는 자기가 대체하는 기호의 실체로부터 아무것도 얻어내지 않는다. 그 반면 민간 어원은 구형태에 대한 해석으로 귀착된다. 어렴풋하나마 구형태에 대한 기억이야말로 민간 어원이 겪는 왜곡 현상의 출발점이다. 이처럼 분석의 바탕을 이루는 것이 한 경우는 기억이고 다른 한 경우는 망각인데, 이 차이점은 결정적이다.

따라서 민간 어원은 특별한 조건에서만 작용하며, 희귀어, 전문어, 외래어 등 언어 행위 주체가 불완전하게 흡수하는 낱말들에만 영향을 미친다. 그 반면 유추는 완전히 일반적인 현상으로서, 언어의 정상적인 기능에 속한다. 이 두 현상은 일면 유사할지라도, 그 본질에 있어서는 상반된다. 이들은 세밀히 구별되어야 한다.

1절. 정의

방금 전에 그 중요성을 지적한 유추 외에, 또 다른 요인 하나가 새로운 단위 산술에 개입한다. 바로 교착 현상이다.

어떤 다른 형식 양식도 여기서는 중요치 않다. 의성어의 경우(1부 1장 2절 참고.) 유추와 관계없이 어떤 개인이 순전히 만들어낸 낱말들 경우(예를 들면 *gaz*), 심지어 민간 어원의 경우조차도 그 중요성이 대수롭지 않거나 전무하다.

교착이란, 원래는 분명히 구분되던 둘 또는 그 이상의 용어가 자주 만나 연사체를 이루다가 접합되어 완전한 하나의 단위가 되거나 분해하기 어려운 단위가 되는 현상이다. 바로 이것이 교착 과정이다. 방식(*procédé*)이 아니고, 다시 말해 과정(*processus*)이다. 왜냐하면 방식은 의지, 의도 등을 함축하는데, 의지의 부재야말로 바로 교착의 본질이기 때문이다.

다음 몇 가지 예를 들어보자. 불어에서 처음에는 *ce ci*를 두 낱말로 사용했는데, 후에 *ceci*가 되었다. 그 재료와 구성 요소들이 변화되지는 않았으나, 이것은 새 낱말이다. 또한 다음 것들을 비교해 보라. 불어 *tous jours → toujours, au jour d'hui → aujourd'hui, dès jà → déjà, vert jus →*

verjus. 3부 5장 2절에서 인도유럽어 최상급 †*swād-is-to-s*와 그리스어 최상급 *héd-isto-s*에 관하여 보았듯이, 교착은 낱말의 하위 단위들도 역시 접합시킬 수 있다.

더 자세히 살펴보면, 이 현상에서 세 가지 단계를 분간해 낼 수 있다.

(1) 몇몇 용어가 결합되어 하나의 연사체를 이루는데, 이때 이것은 기타 연사체와 다를 바 없다.

(2) 이른바 교착 현상, 즉 연사체의 요소들이 새로운 단위로 종합된다. 이 종합은 기계적인 경향에 따라 저절로 이루어진다. 합성된 개념이 의미 단위들의 극히 관용적인 연속에 의해서 표현될 때, 정신은 말하자면 지름길을 취하여, 분석을 그만두고 그 개념을 기호에 일괄 적용시키는데, 이때 이 기호 그룹은 단일한 단위가 된다.

(3) 이전의 그룹을 점점 더 단일어로 동화시킬 수 있는 기타의 모든 변화들: 악센트의 단일화(*vért-jús → verjús*), 특수한 음성 변화 등.

사람들이 대체로 주장했던 바는, 악센트 변화 (3)이 개념 분야에 일어나는 변화 (2)에 선행하므로 물질적인 교착과 종합을 가지고 의미적인 종합을 설명해야 한다는 것이었다. 그러나 십중팔구 그렇지는 않다. 오히려 *vert jus*, *tous jours* 등에서 단일 개념을 지각했던 까닭에 이들을 단일어로 만들었던 것이다. 그러므로 그 관계를 전도시키는 것은 잘못일 것이다.

2절. 교착과 유추

유추와 교착 사이의 대조는 매우 현저하다.

(1) 교착에서는 종합에 의해서 몇 단위들이 한 단위로 되어버리거나 (예를 들면 *hanc horam*에서 나온 *encore*), 혹은 두 하위 단위들이 하나가

되어버린다.($^*swād\text{-}is\text{-}to\text{-}s$에서 나온 $héd\text{-}isto\text{-}s$ 참조.) 반면 유추는 하급 단위들에서 출발하여 이들을 가지고 상급 단위를 만든다. $pāg\text{-}ānus$를 만들기 위해서, 유추는 어간 $pāg\text{-}$와 접미사 $\text{-}ānus$를 결합시켰다.

(2) 교착은 오로지 연사체 범주 안에서만 작용한다. 이 작용은 어떤 주어진 그룹에만 영향을 미치고, 그 밖의 것엔 상관하지 않는다. 반면 유추는 연사체뿐만 아니라 연합 계열들도 원용한다.

(3) 교착은 무엇보다도 자의성, 능동성을 전혀 보이지 않는다. 이 점은 이미 언급한 바 있다. 이것은 단순한 기계적 과정인바, 거기서는 접합이 독자적으로 이루어진다. 반면 유추는 분석과 결합을 전제하는 하나의 방식인바, 지적 행위이며 의도이다.

낱말 형성에 대해 흔히 구성, 구조 등의 용어를 사용한다. 그러나 이들 용어는 교착에 적용되느냐 유추에 적용되느냐에 따라 그 의미가 동일하지 않다. 전자의 경우에, 이 용어들이 상기시키는 것은 연합체 내에서 접하고 있다가 종합되는 요소들의 완만한 접합 작용인데, 이 종합은 궁극적으로 원래 단위들을 완전히 소멸시킬 수도 있다. 반면 유추의 경우, 구성은 각종 연합 계열로부터 따온 몇몇 요소들을 모아, 화언에서 단번에 얻어낸 배열을 의미한다.

두 형성 양식을 구별하는 것이 얼마나 중요한지 알 수 있다. 가령 라틴어에서 $possum$은 두 낱말 $potis\ sum$(나는 주인이다)의 접합에 지나지 않는다. 즉 이것은 교착어이다. 반면 $signifier$, $agricola$ 등은 유추의 산물로서, 언어가 제공한 모델에 따라 형성된 구성들이다. 유추적 창조물들에만 합성어, 파생어 같은 용어를 적용시켜야 한다.[1]

---

1) 이는 결국 언어사에서 이 두 현상이 상호 합동 작용을 하고 있음을 말한다. 그러나 교착이 항상 선행하며, 이것이 바로 유추에 모델을 제공해 주는 것이다. 가령 그리스어에 $hippó\text{-}dromo\text{-}s$ 등을 유래시킨 합성어 유형은, 인도유럽어에서 어미들이 아직 없었던 시대에 부분적 교착에 의해서 생겨난 것이다.($ekwo\ dromo$는 그 당시 $country\ house$ 같은 영어 합성어에 해당했었다.) 그러나 요소들이 완전히 접합되기

분석 가능한 어떤 형태가 교착에 의해서 생긴 것인지, 유추적 구성으로서 출현한 것인지 말하기 어려운 경우가 흔히 있다. 언어학자들은 인도유럽어의 †es-mi, †es-ti, †ed-mi 등의 형태에 대하여 끊임없이 논쟁해 왔다. 아주 고대에는 es-, ed- 등의 요소들이 완전한 낱말이었는데, 그 후 다른 형태 mi, ti 등과 교착되었는가? 혹은 †es-mi, †es-ti 등은 동종의 다른 복합 단위들로부터 추출된 요소들과의 결합에서 유래하는 것인가? 이 경우, 교착은 인도유럽어의 어미들이 형성되기 이전 시대까지 거슬러 올라갈지도 모른다. 역사적인 증거가 없으므로, 이 문제는 아마 해결될 수 없을 것이다.

역사만이 우리에게 가르쳐줄 수 있다. 역사로 미루어 보아 어떤 단일 요소가 예전에는 문장의 몇 개 요소였음을 확언할 수 있는 경우라면, 언제나 그것은 교착이다. 라틴어 hunc가 그러한데, 이는 hom ce에서 비롯된다.(ce는 묘비명에서 입증되었다.) 그러나 역사적인 정보가 없다면, 무엇이 교착이고 무엇이 유추에 속하는지 정하기가 매우 힘들다.

전에 이를 생산적 형성으로 만든 것은 바로 유추이다. 불어 미래형(je ferai 등)도 마찬가지인데, 이는 라틴 속어에서 부정사가 habēre 동사 현재와 교착됨으로써 생겨난 것이다.(facere habeō='j'ai à faire : 나는 해야 한다'.) 이처럼 유추가 개입함으로써만 교착이 통사 유형들을 만들어내고 문법에 기여할 수 있다. 홀로 방치되어 있을 경우 교착은 요소의 종합을 절대적인 단위로까지 밀고 가서, 분해 불가능하고 비생산적인 낱말들만을 만들어낸다.(hanc hōram 유형 → encore.) 다시 말하자면 교착은 어휘에 기여한다.

8장

통시적 단위, 동일성 및 실재

정태언어학은 공시적 연쇄에 따라 존재하는 단위들을 다룬다. 앞에서 말한 모든 것이 입증해 주듯이, 통시적 연속에서는 다음의 도식에서처럼 결정적으로 한정된 요소들을 문제 삼는 것이 아니다.

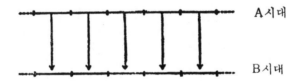

오히려 이들은 언어라는 무대에서 일어나는 여러 사건의 진행에 따라 시시각각 다르게 분배된다. 그 결과, 이들 요소는 차라리 다음과 같은 도식에 부합할 것이다.

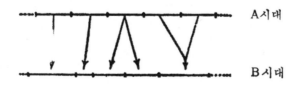

이는 음성 진화, 유추, 교착 등의 결과에 대해 앞서 언급한 바 있는 모든 사실로부터 비롯된다.

지금까지 인용한 모든 예는 거의 낱말 형성에 속한다. 여기에 또 다른 예가 하나 있는데, 이것은 통사에서 따온 것이다. 인도유럽어에는 전치사가 없었다. 전치사들이 나타내는 관계는 상당한 의미력을 지닌 수많은 격으로 표시되었다. 동사접두사에 의해 합성된 동사들도 없었다. 단지 조사들, 즉 작은 낱말들이 있었을 뿐인데, 이들이 문장에 첨가되어 동사의 행위를 정확히 밝히고 뉘앙스를 주었다. 그런 까닭에 라틴어의 *īre ob mortem*(죽음을 (두려워하지 않고) 맞이하다)이나 *obīre mortem*에 대응되는 것은 아무것도 없었다. 어쩌면 *īre mortem ob*라고 했으리라. 원시적 그리스어 상태도 역시 그렇다. 즉 (1) *óreos baínō káta.* 속격이 탈격의 가치를 지녔으므로, *óreos baínō* 자체만으로도 '나는 산에서 왔다'를 의미한다. *káta*는 '내려오며'의 뉘앙스를 더해 준다. 다른 시대에는 (2) *katà óreos baínō*라 하여, *katà*가 전치사 역할을 하거나 (3) *kata-baínō óreos*라 했는데, 이는 동사와 동사접두사화된 조사의 교착에 의한 것이다.

여기서 뚜렷이 구별되는 세 가지 현상을 볼 수 있는데, 이들은 모두 단위 해석에 바탕을 두고 있다. (1) 새로운 종류의 낱말, 즉 전치사의 창조. 이는 관용 단위들의 단순한 이동에 의한 것이다. 어쩌면 우발적 원인에서 비롯되어, 원래는 무심하게 쓰이던 독특한 어순이 새로운 그룹화를 가능케 했다. *kata*가 처음에는 독립된 것이었지만, 실사 *óreos*와 합쳐져 그 전체가 *baínō*에 연결되어 그 보어 역할을 한다. (2) 새로운 동사 유형의 출현(*katabaínō*). 이것은 또 다른 하나의 심리적인 그룹화로서, 단위들의 특수한 분배에 의해서 역시 조장되고, 교착으로 말미암아 강화된다. (3) 당연한 결과로서, 속격 어미(*óre-os*)의 의미가 약화된다. 이전에는 속격 혼자서 나타내 주던 기본 개념의 표현을 바로 *katà*가 맡게 된다. 따라서 어미 -*os*의 중요성은 그만큼 감소된다. 장래에 그것이 소멸될 조짐이 이 현상 속에 이미 싹트고 있다.

따라서 위의 세 경우에서 문제가 되고 있는 것은 단위들의 새로운 분배이다. 똑같은 실체가 기능만 달라진 것이다. 왜냐하면——이를 주의해야 하는데——이들 이동 중 그 어떤 것을 유발시키기 위해 아무런 음성 변화도 개입하지 않았기 때문이다. 한편 소재가 변하지 않았다고 해서, 모든 것이 의미 영역에서만 일어난다고 생각해서는 안 될 것이다. 통사 현상이란, 어떤 개념 연쇄와 어떤 음적 단위 연쇄의 연결 없이는 불가능한 것이므로(2부 8장 참고.) 변한 것은 바로 이 관계인 것이다. 소리들은 존속하지만, 의미 단위들은 이미 동일하지 않다.

기호 변질이란 기표와 기의 사이의 관계 이동임을 1부 2장 2절에서 언급한 바 있다. 이 정의는 체계 내의 용어들 변질뿐만 아니라, 체계 자체의 진화에도 적용된다. 통시적 현상 그 전체도 이와 다름없는 것이다.

그러나 공시적 단위들의 어떤 이동을 확인했다고 해서, 언어에 일어난 현상을 설명한 것은 전혀 아니다. 통시적 단위 자체만의 문제가 있는 것이다. 각 현상에 있어, 변형 작용을 직접적으로 받는 요소가 어떤 것인지를 자문하는 것이 바로 그것이다. 음성 변화들에 관하여 이미 그런 종류의 문제에 봉착했던 적이 있었다.(1부 3장 6절 참고.) 음성 변화들이 단독 음소에만 영향을 미치는 반면, 단위로서의 낱말은 이에 무관하다. 온갖 종류의 통시적 현상들이 있으므로, 수많은 유사한 문제를 해결해야 할 것이고, 또 이 영역에서 한정될 단위들이 공시적 영역의 단위들과 반드시 일치하는 것은 아닐 것이다. 1부에서 설정한 원칙에 비추어 볼 때, 단위 개념은 이 두 가지 차원에서 동일한 것일 수 없다. 여하간 단위 개념은 이 양면, 즉 정태적 면과 진화적 면에서 연구해야만 완전히 규명될 것이다. 통시적 단위 문제를 해결해야만 진화 현상의 겉모습을 넘어서 그 본질에 도달할 수 있을 것이다. 여기서도 역시 공시태에서처럼, 착각과 실재를 구별하기 위해서는 단위들에 대한 인식이 필요불가결하다.

그러나 아주 까다로운 또 하나의 문제가 있는데, 그것은 통시적 동일성의 문제이다. 사실 어떤 단위가 줄곧 동일하게 지속했다거나, 혹은 분명한 단위로 존재하면서도 형태나 의미가 변했다고 말할 수 있으려면 — 왜냐하면 이 모든 경우가 다 가능하기 때문에 — 무엇에 근거하여 한 시대에 취한 요소(예를 들면 불어 *chaud*)가 다른 시대에서 취한 요소(예를 들면 라틴어 *calidum*)와 동일하다고 단언하게 되는가를 알아야 하는 것이다.

이 질문에 대하여 아마, *calidum*은 음성 법칙의 작용으로 인해 규칙에 맞게 *chaud*가 되었을 것인바, 따라서 *chaud*=*calidum*이라고 대답할 것이다. 이것이 이른바 음성적 동일성이다. *sevrer*와 *sēparāre*에 있어서도 마찬가지이다. 반면, *fleurir*는 *flōrēre*와 동일한 것이 아니다(*flōrēre*는 **flouroir*를 유래시켰을 것이다.)라는 식으로 말할 것이다.

이런 종류의 대응성은 언뜻 처음 보면, 일반적인 통시적 동일성 개념을 포괄하는 듯하다. 그러나 사실 소리 하나만으로 동일성을 설명하는 것은 불가능하다. 라틴어 *mare*가 불어에서 *mer* 형태로 나타나는 것이, 어떤 조건에서 모든 *a*가 *e*로 되고 마지막 강세 없는 *e*는 탈락되기 때문이라고 말한다면 틀린 것은 아니리라. 그러나 *a→e, e→*제로 등의 관계가 바로 동일성을 이루는 것이라고 단정한다면, 이는 본말을 전도시키는 것이다. 왜냐하면 오히려 *mare* : *mer*의 대응으로 말미암아, *a*는 *e*가 되고 *e*는 탈락했다는 등을 생각하게 되기 때문이다.

다른 지방에 사는 두 프랑스인이 하나는 *se fâcher*라 하고 또 하나는 *se fôcher*라 할지라도, 그 차이란 이 두 형태에서 하나의 동일한 언어 단위를 식별 가능케 하는 문법적 현상들과 비교해 볼 때 극히 부차적이다. 그런데 *calidum*과 *chaud*만큼이나 상이한 두 낱말 간의 통시적 동일성이 의미하는 바는 단순히 다음과 같다. 즉 화언 가운데 존재하는 일련의 공시적 동일성을 통하여 전자가 후자로 되었지만, 이 양자의 연결 관계가 잇다른 음성 변형 때문에 단절된 일은 전혀 없다. 연설 가운데 잇따라 반복되는 *Messieurs!*가 계속 동일한 말임을 이해하는 것이나, *pas*(부정사)가 *pas*(실사)와 동일함을 이해하는 것, 혹은 같은 말이 되겠지만 *chaud*가 *calidum*과 동일함을 이해하는 것은 결국 마찬가지라고 2부 3장에서 말한 바 있는데, 그 이유는 바로 이 때문이다.

A. 주관적 분석과 객관적 분석

화자들이 매 순간 행하는 언어 단위의 분석은 주관적 분석이라 지칭될 수 있다. 이것을 역사에 근거하는 객관적 분석과 혼동하지 않도록 주의해야 한다. 그리스어 *híppos* 같은 형태에서 문법학자는 세 가지 요소를 구분해 낸다. 즉 어근, 접미사 그리고 어미(*hípp-o-s*). 그리스인들은 이 중 두 가지만 식별하였다(*hípp-os*).(3부 3장 2절 참고.) 객관적 분석은 *amābās*에서 네 가지 하위 단위를 본다.(*am-ā-bā-s*) 그러나 라틴인들은 *amā-bā-s*로 나누었다. 그들은 어쩌면 *-bās*를 어간에 대립되는 굴절 전체로 간주했을지도 모른다. *entier*(라틴어 *in-teger* 'intact : 온전한'), *enfant*(라틴어 *in-fans* : 말을 할 줄 모르는), *enceinte*(라틴어 *in-cincta* 'sans ceinture : 띠를 두르지 않은') 같은 불어 낱말에서, 역사학자라면 라틴어의 부정접두사 *in-*과 동일한 공통의 접두사 *en-*을 가려낼 것이다. 화자들의 주관적 분석은 이를 전혀 모르고 있다.

문법학자들은 흔히 언어의 자생적 분석을 잘못된 것으로 간주하려 한다. 실상 주관적 분석은 '그릇된' 유추보다 더 그릇된 것은 아니다.(3부 4장 2절 참고.) 언어는 착각이 없다. 단지 그 관점이 다를 뿐이다. 화자

255

개인들의 주관적 분석과 역사학자의 분석은 비교가 안 되는 것이지만, 두 분석 모두 동일한 방식을 사용한다. 즉 동일한 요소가 있는 계열들의 비교가 그것이다. 이들 두 분석은 다 정당성이 있으며, 각자 고유 가치를 보존한다. 그러나 궁극적으로는 언어 행위 주체의 분석만이 중요한데, 그 까닭은 언어 현상에 직접적으로 바탕을 두고 있기 때문이다.

역사적 분석은 이의 한 파생형일 뿐이다. 역사적 분석이란 요컨대 여러 시대의 구성들을 단일 평면상에 투영시키는 것이다. 자생적 분해와 마찬가지로, 이것이 목적하는 바는 낱말 안에 들어 있는 하위 단위들을 파악하는 것이다. 단지 역사적 분석은 시간의 흐름에 따라 이루어진 온갖 구분을 종합하여, 가장 오래전의 구분에 도달하고자 한다. 낱말이란 그 내부 배열과 용도를 여러 번 바꾼 집과 같다. 객관적 분석은 그 잇다른 분배를 모두 합하고 중첩시킨다. 그러나 그 집에 들어 사는 사람들 눈에는 오직 하나의 분배만이 있을 뿐이다. 앞에서 살펴보았던 *hípp-o-s* 분석은 그릇된 것이 아니다. 왜냐하면 바로 언어 행위 주체들의 의식이 정립한 것이기 때문이다. 단지 '시대착오적'일 뿐이다. 즉 그 낱말을 채취한 시대가 아닌 다른 시대에 분석이 의거하고 있는 것이다. 이 *hípp-o-s* 가 고전 그리스어의 *hípp-os*와 모순되는 것은 아니지만, 그것을 동일한 방법으로 판단해서는 안 된다. 결국 통시적인 것과 공시적인 것 사이의 근본적 구별을 다시 한번 제기하게 되는 것이다.

그리고 이로 말미암아 언어학에서 아직 미해결로 남아 있는 방법상의 문제를 더불어 해결할 수 있다. 구학파는 낱말을 어근, 테마, 접미사 등으로 나누어서, 그 구별들에 절대 가치를 부여했었다. 보프와 그 제자들의 저서를 읽어보면, 다음과 같이 생각하게 될지도 모른다. 즉 그리스인들은 아득한 옛날부터 어근과 접미사에 대한 지식을 소지하여, 말을 하면서 쉬지 않고 자신들의 낱말을 만들어냈는데, 예를 들어 *patér*는 그들에게 있어서 어근 *pa*＋접미사 *ter*였고, *dōsō*를 말할 때는 *dō*＋*so*＋인칭 접미사의 합을 나타냈다.

어차피 이와 같은 오류에 대해 반기를 들 수밖에 없었는데, 그 반기의 구호는 다음과 같으며, 아주 옳다고 생각된다. 오늘날의 언어들, 즉 매일 매일의 언어활동에서 일어나는 현상을 관찰하시오. 그리고 현재에 확인할 수 없는 것이라면, 어떤 과정 어떤 현상도 언어의 이전 시대로 귀속시키지 마시오. 그리고 대개의 경우 현행 언어 속에서는, 보프식의 분석에 대한 근거를 포착할 수 없으므로, 신문법학자들은 자신들의 원칙을 믿고서 이렇게 주장한다. 어근, 테마, 접미사 등은 순전히 우리 정신의 추상물이며, 이들을 사용한다면 그것은 단지 서술의 편리를 위해서이다. 그러나 이들 범주의 설정에 대한 정당화가 불가능하다면, 무엇 때문에 그들을 설정하는가? 그리고 범주를 설정한다 하더라도 무슨 명분으로, 가령 *hípp-o-s* 같은 분할이 *hípp-os* 같은 것보다 낫다고 주장하는가?

신학파는 구학설의 결점을 인식한 다음 ── 이는 쉬운 일이었다 ── 이를 이론적으로만 거부하는 데 만족했다. 반면 실행에 있어서는 과학적 기구를 자유자재로 구사하지 못한 듯했는데, 그래도 이 과학적 기구는 필요불가결한 것이었다. 그 '추상적 개념'의 이치를 따져보면, 거기에서 어느 정도의 현실성이 드러나며, 아주 간단한 수정만으로도 문법가들이 만들어낸 그러한 조작물이 정당하고 정확한 의미를 갖게 된다. 이는 다음과 같은 사실에 근거하며, 앞에서도 시도했던 것이다. 즉 현행 언어에 대한 주관적 분석과 내적 관계로 연결되면, 객관적 분석은 언어학적 방법 속에서 하나의 정당한 특정 위치를 차지하게 된다.

B. 주관적 분석과 하위 단위의 결정

따라서 분석에 있어서는, 공시적 측면에 위치한 다음에야 방법을 설정할 수 있고 정의를 세울 수 있다. 낱말의 부분들, 즉 접두사, 어근, 어간, 접미사, 어미 등에 대한 몇 개의 관찰을 통해서 바로 이 점을 지적하고자 한다.[1]

우선 어미를 보자. 이것은 다시 말해, 낱말 말미의 굴절 지표나 가변 요소로서, 명사적 계사체 혹은 동사적 계사체의 형태들을 구별해 주는 것이다. *zeúgnū-mi*, *zeúgnū-s*, *zeúgnū-si*, *zeúgnu-men* 등(나는 말〔馬〕을 맨다 등)에서 어미 *-mi*, *-s*, *-si* 등이 구분되는 것은, 단순히 상호 대립되면서 동시에 낱말의 앞부분(*zeugnū-*)과 대립되고 있기 때문이다. 체코어 속격 *žen*과 명격 *žena*의 대립에 대하여 이미 보았듯이, 무(無)어미는 일반 어미와 동일한 역할을 한다. 가령 그리스어에서 *zeúgnu-te*!(말을 매시오!)에 대립되는 *zeúgnū*!(말을 매라!) 등이나, *rhêtor-os*에 대립되는 호격 *rhêtor*! 등, 그리고 불어에서 *maršõ*('marchons!'으로 표기된다.)에 대립되는 *marš*('marche!'로 표기된다.) 등은 어미 제로 굴절형이다.

어미를 제거함으로써 굴절 테마, 즉 어간이 얻어지는데, 이것은 일반적으로 굴절 여부에 상관없이 일련의 동족 낱말에 대한 비교에서 저절로 추출되는 공통 요소로서, 그 모든 낱말에 공통되는 개념을 지닌다. 가령 불어에서는 *roulis*, *rouleau*, *rouler*, *roulage*, *roulement* 계열에서 어렵지 않게 어간 *roul-*을 감지해 낼 수 있다. 그러나 화자들의 분석은 흔히 동족 낱말들에서도 몇 가지 종류의 어간을 구별한다. 혹은 몇 가지 단계의 어간이라 함이 더 나을지도 모르겠다. 앞서 *zeúgnū-mi*, *zeúgnū-s* 등에서 추출된 요소 *zeugnū*은 1단계의 어간이다. 이는 약분 불가능한 것은 아

---

1) 소쉬르는, 적어도 공시적 관점에서는, 합성어 문제에 손대지 않았다. 따라서 그런 양상의 문제는 전적으로 보류되지 않을 수 없다. 말할 것도 없이, 앞에서 합성어와 교착어 사이에 설정했던 통시적 구별은 여기에 그대로 옮겨질 수 없을 것이다. 여기서 문제가 되는 것은, 한 언어 상태를 분석하는 것이다. 하위 단위들에 대한 본 서술이 의도하는 바가, 2부 2장 3절과 2부 3장에서 제기된 미묘한 문제, 즉 단위로 간주되는 낱말의 정의 문제를 해결하려는 것이 아님은 거의 지적할 필요도 없다.

닌데, 그 이유는 이것을 다른 계열들과 비교해 보면(한편으로는 *zeúgnūmi*, *zeuktós*, *zeûksis*, *zeuktêr*, *zugón* 등, 다른 한편으로는 *zeúgnūmi*, *deíknūmi*, *órnūmi* 등), *zeug-nu*의 구분이 저절로 드러나기 때문이다. 그러므로 *zeug-*는 *zeug-*, *zeuk-*, *zug-* 교체형들과 더불어 2단계의 어간이다. 그러나 이것은 약분 불가능한데, 그 이유는 친족 형태들을 아무리 비교해 보더라도 더 이상은 분해할 수 없기 때문이다.

모든 동족 낱말에 공통되면서 약분 불가능한 이런 요소를 어근이라 칭한다. 한편 어떤 주관적 공시적 분석이라도, 물질적 요소들을 분리시키려면 이들 각각에 결부된 의미 부분을 염두에 두어야만 하므로, 이런 관점에서 볼 때 어근이란, 모든 친족 낱말에 공통된 의미가 최고도의 추상성과 일반성에 달하는 요소이다. 물론 이와 같은 부정성(不定性)은 어근에 따라 다르다. 그러나 이것 역시 어간의 약분 가능성 정도에 따라 다르다. 어간이 분할되면 될수록, 그 의미는 더욱더 추상화될 수밖에 없다. 가령 *zeugmátion*은 '소형마차'를 나타내고, *zeûgma*는 특별히 한정되지 않은 '마차'를, 마침내 *zeug-*는 '말을 매다'의 부정 개념을 내포한다.

따라서 어근 그대로는 낱말을 이룰 수 없으며, 어미가 직접 부가될 수 없다. 실상 낱말이란 비교적 한정된 개념 —— 적어도 문법적인 관점에서는 —— 을 나타내는데, 이는 어근 고유의 일반성과 추상성에 상치하는 것이다. 그러면 어근과 굴절 테마가 혼동되는 듯이 보이는 경우가 매우 빈번한데, 이에 대해서는 어떻게 생각해야 하는가? 그리스어 *phlóks*, 속격 *phlogós*(flamme : 불길)가 그런 경우로, 이는 모든 동족 낱말에서 발견되는 어근 *phleg-* : *phlog-*와 비교된다.(*phlég-ō* 등 참조.) 이것은 방금 설정한 구별과 모순되지 않는가? 모순되지 않는다. 왜냐하면 일반 의미의 *phleg-* : *phlog-*를 특수 의미의 *phlog-*와 구별해야 하기 때문이다. 그렇지 않으면, 의미를 배제한 채 물질적 형태만을 고려하게 되는 위험이 있다. 동일한 음적 요소가 여기서는 두 개의 상이한 가치를 지닌다. 따라서 이것은 두 개의 구별되는 언어 요소를 이룬다.(3부 3장 6절 참고.) 앞서 *zeúgnū*(말을 매라!)를 어미 제로 굴절 낱말로 여겼듯이, *phlóg-*(flamme : 불길)는 접미사 제로 테마라 할 수 있겠다. 아무리 음적으로 일치한다 하더라도, 어근과 어간은 별개의 것이다.

따라서 화자들은 어근을 하나의 실재로 의식한다. 물론 그들이 항상 한결같이 정확하게 어근을 가려내는 것은 아니다. 동일 언어 안에서든, 언어와 언어 사이에서든, 이 점에 있어서 차이점을 볼 수 있다.

어떤 고유 언어에서는 명확한 특징들로 말미암아 언어 행위 주체들이 어근을 포착하게 된다. 독어의 경우가 바로 그러한데, 거기서는 어근이 꽤 일관된 양상을 띠고 있다. 즉 거의 언제나 단음절로서(*streit-*, *bind-*, *haft-* 등 참고.) 몇 가지 구조적 규칙에 따른다. 음소들은 어떤 순서에 따라 나타나는 것이 아니다. 그러나 폐쇄음+유음 같은 몇 가지 자음 결합은 말미에 올 수 없다. *werk-*는 가능하나 *wekr-*는 그렇지 못하다. *helf-*, *werd-*는 볼 수 있지만, *hefl-*, *wedr-*는 찾을 수 없을 것이다.

규칙적인 교체, 특히 모음교체는 어근과 일반적으로 하위 단위들에 대한 감각을 약화시키기는커녕 오히려 강화시킨다는 점을 상기하자. 이 점에 있어서도 역시 압라우트의 다양한 작용을 수반하는 독어는 불어와 상당히 다르다. 셈어의 어근들은 더 심하게 이런 성격을 지닌다. 거기서 교체는 아주 규칙적이며, 상당수의 복합 대립을 결정짓는다.(히브리어 *qāṭal*, *qṭaltem*, *qṭōl*, *qiṭlū* 등은 '죽이다'를 의미하는 동일한 동사의 여러 형태들이다.) 게다가 이들은 독어의 단음절 조직을 상기시켜 주는 특징을 지니는데, 독어보다도 더 현저하다. 즉 이들은 항상 세 개의 자음을 포함한다.(5부 5장 참고.)

이 점에 있어 불어는 전혀 다르다. 불어에는 교체가 거의 없고, 단음절 어근(*roul-*, *march-*, *mang-*) 이외에, 2음절 심지어 3음절 어근(*commenc-*, *hésit-*, *épouvant-*)까지도 많이 있다. 게다가 이들 형태는,

특히 말미에서 너무나 다양한 결합을 보여주기 때문에 규칙을 만들어낼 수가 없다.(*tu-er, régn-er, guid-er, grond-er, souffl-er, tard-er, entr-er, hurl-er* 등 참조.) 그러므로 불어에서 어근 감각이 거의 발달되지 않은 것은 놀랄 일이 아니다.

어근의 결정은 그 여파로서 접두사와 접미사의 결정을 야기시킨다. 접두사란 낱말 중 어간으로 인정되는 부분 앞에 오는 것으로, 예를 들어 그리스어 *hupo-zeúgnūmi* 중 *hupo-* 같은 것이다. 접미사는 어근에 부가되어 어간을 이루는 요소이거나(예를 들면 *zeug-mat-*), 1단계 어간에 부가되어 2단계 어간을 이루는 요소이다.(예를 들면 *zeugmat-io-*) 앞서 보았듯이, 이 요소도 어미와 마찬가지로 무형으로 나타날 수 있다. 따라서 접미사를 추출하는 것은 어간 분석의 이면일 뿐이다.

접미사는 때로 구체적 의미, 즉 의미적 가치를 지니기도 하고, 때로는 순수하게 문법적인 기능만을 지니기도 한다. 전자의 경우로 *zeuk-tēr*에서 *-tēr-*는 동작주 즉 행위자를 가리키며, 후자의 경우로 *zeúg-nú-* (*-mi*)에서 *-nū-*는 현재 개념을 나타낸다. 접두사 역시 그 두 가지 역할을 다 할 수는 있지만, 서구 언어에서 접두사에 문법적 기능이 주어지는 경우는 매우 드문데, 그 예가 독어 과거분사 *ge-*(*ge-setzt* 등)와 슬라브어의 완료접두사들(러시아어 *na-pisát'* 등)이다.

접두사와 접미사가 또 다른 이유는 다음의 특성 때문인데, 이 특성은 절대적인 것은 아니지만 꽤 일반적이다. 즉 접두사가 더 잘 구분되는데, 그 까닭은 낱말 전체로부터 더 쉽게 떼어지기 때문이다. 이는 이 요소의 고유한 성격에서 기인한다. 대다수의 경우에서 접두사를 제거시킨 후 남는 것은 완성된 낱말처럼 보인다.(*recommencer* : *commencer, indigne* : *digne, maladroit* : *adroit, contrepoids* : *poids* 등 참조.) 이 현상은 라틴어, 그리스어, 독어에서 훨씬 더 현저하다. 몇몇 접두사는 독립어로서 작용한다는 것을 덧붙이자.(불어 *contre, mal, avant, sur* 등, 독어 *unter, vor*

등, 그리스어 *katá*, *pró* 등 참조.) 접미사의 경우는 전혀 다르다. 이 요소를 삭제해서 얻는 어간은 불완전한 낱말이다. 예를 들어 불어 *organisation* : *organis-*, 독어 *Trennung* : *trenn-*, 그리스어 *zeûgma* : *zeug-* 등. 그리고 한편 접미사 자체는 전혀 독자적으로 존재하지 않는다.

이 모든 것으로부터, 어간은 대개의 경우 처음부터 미리 구분된 것이라는 결론이 나온다. 다른 형태들과 비교하기도 전에, 화자는 접두사와 그다음 부분 사이의 경계를 어디에 두어야 하는지 알고 있다. 낱말의 말미에서는 그렇지가 않다. 거기에서는 동일 어간이나 동일 접미사를 지닌 형태들을 대조시켜 보지 않는 한 어떤 경계도 세워지지 않는데, 이들 비교시키는 용어의 성격에 따라서 다양한 구분이 나올 것이다.

주관적 분석의 관점에서 볼 때, 접미사와 어간은 연사적이고 연합적인 대립에 의해서만 그 가치가 있다. 한 낱말의 대립되는 두 부분에서, 그 두 부분이 어떠한 것이든, 대립이 성립되기만 한다면, 경우에 따라 형성 요소와 어간 요소를 발견할 수 있다. 예를 들어 라틴어 *dictātōrem*에서 이를 *consul-em*, *ped-em* 등과 비교한다면 *dictātōr-(em)*를 어간으로 보게 되겠지만, *lic-tō-rem*, *scrip-tōrem* 등에 결부시키면 *dictā-(tōrem)*를 어간으로, *pō-tātōrem*, *can-tātōrem*을 생각하면 *dic-(tātōrem)*을 어간으로 볼 것이다. 일반적으로 그리고 상황이 알맞다면, 화자는 상상할 수 있는 온갖 절단을 할 수 있게 된다.(예를 들면 *am-ōrem*, *ard-ōrem* 등에 따라서 *dictāt-ōrem* ; *ōr-ātōrem*, *ar-ātōrem* 등에 따라서 *dict-ātōrem*.) 이미 알고 있듯이(3부 5장 2절 참고.) 이들 자생적 분석의 결과는 각 시대의 유추적 형성들에 나타난다. 언어가 의식하고 있는 하위 단위(어근, 접두사, 접미사, 어미)와 언어가 이들에게 부여하는 가치를 구별하게 해주는 것은 바로 이들 자생적 분석이다.

C. 어원학

어원학은 독립된 하나의 학문도 아니며, 진화언어학의 한 부분도 아니다. 이것은 단지 공시적 현상과 통시적 현상에 관한 원칙의 특수한 적용일 뿐이다. 어원학은 낱말의 과거로 거슬러 올라가, 이를 설명해 주는 어떤 것을 찾으려 한다.

한 낱말의 기원에 대해 이야기하거나, 이 낱말이 다른 한 낱말로부터 유래했다고 말하는 것은, 몇 가지 상이한 의미를 지닐 수 있다. 가령 *sel*은 라틴어 *sal*로부터 단순한 소리의 변질에 의하여 유래한 것이다. *labourer* : '땅을 경작하다'는 고대 불어 *labourer* : '일반적으로 일하다'로부터 단지 의미 변질에 의하여 유래한 것이다. *couver*는 라틴어 *cubāre* 'être couché : 자리에 눕다'로부터 소리와 의미의 변질에 의하여 유래한 것이다. 끝으로, *pommier*가 *pomme*로부터 유래했다고 말할 경우, 이는 문법적 파생 관계를 나타낸다. 처음의 세 경우는 통시적 동일성을 다루는 것이고, 네 번째 것은 몇몇 상이한 용어의 공시적 관계를 바탕으로 하고 있다. 그런데 유추에 관하여 앞서 언급된 모든 것이 보여주듯이, 어원 연구의 가장 중요한 부분은 바로 이 공시적 관계이다.

*bonus*의 어원이 *dvenos*로 거슬러 올라간다고 해서 고정되지는 않는다. 그러나 *bis*가 *dvis*로 거슬러 올라간다는 것을 알고, 따라서 *duo*와 관계를 세울 수 있다는 것을 알게 된다면 이는 어원학적 작업이라 할 수 있을 것이다. *oiseau*를 *avicellus*와 비교시키는 것도 이와 마찬가지인데, 그 이유는 *oiseau*와 *avis*를 연결시키는 관계를 재발견하게 해주기 때문이다.

따라서 어원학은 무엇보다도 다른 낱말과의 관계를 연구함으로써 낱말을 설명하는 것이다. 설명한다는 것은, 알고 있는 용어들로 환원시키는 것을 의미한다. 즉 언어학에서 한 낱말을 설명한다는 것은 이를 다른 낱말들로 환원시키는 것이다. 왜냐하면 소리와 의미 사이에 필연적인 관계가 있는 것은 아니기 때문이다.(1부 1장 2절 참고.)

어원학은 고립어들을 설명하는 것으로 만족하지 않는다. 어원학은 낱말족에 대한 역사를 기술하며, 마찬가지로 형성 요소, 즉 접두사, 접미사 등에 대한 역사를 기술한다.

어원학은 정태언어학, 진화언어학처럼 현상을 기술하지만, 조직적으로 기술하지는 않는다. 그 까닭은 어떤 일정한 방향으로 이루어진 것이 전혀 아니기 때문이다. 연구 대상으로 채취한 낱말에 대해서 어원학은 차례로 음성학, 형태론, 의미론 등에서 그 정보 요소들을 빌려 온다. 목적에 도달하기 위해서, 어원학은 언어학이 주는 모든 방법들을 사용하지만, 자신이 해야 하는 작업의 성격에 대해서는 주의하지 않는다.

1장

언어의 다양성

언어 현상과 공간의 관계에 대한 문제에 접하게 되면 내적 언어학을 떠나 외적 언어학의 영역에 들어가게 되는데, 이의 범위와 다양성에 대해서는 이미 서론의 5장에서 밝힌 바 있다.

여러 언어들을 연구할 때 무엇보다 두드러지는 것은 그 다양성인바, 즉 한 나라에서 다른 나라로, 심지어는 한 구역에서 다른 구역으로 옮겨 갈 때마다 나타나는 언어의 차이이다. 시간적인 면에서의 상이성은 관찰자의 눈에 잘 안 띄는 반면, 공간적인 면에서의 상이성은 명백히 드러나는 것이어서, 미개인들조차도 다른 언어를 쓰는 타부족들과의 접촉에 의해 이 사실을 알게 된다. 결국 한 민족이 자기네 고유 언어에 대한 의식을 갖게 되는 것도 이러한 비교를 통해서인 것이다.

내친 김에 간단히 언급할 것은, 이러한 감정이 원시인들로 하여금, 언어란 하나의 습관이요, 의복이나 무장에서도 풍습이 있듯이 하나의 풍습이라는 생각을 갖게 했다는 점이다. 고유 언어(*idiome*)라는 말 자체도 한 공동체의 특징을 반영하는 것으로서의 언어를 지칭하고 있다.(*idiōma*라는 그리스어도 이미 '고유의 풍습'이라는 의미를 띠고 있었다.) 이것은 분명히 맞는 생각이긴 하나, 만일 더 나아가서 언어를 한 국가의 속성으로 보는 데에 그치지 않고, 마치 피부색이나 두개골의 형태처럼 한 인종의 속성으로 보려 한다면 그것은 그릇된 생각이 되는 것이다.

또 한 가지 덧붙일 것은, 각 민족이 자기네 고유 언어의 우월성을 믿고 있다는 사실이다. 다른 언어를 쓰는 사람은 아예 말을 못하는 사람으로 쉽게 생각된다. 그래서 그리스어 *bárbaros*는 '말더듬이'라는 뜻을 가졌던 듯하며 라틴어 *balbus*와 유사한 단어로 보인다. 또한 러시아어에서 독일인들은 *Nêmtsy*, 즉 '벙어리'로 불린다.

이상과 같이 지리적 다양성은 언어학에서 가장 먼저 확인되었던 사실로, 언어에 대한 과학적 연구의 최초 형태를 결정지었는데, 이 점은 그리스인들에게서도 마찬가지였다. 이들이 그리스의 여러 방언들 사이의 차이점을 밝히는 데만 주력한 것은 사실이다. 그러나 이는 일반적으로 그들의 관심이 그리스라는 범위를 벗어나지 않았기 때문이었다.

두 가지 고유 언어가 서로 다르다는 사실을 확인하고 나면 곧 본능적으로 그 둘 사이의 유사성을 발견하게 된다. 이것은 발화자들의 자연적인 경향이다. 농민들은 자기네의 사투리와 옆마을의 사투리를 즐겨 비교하고, 또 여러 언어를 구사하는 사람들은 이들 언어 사이에 있는 공통점을 보게 된다. 그러나 기이한 것은 이러한 사실들을 과학이 활용하기까지에는 엄청난 시간이 걸렸다는 점이다. 그리스인들만 하더라도 라틴어와 그리스어의 어휘 사이에 많은 유사성을 관찰했음에도 거기에서 어떠한 언어학적 결론도 끌어내지 못하였던 것이다.

이러한 유사성을 과학적으로 관찰해 봄으로써 알 수 있는 것은, 둘 이상의 고유 언어들이 어떤 경우에 친족 관계에 있다는 것, 즉 공통된 기원을 갖고 있다는 것이다. 이렇게 가까운 일군의 언어들을 어족이라 부른다. 현대 언어학은 차례로 인도유럽어족, 셈어족, 반투어족[1] 등을 알아내었다. 이 어족들끼리도 또 비교할 수 있으며, 경우에 따라 더 거대하고

---

1) 반투어는 적도 이남의 아프리카 주민들, 특히 카프라리아인들이 사용하고 있는 언어 전체이다.

뿌리 깊은 계보가 드러나게 된다. 가령 피노우그리아어족[2]과 인도유럽어족 사이, 인도유럽어족과 셈어족 사이 등에서 유사성을 발견하려는 시도가 있었다. 그러나 이런 유의 비교는 곧 넘을 수 없는 장벽에 부딪치게 된다. 있을 법한 것과 증명할 수 있는 것은 혼동하면 안 되기 때문이다. 언어 간의 보편적 친족성이라는 생각은 확률이 없는 생각이다. 그러나 그것이 옳다고 해도 —— 이탈리아의 언어학자 트롬베티(Trombetti)는 그렇게 생각한다[3] —— 증명할 수가 없을 것이다. 왜냐하면 너무나 많은 변화가 일어났기 때문이다.

이렇게 친족성 속의 다양성이 있는가 하면, 어떠한 친족성도 발견되거나 증명되지 않는 절대적 다양성이 있다. 이 각각의 경우에 알맞은 언어학적 방법은 어떠한 것일까? 우선 가장 빈번한 경우인 절대적 다양성부터 시작해 보자. 방금 말했듯이 서로 아무 상관 없는 언어나 어족들이 무한히 많이 있다. 가령 중국어와 인도유럽어족의 경우가 그러하다. 그렇다고 해서 비교를 포기해야 한다는 것은 아니다. 그것은 언제나 가능하고 또 유익하다. 문법 조직, 사고 표현의 일반적 유형만 아니라 음성 체계도 비교할 수 있다. 또한 두 언어의 음성학적 진화와 같은 통시적인 사실들을 비교하는 것도 가능하다. 이 경우 수많은 가능성이 있으나, 결국은 모든 언어의 형성 과정을 규정하고 있는 몇 가지 음성적이며 심리적인 불변 요소로 인해 제한된다. 역으로 이러한 불변 요소의 발견이 바로, 서로 상관없는 언어를 놓고 하는 비교 작업의 주된 목적이기도 하다.

다양성의 또 하나의 범주인 어족 내의 다양성들은 무한한 비교의 영

---

2) 피노우그리아어는, 무엇보다도 엄밀한 의미에서의 핀어 즉 수오미어, 모르드바어, 랩어 등을 포함하며 북부 러시아와 시베리아에서 말해지는데, 분명히 공통 원시 고유 언어에서 유래하는 언어족이다. 사람들은 이것을 속칭 우랄알타이어라고 하는 매우 광범위한 그룹에 결부시키고 있는데, 이들 모두에서 발견되는 몇몇 특징에도 불구하고, 그 기원의 공통성은 입증되지 않고 있다.

3) 그의 저서인 *L'unita d'origine del linguaggio*, 볼로냐, 1905 참고.

역을 이룬다. 두 고유 언어 사이의 차이는 천차만별이다. 젠드어와 산스크리트어처럼 기막히게 닮을 수도 있고, 산스크리트어와 아일랜드 말처럼 전혀 다를 수도 있는 것이다. 이 두 극단 사이에 중간적인 미묘한 차이는 수없이 많다. 그리하여 그리스어와 라틴어는 둘을 서로 비교할 때, 각각을 산스크리트어와 비교할 때보다 더 유사하다. 아주 미미한 정도로만 차이를 보이는 고유 언어들은 방언이라 불린다. 그러나 이 용어가 엄격하게 정확한 의미를 가졌다고 생각해서는 안 된다. 뒤에 나오는 3장 4절에서 보게 되겠지만, 방언과 국어 사이에는 양적인 차이가 있는 것이지, 성질상의 차이가 있는 것은 아니기 때문이다.

지리적 다양성의 복잡화

1절. 한 지점에 여러 언어들이 공존하는 경우

지금까지는 지리적 다양성을 이상적인 형태로, 즉 지역의 수만큼 언어의 종류도 다양하다는 식으로 제시하였다. 사실 이런 식으로 설명할 만한 충분한 근거가 있었다. 지리적 분리가 언어적 다양성의 가장 일반적인 요인이기 때문이다. 그러나 이제, 이러한 상응 관계를 교란시켜 결과적으로 한 지역에 여러 언어들이 공존케 하는 부수적 사실에 대해 생각해 보자.

여기에서는 두 고유 언어가 상호 침투하여 체계의 변화를 일으키는 조직적이고 실제적인 혼합은 문제 삼지 않는다.(노르만족 정복 이후의 영어 참고.) 또한 스위스에서와 같이 지역적으로는 각각 완전히 분리되어 있지만, 정치적 의미에서 한 국가 내에 포함되어 있는 여러 언어의 경우도 역시 문제 삼지 않는다. 우리가 고찰하려는 것은 단지, 두 개의 고유 언어가 한곳에서 나란히 쓰이면서 혼동되지 않고 공존하는 경우이다. 이것은 흔히 발견되는 현상인데, 두 가지 경우로 구분해야 한다.

우선, 새로운 주민의 언어가 토착민의 언어에 중첩되는 경우가 생길 수 있다. 그 예로 남아프리카에선 흑인들의 여러 가지 방언 외에 네덜란드어와 영어가 쓰이는데, 이는 잇달아 있었던 두 식민 정치의 결과이다. 멕시코에 스페인어가 자리 잡게 된 것도 이런 식이었다. 그런데 이런 유의 언어 잠식이 현대에만 국한된 현상이라고 생각해선 안 될 것이다. 여러 국민들이 서로 섞이면서도 자기네 고유 언어를 혼동치 않는 것은 언제나 볼 수 있었다. 이 사실을 이해하기 위해선 현 유럽 지도만 잠시 보아도 충분하다. 아일랜드에서는 켈트어와 영어를 사용한다. 다수의 아일랜드인들이 두 언어를 다 구사하고 있다. 또 브르타뉴에서는 브르타뉴어와 불어를 쓰며, 바스크 지방에서는 바스크어와 함께 불어 혹은 스페인어를 사용한다. 핀란드에는 아주 오래전부터 스웨덴어와 핀란드어가 공존하고 있으며 최근에 러시아어도 첨가되었다. 또한 쿠를란트와 리보니아에서는 레트어, 독어, 러시아어를 다 쓰고 있는데, 독어는 중세에 한자동맹에 의해 오게 된 식민자들이 들여와 특수 계층에서 쓰이게 되었고 러시아어는 후에 정복을 통해 유입되었다. 리투아니아에서는 리투아니아어 외에 오래전 폴란드와의 동맹으로 인해 폴란드어, 그리고 모스크바제국에 합병되었던 결과로 러시아어가 뿌리를 박고 있는 것이다. 또 18세기까지는 엘베 강을 경계로 독일 동부 전역에서 슬라브어와 독어가 쓰였었다. 어떤 지방에선 언어의 혼란이 더욱 심한데, 가령 마케도니아에서는 상상 가능한 모든 언어를 다 볼 수 있다. 터키어, 불가리아어, 세르비아어, 그리스어, 알바니아어, 루마니아어 등이 지역에 따라 갖가지 방식으로 혼합되어 쓰이고 있는 것이다.

그러나 이들 언어가 언제나 전적으로 뒤섞여 있는 것은 아니다. 한 지역 내에 공존한다 할 때, 거기에는 어느 정도의 지역적 할거 상태가 배제되지 않는다. 가령 한 언어는 주로 도시에서 쓰이고, 다른 언어는 시골에서 쓰이는 식이다. 그러나 이러한 할거 상태가 언제나 선명하게 드러나는 것은 아니다.

고대에도 마찬가지 현상이 있었다. 만약 우리에게 로마제국의 언어 지도가 있다면 현재와 아주 유사한 사실들을 볼 수 있으리라. 가령 공화정 말기에 캄파니아 지방에서 썼던 언어들을 살펴본다면, 우선 폼페이의 비문들이 입증하듯이 오스크어를 썼고, 나폴리를 세운 식민자의 언어인 그리스어, 그리고 라틴어, 그 외에도 로마인들이 오기 전에 이 지방을 지배했던 에트루리아어도 쓰였던 것 같다. 카르타고에서는 라틴어 외에도 포에니아어, 즉 페니키아어가 계속 존속하고 있었다.(이 언어는 아랍족의 침략 시대에도 아직 유지되고 있었다.) 물론 카르타고의 영토 내에서 분명히 누미디아어도 사용되었으리란 것을 잊으면 안 될 것이다. 결국 고대 지중해 연안 지역에서는 단일어만 사용하는 나라가 예외였다고 말할 수 있을 정도이다.

이러한 언어의 중첩 현상은 대부분의 경우 힘센 민족의 침입에 의해 야기되었다. 그러나 또한 식민 정치라든가 평화로운 유입의 경우도 있으며, 한편 유목민들의 경우 그 언어도 함께 이동되곤 한다. 특히 헝가리에 밀집 촌락을 형성하고 정착한 집시들이 그러했는데, 그 언어를 연구한 결과 이들이 어느 시대엔가 인도로부터 이주해 왔으리라는 결론을 내릴 수 있었다. 도나우 강 어귀의 도브루자 지방에는 타타르족의 촌락들이 산재해 있어, 이 지역의 언어 지도 위에 작은 점들을 찍고 있다.

2절. 문어와 지방 고유 언어

이것도 아직은 전부가 아니다. 언어의 통일성은 자연적인 고유 언어가 문어의 영향을 받게 될 때 파괴될 수 있다. 이 현상은 한 민족이 어느 수준의 문명에 도달했을 때 틀림없이 일어나고야 만다. '문어(文語)'라는 표현으로 우리는 단지 문학적 언어뿐 아니라 더 일반적인 의미에서 공식어이건 아니건 간에 한 공동체 전체에서 쓰이는 모든 종류의 교양 언어를 가리킨다. 혼자 내버려져 있는 경우 언어는 결국 서로 아무런 영향도 미치지 않는 방언들에 지나지 않으며, 따라서 한없이 세분되기 마련이다. 그러나 문명이 그 발달에 따라 소통을 증대시키므로, 언어에서도 일종의 묵계에 의해 기존 방언 중 하나를 선택하여, 국민 전체가 관련되는 모든 사항의 매체로 삼게 된다. 이러한 선택의 동기는 다양하다. 어떤 때는 가장 문명이 발달된 지역의 방언을 택하기도 하고 또 어떤 때는 정치적 패권을 쥐고 있어 중앙 정부가 자리 잡고 있는 지방의 방언을 택하기도 한다. 그런가 하면 왕실이 자기의 말을 국민에게 강요하기도 한다. 일단 공식적인 공통어로 승격되면 이렇게 특전을 받은 방언이 이전의 상태대로 남아 있기란 극히 힘들다. 타지방 방언들의 요소가 여기에 섞여, 점점 혼합체가 되어가지만 그러면서도 원래의 성격을 완전히 잃지는 않는다. 그리하여 문어체 불어에서 일드프랑스의 방언을 알아볼 수 있는가 하면, 공용 이탈리아어에서는 토스카나 말의 요소가 보인다. 그러나 어쨌든 문어란 하룻밤 새에 이루어지는 것은 아니며 상당수의 국민들이 이개어(二個語) 사용자가 되어, 모두가 쓰는 말과 지방 사투리를 동시에 사용하게 된다. 프랑스의 여러 지방에서 이러한 현상을 볼 수 있는데, 가령 사보이 지방에서는 불어가 유입되긴 했지만 토착적인 사투리를 완전히 버리진 못하고 있다. 또한 독일이나 이탈리아에서도 이러한 사실이 보편적이어서, 어디서나 방언이 공식어와 더불어 존속하고 있다.

이와 같은 사실은 어느 정도 수준의 문명에 도달했다면 어느 민족에게나 항상 일어났었다. 그리스인들에게도 아티카어와 이오니아어로부터 생겨난 코이네(koinè)가 있었지만, 그와 함께 지방 사투리들이 또한 존속하고 있었다. 심지어 옛 바빌로니아에서도 여러 방언과 함께 공식어가 있었으리라고 추정된다.

보편적 언어는 반드시 문자체계(écriture)의 사용을 전제로 하는 것일까? 호메로스의 시들을 보면 그렇지가 않은 것 같다. 문자가 거의 사용되지 않던 시대에 생겨났음에도 불구하고 그 언어는 규약적이며 문어의 모든 성격들을 드러내고 있는 것이다.

이 장에서 다루었던 사실들은 극히 흔한 일이기 때문에 언어사에 있어 평범한 요소로 보일지도 모른다. 그러나 우리는 여기서 자연적인 지리적 다양성의 이해를 흐리게 하는 모든 것들을 생략하고, 외국어의 유입이나 문어의 형성과 관계없이 원초적 현상만 고찰하고자 한다. 이러한 도식적인 단순화는 실제 현상을 왜곡한다고 보이겠으나, 자연적인 사실은 우선 그 자체로서 연구되어야 하는 것이다.

우리가 택한 원칙을 따르자면, 가령 브뤼셀은 게르만어권에 속하는 것으로 간주된다. 왜냐하면 이 도시가 벨기에의 플랑드르어권에 위치하고 있기 때문이다. 그곳에서 불어를 사용하기는 하지만, 우리에게 중요한 것은 플랑드르어 영역과 발롱어 영역의 경계선뿐이다. 한편 같은 관점에서, 리에쥬는 발롱어 영역에 있으므로, 로맨스어 지역이다. 이곳에서 불어는 뿌리가 같을 뿐 완전히 다른 방언에 중첩된 하나의 외국어일 따름이다. 이런 식으로, 브레스트도 언어학적으로는 브르타뉴어 지역이지만, 그곳에서 쓰이는 불어는 브르타뉴 지방의 토착 고유 언어와는 완전히 딴판이다. 베를린에서는 거의 고지독어밖에는 들을 수 없지만, 저지독어 지역으로 편입된다.

3장

지리적 다양성의 원인들

1절. 근본적 원인, 시간

절대적 다양성(4부 1장 참고.)은 순전히 사변적인 문제를 제기한다. 반대로 친족성 속에서의 다양성은 관찰의 현장에 뛰어들게 하며, 어떤 통일성으로 귀결될 수가 있다. 가령 불어와 프로방스어는 다 같이 통속 라틴어로 거슬러 올라가게 되는데, 이것의 진화 과정이 고올 지방의 북부와 남부에서 서로 달랐던 것이다. 이 두 언어의 공통적 기원은 사실의 구체성에서 귀납되는 것이다.

어떤 식으로 일이 진행되는지를 제대로 이해하기 위해 공간에서 일어나는 다양화의 근본적 원인을 끌어낼 수 있는 가장 단순한 이론적 조건을 상정하여, 가령 명확히 한정된 지점(예컨대 작은 섬)에서 쓰이던 언어가 식민자들에 의해 역시 한정된 다른 지점(가령 다른 하나의 섬)으로 이식된다면 어떤 일이 생겨날지를 생각해 보도록 하자. 어느 정도 시간이 흐른 후엔 첫 지점(F)의 언어와 둘째 지점(F′)의 언어 사이에 어휘, 문법, 발음 등의 면에서 다양한 차이가 생겨남을 볼 수 있을 것이다.

토착 고유 언어는 불변의 상태로 머무르고 이식된 고유 언어만 변화한다고 생각해서는 안 된다. 이와 전적으로 반대인 경우도 역시 일어나지 않는다. 변화는 이쪽 혹은 저쪽, 또는 양쪽에서 동시에 생겨날 수 있다. 언어적 특성 a가 있고 이것이 다른 특성들(b, c, d, ……)로 대체될 수 있다 할 때, 이화 작용은 다음의 세 가지 방식으로 일어날 수 있다.

$$\left.\begin{array}{c} a(\text{지점 } F) \\ \hline a(\text{지점 } F') \end{array}\right\rvert \begin{array}{l} \rightarrow \dfrac{b}{a} \\[2mm] \rightarrow \dfrac{a}{c} \\[2mm] \rightarrow \dfrac{b}{c} \end{array}$$

그러므로 어느 한 방향으로만 연구가 행해져서는 안 된다. 두 언어의 변화는 똑같이 중요한 것이다.

　무엇 때문에 이러한 차이가 생겼을까? 그것이 공간만의 작용이라고 믿는다면 환상이다. 공간은 그 자체만으로는 언어에 대해 아무런 작용도 할 수 없다. F에서 떠나 온 식민자들은 F′에 도착한 다음 날에도 전날과 똑같은 말을 사용하고 있었다. 시간이라는 요인을 쉽게 잊어버리는데, 이는 공간보다 덜 구체적이기 때문이다. 그러나 사실상 언어의 이화 작용은 시간의 영역에 속한다. 지리적 다양성은 시간적 다양성으로 옮겨 해석하여야 할 것이다.

　두 가지 차별적 특성 b와 c가 있다고 하자. 결코 전자에서 후자로 혹은 후자에서 전자로 이행되었던 일은 없었다. 통일성에서 다양성으로의 이행 과정을 발견하기 위해서는 b와 c로 대체되었던 원시적 특성 a로 거슬러 올라가야 한다. 바로 a가 나중 형태인 b와 c에 자리를 내주었기 때문이다. 따라서 다음과 같은 지리적 이화 작용의 도식이 나오는데, 이것은 유사한 모든 경우에 해당되는 것이라 하겠다.

$$
\begin{array}{ccc}
F & & F' \\
a & \leftrightarrow & a \\
\downarrow & & \downarrow \\
b & & c
\end{array}
$$

　두 고유 언어의 분리 상태는 이러한 현상의 분명한 형태이긴 하지만, 그 현상 자체를 설명해 주지는 않는다. 물론 장소의 다양성이 없다면(그것이 아무리 미미한 것일지라도), 언어적 사실이 이화하지는 않을 것이다. 그러나 격리 그 자체가 차이를 만들어내지는 않는다. 부피를 측정할 때 한 면적만으로는 불가능하고 제3차원인 깊이를 알아야 하는 것처럼, 지리적 차이의 도식은 시간 속에 투사되어야만 완전해진다.

　환경, 기후, 지형의 다양성, 특수한 습관들(예를 들어 산악 지대 주민과 해안 지방 주민들의 경우 차이가 있을 것이다.)이 언어에 영향을 줄 수 있고, 이 경우 여기서 거론 중인 변동이라는 것은 결국 지리적으로 좌우되는 것이 아닌가 하고 반론할 수 있을 것이다. 이러한 영향이란 의심스럽다.(3부 2장 4절 참고.) 설혹 그것을 증명할 수 있다 해도 여기서 한 가지 구별하고 넘어가야 할 것이 있다. 움직임의 방향은 환경의 탓으로 돌릴 수 있다. 그것은 매 경우마다 증명할 수도 묘사할 수도 없는 규명 불가능의 요인에 의해 결정된다. u가 어느 순간 어느 곳에서 $\ddot{u}$로 변했다 할 때, 왜 하필이면 이 순간 이 장소에서 변하였을까, 또 왜 o로 변하지 않고 $\ddot{u}$가 되었을까 하는 질문에 답할 수가 없는 것이다. 그러나 특수한 방향성과 개별적 현상을 제외한 변화 자체, 즉 한마디로 언어의 불안정성 그 자체는 시간에만 종속되어 있다. 그러므로 지리적 다양성은 결국 일반적인 현상의 부수적 일면일 뿐인 것이다. 친족어 사이의 통일성은 시간 속에서만 재발견된다. 비교언어학자는 이 원칙을 명심해야만 엉뚱한 환상에 사로잡히지 않게 될 것이다.

2절. 연속된 지역에 대한 시간의 작용

이제 단일어 사용 지방이 있다고 하자. 즉 예를 들어 라틴어가 어디에나 확고하게 자리 잡고 있었던 서기 450년경의 고올 지방처럼, 단 한 가지의 언어만을 사용하고 주민도 고정되어 있는 곳을 말한다. 이런 곳에서는 어떤 일이 일어날까?

(1) 언어활동에 관한 한 절대적인 부동성이란 존재하지 않으므로(1부 2장 2절 참고.) 어느 정도의 시간이 흐른 후엔 언어가 이미 전과 같지 않을 것이다.

(2) 진화는 영토의 전역에서 단일하게 이루어지지 않고, 장소에 따라 각각 다르게 일어날 것이다. 하나의 언어가 그 영역 전체에서 똑같은 방식으로 변화하는 것이 확인된 적은 한번도 없었다. 그러므로 실제 현상을 나타내는 도식은

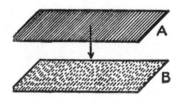

가 아니고

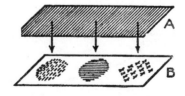

가 된다.

그러면 각종의 방언들을 만들어내게 되는 다양성은 처음에 어떻게 시작되고 윤곽이 드러나게 될까? 이 문제는 얼핏 보기와는 달리 그렇게 간단한 것은 아니다. 이 현상은 두 가지 주요 특성을 드러낸다.

(1) 진화가 연속적이며 명확한 변화의 형태를 띠어, 그 성질에 따라 열거, 묘사, 분류가 가능한 부분적인 사실들을 형성한다.(음성학적, 어휘론적, 형태학적, 통사론적 등등의 사실들.)

(2) 이러한 변화들 하나하나가 일정한 표면 위에 뚜렷한 자기 지역에서 이루어진다. 이때 두 경우 중 하나가 가능하다. 첫째는 변화의 영역이 전 영토를 포괄하여 방언적 차이가 전혀 없는 것으로, 이런 경우는 매우 드물다. 둘째로는 변형이 지역의 일부에만 미쳐 각 방언 현상이 하나의 특수한 지역에 국한되는 것인데, 흔히 볼 수 있는 경우라 하겠다. 이제 음성학적인 변화에 대해 언급하는 것은 다른 어떤 유의 변화에도 다 해당되는 것이다. 가령 한 영토의 일부분에서 a가 e로 변화했다고 하자.

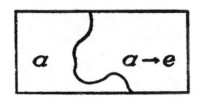

이때 같은 영토에서 s가 z로 변화하는 현상이 일어나되 경계선이 다를 수 있다.

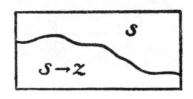

이렇게 서로 다른 영역들이 존재한다는 사실이야말로, 한 언어가 자연적 진화의 과정을 겪게 될 때 그 언어 영역 모든 지점에서 나타나게 되는 사투리의 다양성을 설명해 주는 근거가 된다. 이들 지역을 미리 추측할 수는 없다. 어떠한 기준에 의해서도 그 폭을 미리 결정할 수는 없으며, 단지 확인을 할 수 있을 뿐이다. 이들 영역은 지도 위에 포개져 그 경계선들이 교차되며, 극도로 복잡한 결합 상태를 이룬다. 그 형상은 가끔 기이하다. 가령 프랑스 북부 전역에서 라틴어의 *c*, *g*가 *a* 앞에서 *tš*, *dž*로 되고, 나중에는 *š*, *ž*로 변화하였는데(예를 들어 *cantum* → *chant*, *virga* → *verge*), 피카르디와 노르망디의 일부 지역에서만 예외적으로 *c*, *g*가 그대로 남아 있었던 것이다.(예를 들어, 피카르디 말로 *chat*는 *cat*라 하고, *réchappé*는 *rescapé*라 하는데, 최근 불어에 편입되었으며 상기의 *virga*는 *vergue*로 되었다.)

이러한 모든 현상에서 어떠한 결과가 나올까? 만일 어느 한순간 한 언어가 한 영토의 전체를 지배하고 있다 해도, 오 세기 내지 십 세기 후에는 영토의 양단에 사는 주민들은 서로 의사소통을 하지 못하게 될 것이다. 반대로 어느 지점에서든 바로 인접한 지방의 사투리는 계속 이해할 수 있을 것이다. 한 나라를 끝에서 끝으로 횡단하는 여행자가 있다면 그는 지역 지역마다 아주 미미한 방언적 변화밖에는 보지 못할 것이다. 그러나 여행이 계속됨에 따라 이러한 차이가 쌓이고 쌓여, 결국은 그가 출발했던 지방의 주민들은 결코 이해하지 못할 언어를 만나게 될 것이다. 혹은 또, 어느 한 지점에서 출발하여 어떤 방향으로든 나아가 방사선식으로 그 영토를 누비고 다닌다 할 때, 비록 다 방식은 다르겠지만 각 방향에서 차이점의 합계가 점점 증가하는 것을 알게 될 것이다.

한 마을의 사투리가 가진 특성들은 부근의 다른 지역에서도 볼 수 있겠지만, 각 특성마다 그 범위가 어느 정도 멀리까지 뻗칠지는 예견할 수 없다. 가령 사보이의 한 읍인 두벤에선 제네바(Genève)라는 지명은

*denva*라고 하는데, 이 발음은 동쪽과 남쪽 방향으로 매우 멀리까지 퍼져 있다. 그러나 레만 호의 건너편에서는 *dzenva*라 발음한다. 그렇다고 해서 분명히 구별되는 두 가지 방언이 있다고 할 수 없는 것이, 또 다른 현상의 경우 경계가 또 달라질 것이기 때문이다. 예를 들어 두벤에선 *deux*를 *daue*라고 하는데 이 발음은 *denva*의 경우보다 훨씬 영역이 좁은 것이어서, 그곳에서 몇 킬로미터밖에 안 떨어진 살레브에선 *due*라 하는 것이다.

3절. 방언은 자연적 경계가 없다

일상적으로 방언에 대해 갖고 있는 생각은 이와 전혀 다르다. 즉 방언은 완전히 정해진 언어 유형이어서, 모든 방향으로 한정되어 있고 지도상에서 분명히 구분되어 병치하고 있는 영토 중 하나를(*a, b, c, d* 등) 각자 점유하고 있다고 생각한다. 그러나 방언의 자연적 변형은 이와는 전혀 다른 결과를 보여준다.

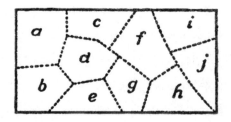

현상을 하나하나 그 자체로서 연구하고 그 영역을 정하려 하자마자, 우리는 기존의 개념을 버리고 다음과 같은 새로운 개념을 받아들일 수밖에 없었다. 즉 자연적 방언의 성격만이 있을 뿐이지 자연적 방언이란 없다

는 것이다. 또는 같은 말이 되는 것이지만 장소의 수만큼 방언의 수가 있다는 것이다.

이와 같이, 자연적 방언이라는 개념은 원칙적으로, 다소간의 넓이를 가진 지방의 개념과는 양립할 수가 없다. 결국 둘 중의 하나이다. 우선 하나의 방언을 성격의 총체로서 정의하는 것인데, 이 경우 지도상의 한 점을 골라 단 한 지방의 사투리만 다룬다. 그곳에서 조금만 멀어져도 이미 정확히 똑같은 성격들을 발견할 수는 없게 된다. 혹은 방언을 그 성격들 중 단 하나로서만 정의하는 것인데, 이 경우 물론 한 면적을 설정할 수 있게 되는바, 그것이 바로 문제된 사실의 전파 면적이다. 그러나 말할 필요도 없이 이것은 인위적인 방법이며, 그렇게 해서 그어진 경계선은 어떠한 방언의 실제 상태와도 상응하지 않는다.

방언적 성격의 연구가 언어 지도 제작의 출발점이었는데, 그 모델이 된 것은 질리에롱(Gilliéron)의 『프랑스 언어 지도집』이다. 또한 벤케르(Wenker)에 의한 독일의 지도도 들어야 한다.[1] 지도집의 형태는 아주 적합하다 하겠는데, 지도 한 장으로 한 지방을 연구하기에는 너무 적은 수의 방언적 성격들밖에 포괄하지 못하기 때문이다. 같은 지방일지라도 거기에 중첩되어 있는 음성학적, 어휘론적, 형태론적 특성 등이 어떠한가를 보여주기 위해서는 여러 번 되풀이 취급되어야 하는 것이다. 이런 연구에는 상당한 조직이 필요하다. 가령 지방별 통신원의 도움을 받아 질문서에 의한 체계적 설문조사를 실시하는 것 등이다. 스위스 로망드 지방의 지방어에 대한 설문조사가 그 예가 될 수 있겠다. 언어 지도집의 이점 중 하나는 방언학의 작업에 자료를 제공해 준다는 점인데, 최근에 나온 많은 전공 논문들이 질리에롱의 지도집에 근거하고 있다.

방언적 성격의 경계선을 '등어선'(lignes isoglosses 또는 d'isoglosses)이

---

1) 또한 Weigand의 *Linguistischer Atlas des dakorumänischen Gebiets*(1909)와 Millardet의 *Petit atlas linguistique d'une région des Landes*(1910) 참조.

라 불렀었는데, 이는 '등온선'을 모델로 만들어진 용어로서, 사실은 모호하고 부적당하다. 왜냐하면 이 용어는 '같은 언어를 가지고 있다'는 의미를 띠고 있기 때문이다. 언어소(glossème)가 '고유 언어적 성격'을 의미한다고 할 때, 차라리 가능하다면 등어소선이라 부르는 것이 더 옳을 것이다. 그러나 우리로선 요하네스 슈미트(Johannes Schmidt)에게서 유래하는 이미지를 따서 변화파라 부르는 것이 한결 더 낫다고 생각한다. 이 이미지에 대해선 다음 장에서 정당화하고자 한다.

언어 지도를 볼 때 우리는 간혹 이 파동 중 두세 가지가 거의 일치되거나 심지어 어느 진로상에서는 하나가 되는 것을 발견하게 된다. 이런

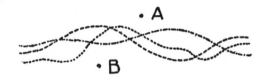

지대에 의해 A, B 두 지점은 어느 지점의 차이점을 나타내며 아주 다른 두 사투리를 형성한다는 것이 명백하다. 그런가 하면 이러한 일치가 부분적이 아니고 두 개 이상의 지역 둘레 전체에 해당되는 수가 있다.

이러한 일치성이 충분한 숫자를 이룰 때 대략 방언이라 할 수 있다. 일치성은 사회적, 정치적, 종교적 사실 등에 의해 설명될 수 있겠는데, 이

런 사실들은 여기에선 전혀 다루지 않는다. 이들 일치성은 독립적 지역에 의한 원시적이고 자연적인 이화 작용을 완전히 지워버리지는 못하지만 어느 정도 가리고 있는 것이다.

4절. 국어는 자연적 경계가 없다

국어와 방언 사이의 차이가 어디에 있는지 말하기는 어려운 일이다. 간혹 방언으로 쓰인 문학 작품이 있을 경우에 이를 국어라고 부른다. 포르투갈어나 네덜란드어의 경우가 그러하다. 이해 가능성이라는 문제 역시 역할을 하는데, 서로의 의사를 이해하지 못하는 사람들을 보고 다른 국어를 사용한다고 말한다. 어쨌든, 연속되어 있는 영토상에서 정착 주민들 사이에 발달된 국어들은 방언과 똑같은 여러 사실을 좀 더 큰 규모로 보여준다. 국어에도 변화파가 있는데, 단지 그것이 여러 국어에 공통된 넓은 지역을 포괄한다는 것뿐이다.

우리가 전제했던 이상적인 조건 속에서 국어들 사이에 경계선을 설정하는 것이 불가능한 것은 방언에서와 마찬가지이다. 영토의 폭은 무관하다. 어디까지가 고지독어이고 어디서부터가 평지독어인지 분명히 말할 수 없는 것처럼, 독어와 네덜란드어 사이에, 불어와 이탈리아어 사이에 분계선을 긋는 것 역시 불가능하다. 자신 있게 '여기는 불어권, 여기서는 이탈리아어권'이라고 말할 수 있는 극단적인 지점들도 있다. 그러나 중간 지방에 들어오게 되면 이런 구분은 사라지고 만다. 두 국어 사이의 중간 단계 역할을 하리라고 상상되는 좀 더 좁은 밀집 지대, 가령 불어와 이탈리아어 사이의 프로방스 말 같은 것이라고 해서 더 현실성이 있는 것은 아니다. 더구나 어떻게 끝에서 끝까지 점진적으로 차이 나는 방언들로 덮여 있는 영토에 이런저런 식으로 명확한 국어의 경계를 상상할 수 있겠는가? 방언들의 경우와 마찬가지로 국어들의 경계라는 것도 많은 중간 단계들 속에 파묻혀 버린 것이다. 방언이라는 것이 국어의 표면 전체를 자의적으로 세분해 놓은 것에 불과한 것과 마찬가지로, 두 국어를 갈라놓고 있다고 여겨지는 경계라는 것도 결국 관례적인 것일 뿐이다.

그러나 이 국어에서 저 국어로 갑작스레 이행하게 되는 일이 꽤 빈번하다. 어디서 이러한 일이 생겨나는 것일까? 이것은 어떤 불리한 상황으로 인해 완만한 추이 현상이 유지되지 못했기 때문이라 하겠다. 가장 큰 혼란의 요인은 주민의 이동이다. 민족들은 언제나 왕래를 해왔다. 수 세기 동안 민족 이동이 누적되면서 모든 것이 뒤섞여 많은 지점에서 언어 추이의 흔적이 없어져 버렸다. 인도유럽어족이 그 특징적인 예라 하겠는데, 이들 언어는 처음에 매우 긴밀한 관련이 있었고 언어 지역들에 끊기지 않는 사슬을 형성하고 있었음에 틀림없는 듯한바, 대강은 그 주요 언어 지역들을 재구성할 수도 있는 것이다. 가령 슬라브어는 그 성격상 이란어와 게르만어에 걸쳐 있는데, 이것은 이들 언어의 지리적 분포에 부합한다. 마찬가지로 게르만어는 슬라브어와 켈트어 사이의 연결 고리로 볼 수 있으며, 또 켈트어는 이탈리아어와 매우 긴밀한 관련을 갖고 있다. 그런가 하면 이탈리아어는 또 켈트어와 그리스어 사이의 중개자인데, 이렇게 되니 언어학자는 그 지리적 위치를 모르고도 주저 없이 각 고유 언어에 맞는 위치를 정해 줄 수가 있을 것이다. 그렇지만 우리가 두 고유 언어군 사이의 경계선을 보면 — 예를 들어 게르만어와 슬라브어 사이의 경계선 — 전혀 완만한 추이가 없는 갑작스러운 비약 현상이 드러난다. 이 두 고유 언어는 서로 융합되지 않고 충돌하고 있는데, 이는 중간적인 방언들이 사라져버렸기 때문이다. 슬라브인이나 게르만인이나 움직이지 않고 가만히 있었던 게 아니고 이주하였으며 각자 서로에게서 영토를 빼앗았던 것이다. 현재 이웃하고 있는 슬라브인과 게르만인은 예전에 접하고 있던 그 사람들이 아니다. 칼라브레 지방의 이탈리아인들이 프랑스의 경계 지대에 와 정착한다고 상상해 보자. 이러한 이동은 우리가 이탈리아어와 불어 사이에서 확인했던 완만한 추이를 자연적으로 파괴시켜 버릴 것이다. 인도유럽어는 이와 유사한 일련의 사실을 보여주고 있다.

그러나 또 다른 원인들도 이러한 추이 상현을 소멸시켜 주고 있다. 예를 들어 사투리를 누르고 공통어들이 확장하는 경우가 그것이다.(4부 2장 2절 참고.) 오늘날 프랑스 문어(옛 일르드프랑스어)가 국경선에서 이탈리아어(보편화된 토스카나어)와 부딪치게 되었는데, 많은 언어 경계선 상에서 중간적 사투리의 흔적이 완전히 사라져버린 반면, 아직도 서쪽 알프스 지대에서 중간 단계 사투리를 찾아볼 수 있음은 운 좋은 일이라 하겠다.

4장

언어파의 전파

1절. 교류성[1]과 지방 근성

언어 현상 전파의 법칙은 그 어떤 습관, 가령 유행의 법칙과도 마찬가지이다. 모든 인간 집단 속에는 두 가지 힘이 동시에 반대 방향으로 작용하고 있다. 한편으로는 자기 중심주의, '지방 근성'이 있고, 다른 한편으로는 사람 사이에 소통을 만드는 '교류성'이 있다.

어떤 국한된 언어 공동체가 그 속에서 자란 전통에 대해 충실한 것은 지방 근성에 의해서이다. 이러한 습관은 한 개인이 유년 시절에 습득하는 최초의 습관이라는 점에서 그 힘과 지속성을 지닌다. 만일 이러한 습관들만 작용한다면 언어활동에서는 한없이 특수성만 생길 것이다.

그러나 그 효과는 반대되는 힘의 작용으로 수정된다. 지방 근성이 사람들을 정착하게 한다면 교류성은 서로를 소통하게 한다. 이것 때문에 한 마을에 다른 지역의 과객이 오게 되거나, 축제나 장날에 주민의 일부가 움직이거나, 여러 지방 사람들이 깃발 아래 모인다거나 하는 것이다.

---

1) 이는 영어의 *intercourse*(*interkors*로 발음, '교제, 통상, 전달'의 의미)에서 차용한 것으로 학술적인 진술보다는 구두 설명에 더 적당하지만, 저자의 생생한 표현을 위해 그대로 써도 괜찮을 것이라고 생각한다.

한마디로 말해서, 그것은 지방 근성의 분해 작용을 막는 통일 원리인 것이다.

언어의 확장과 응집은 교류 때문인데, 두 가지 방식이 있다. 소극적일 때는 어느 지점에서 새로운 변화가 일어나려 할 때 그것을 막음으로써 방언의 세분화를 예방한다. 적극적일 때는 이 변화를 수용하고 전파시켜 통일성을 조장한다. 어떠한 방언 현상의 지리적 경계를 가리키기 위해 파동이라는 용어를 사용하는 것이 정당화되는 것은 이 두 번째 형태에 의해서이다.(4부 3장 3절 참고.) '등어소선'이라는 것은 홍수가 밀려왔다가 되돌아가는 한계선과 같다.

간혹 같은 언어의 두 사투리가 지역적으로 상당히 멀리 떨어져 있음에도 불구하고 공통된 언어 특성을 띠고 있음을 발견하고서 놀랄 때가 있다. 이것은 영토의 한 지점에서 생겨났던 변화가 아무런 장애도 받지 않고 전파되어 점차 출발점에서 아주 먼 곳까지 갔기 때문이다. 완만한 추이밖에 없는 언어 대중 속에서는 어떠한 것도 교류의 작용을 받지 않는다.

경계선이 어디까지 가든 간에 한 특수한 현상이 보편화되는 데에는 얼마간의 시간을 요하며, 때로는 시간을 측정할 수도 있다. 가령 교류에 의해 독일 대륙 전체에 퍼졌던 $\bar{p} \to d$의 변형은 우선 800년에서 850년 사이에 프랑크어의 경우만 빼고 남부 지방에 전파되었었다. 프랑크어에서는 $\bar{p}$가 연음 d로 존속하다가 나중에 가서야 d에 밀리게 되었다. $t \to z$(ts로 발음)의 변형은 좀 더 좁은 범위에서 일어났고 최초의 문자로 된 자료보다 앞선 어느 시기에 시작되었다. 이 변형은 600년경 알프스 지방에서 출발하여 동시에 북쪽과 남쪽, 즉 롬바르디아 지방에 전파되었을 것이다. 8세기의 튀링겐헌장에서 t가 아직도 읽히고 있는 것을 볼 수 있다. 또한 더 후에 게르만어의 i와 $\bar{u}$가 이중모음화되었는데($m\bar{\imath}n \to mein$, $br\bar{u}n \to braun$ 참조.) 이 변형은 1400년경 보헤미아 지방에서 출발하여,

라인 강에 이르러 현재의 지역을 포괄하기까지 삼백 년이 걸렸다.

이들 언어 현상은 전염식으로 퍼졌는데, 모든 파동이 다 그러할 것이다. 즉 한 지점에서 출발하여 방사상으로 퍼지는 것이다. 이 사실로부터 우리는 두 번째 중요한 확인을 하게 된다.

이미 우리는 시간 요인이 지리적 다양성을 설명하는 데 충분하다는 것을 보았다. 그러나 이 원칙이 완전히 입증되려면 변화가 생겨난 장소를 고려해야만 하는 것이다.

독어의 자음 변화를 다시 들어보자. *t*라는 음소가 독어권의 어느 지점에서 *ts*로 변했다 할 때 이 새로운 음은 근원지로부터 방사될 것이고, 바로 이 공간적인 전파를 통해서 원래의 또는 다른 여러 지점에서 생겨날 수 있는 이 음의 다른 파생음들과 충돌하게 된다. 그 출생지에서는 변화가 순전히 음성학적인 현상일 뿐이다. 그러나 다른 곳에서는 지리적으로 그리고 전염에 의해서만 그 변화가 확고하게 된다. 그리하여 도식

의 단순성은 변화의 근원지에서만 용납되는 것이며, 전파 현상에 적용되면 부정확한 이미지를 주게 된다.

그러므로 음성학자는 하나의 음소가 순전히 시간의 축에서만 진화되는 변화의 근원지와, 시간, 공간에 다 관계되어 있어 순수 음성학적 현상의 이론에서 거론될 수 없는 전염 지역을 잘 구별해야 할 것이다. 외부에서 온 *ts*가 *t*를 대신할 때 전통적 원형이 변형됐다고 볼 수는 없으며, 이 원형과는 관계없이 이웃 사투리를 모방한 것일 뿐이다. 이와 마찬가지로, 알프스 지방에서 온 *herza*(마음)라는 형태가 튀링겐 지방의 더 오

래된 *herta*를 대신하게 될 때 음성학적 변화라고 말할 수 없는바, 이는 음소의 차용이라 하겠다.

2절. 단일 원칙으로 귀결되는 두 가지 힘

영토의 한 주어진 점 위에서는——이것은 가령 한 촌락과 같이 점과 동일시할 수 있는 최소한의 공간을 말한다(4부 3장 3절 참고)——어떤 것이 대치하고 있는 두 개의 힘, 즉 지방 근성과 교류성 중 어느 것에 달려 있나를 구별하기가 아주 쉽다. 하나의 현상은 두 힘 중 하나를 배척하고 전적으로 다른 하나에만 달려 있다. 즉 다른 사투리에도 공통되는 특성은 모두 교류에 달려 있는 것이며, 그 지점의 사투리에만 속한 특성은 전부 지방 근성에 의한 것이다.

그러나 벌써 하나의 면적, 가령 한 주(州)가 문제될 때는, 새로운 난점이 제기된다. 이미 여기서는 주어진 현상이 두 요인 중 어느 곳에 속하는 것인지를 말할 수 없게 되는 것이다. 비록 정반대이긴 하지만, 두 가지 요인이 다 고유 언어가 가진 성격마다 관련되어 있는 것이다. A라는 주의 특징 요인은 그 주를 이루고 있는 모든 지역에 공통된다 하겠는데, 우선 자기 중심적 힘이 A가 이웃인 B를 모방하지 못하도록 하는 동시에 반대로 B도 A를 모방하지 못하게 한다. 그러나 통일력, 즉 교류성 역시 작용한다고 할 수 있는 것이, A의 여러 부분(A^1, A^2, A^3 등) 사이에 이 힘이 드러나고 있기 때문이다. 이렇게 면적의 경우, 두 가지 힘이 그 정도는 때에 따라 다르지만 동시에 작용하고 있는 것이다. 교류가 변화를 수월하게 해줄수록 그 지역도 넓어진다. 지방 근성에 대해 말하자면, 한 언어 현상을 기정된 범위 내에서 유지시켜 외부로부터의 경쟁에 대해 이를 방어한다. 이 두 가지 힘의 작용으로부터 어떤 결과가 생겨날지를 예견할 수는 없다. 우리는 본 장 1절에서, 알프스 지방에서 북해에 이르는 게르만어권에서 $\bar{p} \rightarrow d$의 이행이 보편적이었던 데 반해, $t \rightarrow ts(z)$의 변화는 남부 지방에만 국한되었음을 보았다. 지방 근성으로 인해 남부와 북부가 대립 상태에 놓인 것이다. 그러나 이 범위 내에서는 교류 때문에 언어적 유대성이 있다. 그리하여 원칙적으로는 첫째와 둘째 현상 사이에 근본적인 차이는 없다. 위에서 본 두 힘이 맞서고 있는 것이며, 단지 그 작용의 강도가 다를 뿐이다.

이러한 사실이 의미하는 것은 실상 한 면적에서 일어나는 언어 진화의 연구에 있어 자기 중심적 힘은 무시해 버릴 수도 있다는 것, 또는 결국 같은 말이지만 그 힘을 통일력의 소극적인 면으로 볼 수 있다는 것이다. 통일력이 충분히 강할 때는 면적 전체에 걸쳐 통일성이 이루어질 것이고, 그렇지 못할 때는 그 현상이 중도에 멈추어서 영토의 일부분만을 포괄하게 될 것이다. 그러나 이렇게 해서 제한된 지역도 부분들과의 관계를 보면 일관성 있는 전체를 이룬다. 이런 이유로 해서 지방 근성을 개입시키지 않고 모든 것을 통일력에 귀결시킬 수 있는 것이다. 왜냐하면 지방 근성이란 각 지방 고유의 교류성에 불과하다고 볼 수 있기 때문이다.

3절. 분리된 여러 영토에서의 언어의 이화 작용

단일어 사용 집단 내에서 응집력은 현상에 따라 다 다르고 모든 변화는 보편화되는 것은 아니며 지리적인 연속성도 부단한 이화 작용을 막지 못한다는 사실들을 이해할 때에만 비로소 우리는 분리된 두 지역에서 나란히 발달하는 한 언어를 연구해 볼 수 있다.

이 현상은 매우 흔하다. 예를 들어 게르만어가 대륙으로부터 영국 제도에 침투했을 때부터 그 진화가 이분되었던 것이다. 즉 한편으론 독일 방언들이 있었고 또 한편엔 앵글로색슨어가 있었는데, 여기서 영어가 나온 것이다. 또한 캐나다에 이식된 불어도 들 수 있다. 불연속성은 반드시 식민 정치나 정복의 결과는 아니고, 고립에 의해서도 생겨날 수 있다. 가령 루마니아어는 슬라브 민족이 중간에 낌으로써 라틴어 집단과의 접촉을 상실했다. 더구나 원인이 무엇인가는 별로 중요하지 않다. 문제는 무엇보다도 먼저, 분리 상태가 언어사에 있어 어떠한 역할을 하는가 안 하는가, 또한 그것이 연속성에서 나타나는 효과와는 다른 효과를 내는가를 아는 데에 있다.

앞에서 우리는 시간이라는 요인의 주도적 작용을 좀 더 잘 드러내기 위해, 가령 조그만 두 섬들처럼 점진적인 전파를 무시해 버릴 수 있는 두 지점에서 나란히 발달하는 하나의 고유 언어를 상상해 보았었다. 그러나 어느 정도의 면적을 가진 두 영토 상에서는 이 현상이 다시 나타나서 방언의 이화 작용을 일으키므로, 불연속적인 영역이라고 해서 문제가 간단해지는 것은 전혀 아니다. 분리 현상에 의하지 않고도 설명되는 것을 분리 현상에 귀결시키지 않도록 해야 하는 것이다.

이것이 바로 초기 인도유럽어 학자들이 저지른 잘못이다.(서론 1장 참고.) 각 언어가 이미 서로 상당히 달라져 버린 거대한 어족을 대하였을 때, 그들은 이러한 현상이 지리적인 세분 이외의 원인에 의하여 일어날 수도 있었다고는 생각지 못했다. 장소가 떨어져 있으면 언어도 다를 것이라고 상상하기가 더 안이하며, 피상적인 관찰자에게 있어선 이것이 바로 이화 작용에 대한 필요충분한 설명인 것이다. 여기에 그치지 않고 사람들은 언어의 개념을 국적의 개념에 연결시켜, 후자가 전자를 설명해 준다고까지 생각했다. 이런 식으로 해서 슬라브족, 게르만족, 켈트족 등을 똑같은 벌집에서 나온 벌 떼들로 생각했던 것이다. 이민에 의해 뿌리와 단절된 이 종족들이 그 종족 수만큼이나 많은 여러 영토에 공통 인도유럽어를 가지고 갔으리라는 것이다.

이런 오류에서 벗어난 것은 아주 오랜 시간이 지난 후의 일이었다. 1877년에 이르러서야 요하네스 슈미트가 『인도유럽어족의 친족 관계(*Die Verwandtschaftsverlhätnisse der Indogermanen*)』를 저술함으로써 연속성 혹은 파동의 이론(Wellentheorie)을 창시하여 언어학자들의 눈을 열어주었다. 즉 각 민족이 그들의 위치를 떠났다고 생각할 필요도 없이(4부 3장 4절 참고.) 제 장소에서의 세분화가 충분히 인도유럽어들 사이의 상호 관계를 설명할 수 있다는 것을 이해하게 되었던 것이다. 여러 국민들이 각 방향으로 퍼져 나가기 이전에도 이미 방언적 이화 작용은 일어났을 수도 있고 또 일어났으리라는 것이다. 이렇게 파동의 이론은 단지 인도유럽어족의 선사(先史)에 대한 보다 정확한 관점을 줄 뿐 아니라, 모든 이화 작용의 현상에 관한 원초적 법칙들과 언어 간의 친족성을 지배하는 조건들에 대해서도 우리를 일깨워 주고 있다.

그러나 이 파동의 이론은 민족 이동의 이론에 대해 반드시 이를 배척하는 것은 아니나, 대립적 관계에 있다. 인도유럽어족의 역사를 보면 이주로 인해 대(大)어족에서 떨어져 나간 민족이 많은 것을 알게 되는데, 이러한 상황이 특수한 결과를 가져왔을 것이다. 단지 이러한 결과가 연속성 속에서 일어나는 이화 작용의 결과에 첨가될 뿐이다. 이 결과가 과연 무엇인지 말하기가 매우 어려우며, 결국 우리는 분리된 지역에서 일어나는 한 고유 언어의 진화 문제로 되돌아오게 된다.

옛 영어를 예로 들어보자. 이것은 이주의 결과로 게르만어의 근간에서 떨어져 나왔다. 만일 5세기경 색슨족이 대륙에 그대로 머물러 있었다면 영어가 현재의 형태를 갖지 않았을 것이다. 그러나 분리로 인한 특유한 결과는 과연 어떤 것이었을까? 이것을 알기 위해서는 우선 이런저런 변화가 지리적 연속성 속에서도 역시 일어나지 않았을까 하고 생각해 보아야 할 것이다. 가령 영국인들이 영국제도 대신 유트랜드를 점령했다고 상상해 보자. 과연 절대적인 분리에 기인한 것이라고 생각하는 사실들이 인접 지역이라는 가정하에서는 전혀 일어나지 않았을 것이라고 장담할 수 있을까? 대륙 전역에 걸쳐 $þ$가 d로 변한 반면(예를 들면 영어의 *thing* 과 독어의 *Ding*) 영국에서는 예전과 같이 $þ$음이 보존되어 있는 것이 불연속성 덕분이라고 말하는 것은, 마치 대륙 게르만어에서는 지리적 연속성 덕분에 이 변화가 일반화되었다고 주장하는 것과 같은데, 사실상 연속성에도 불구하고 이 일반화는 실패할 수도 있었던 것이다. 이런 식의 오류는 언제나 그렇듯이 고립 방언과 연속 방언을 대립시키는 데에서 오는 것이다. 그러나 실상 유트랜드에 영국 식민지가 세워졌다고 가정해도, 반드시 d음에 전염되었으리라고 증명해 주는 것은 아무것도 없다. 예를 들어 우리는 불어권에 있어 $k(+a)$음이 피카르디와 노르망디가 이루는 각(角) 지대에서만 존속하고, 다른 곳에서는 모두 슈음 $š(ch)$으로 변했던 것을 보았다. 이렇게 고립에 의한 설명은 불충분하고 피상적일 수밖에 없다. 이화 작용을 설명하기 위하여 고립이라는 사실에 의거할 필요는 전혀 없다. 고립에 의해 생겨나는 결과는 지리적 연속성에 의해서도 똑같이 생겨날 수 있는 것이다. 이 두 종류의 현상 사이에 어떤 차이점이 있다 해도 우리는 그것을 파악할 수가 있다.

그러나 두 동족어를 이화 작용이라는 소극적 측면에서가 아니라 유대성이라는 적극적 측면에서 볼 때, 우리는 고립 상태에선 모든 관계가 분리되는 그 순간부터 잠정적으로 끊어지는 반면, 지리적 연속성 속에서는 전혀 다른 사투리들 사이에도 중간 방언들로 연결되어 있는 한은 어떤 유대성이 존속하고 있음을 확인할 수 있다.

그러므로 언어 사이의 친족성의 정도를 측정하려는 경우에는 연속성과 고립성 사이에 엄격한 구별을 해야 한다. 고립의 경우에도 두 고유 언어는 친족성을 입증해 주는 몇 가지 특징을 공통된 과거로부터 보존해 오고 있지만 각자가 독립적으로 진화하였으므로, 이쪽에서 생겨난 새로운 성격들이 저쪽에서는 보이지 않을 수 있을 것이다.(분리 이후에 생겨난 몇 가지 성격이 두 언어 사이에 우연히 일치하는 경우가 있다는 유보 조항을 설정하고.) 아무튼 어떤 경우에도 배제되는 것은 전염에 의한 이들 성격의 교류이다. 일반적으로 지리적 불연속성 속에서 진화한 언어는 여타 동족어들에 비해 자기에게만 있는 일련의 특징을 드러내며, 이번엔 자기가 세분될 경우, 여기서 파생된 여러 방언은 여러 가지 공통성에 의해 저쪽 지방의 방언과는 완전히 상관없이 자기들끼리만의 더 긴밀한 친족성을 보여준다. 근간에서 떨어져 나온 분명한 하나의 가지를 형성하는 것이다.

그런가 하면 연속된 영토 위에 있는 언어 사이의 관계는 전혀 다르다. 그것들이 보여주는 공통된 특징들이 각각을 상이하게 해주는 특징들보다 반드시 더 오래된 것은 아니다. 사실 어느 한 지점에서 발생한 변화가 일반화되어 지역 전체를 포용하는 것은 언제고 간에 가능했던 것이다. 게다가 변화 지역이 경우마다 그 폭을 달리하므로 이웃하는 두 고유 언어가 공통된 특수성을 소유하고도 전체 속에서 자기들만의 별개 그룹을 형성하지 않을 수 있으며, 이들 각자가 다른 인접 언어들과 다른 공통 특징들에 의해 연결되어 있을 수 있는데, 인도유럽어족의 언어들이 이러한 현상을 잘 보여주고 있다.

5부 회고 언어학의 문제 | 결론

1장

통시언어학의 두 관점

공시언어학이 화자의 관점만을 유일한 관점으로 인정하여 결과적으로 하나의 방법만을 갖는 반면에, 통시언어학은 시간의 흐름에 따르는 전망적 관점과 시간을 거슬러 올라가는 회고적 관점을 동시에 전제한다.(1부 3장 5절 참고.)

전자는 사건의 실제 흐름과 일치해서, 역사적 언어학의 어떤 한 장을 기술하거나 한 언어 역사의 어떤 한 순간을 상술하는 데에 반드시 사용해야 하는 방법이다. 그 방법은 단지 이용 가능한 문헌들을 검토하는 데 있다. 그러나 많은 경우에 이런 식으로 공시언어학을 수행하는 것은 불충분하거나 적용 불가능하다.

사실, 시간의 흐름을 따라서 한 언어의 역사를 세부 전체에 걸쳐서 확립할 수 있기 위해서는, 매 순간마다 찍어놓은 무한히 많은 언어 사진을 소유하고 있어야 할 것이다. 그런데 이러한 조건은 결코 충족되지 않는다. 예를 들어 로맨스어 학자들은 그들 연구의 출발점인 라틴어를 잘 알고 있고, 오랜 시기에 걸친 어마어마한 양의 문헌들을 소유하는 특권을 누리고 있지만, 항상 그들의 고증에 커다란 결함이 있음을 인정한다. 그때에는 전망적 방법 즉 직접적인 문헌을 포기하고, 반대 방향으로 회고적 방법에 의해 시간의 흐름을 거슬러 올라가야 한다. 이 두 번째 관점에서는 주어진 하나의 시기에 입각하여 하나의 형태에서 무엇이 나왔는 가가 아니라 어떤 더 오랜 형태가 이 형태를 만들었는지를 찾는다.

전망이 단순한 서술이 되어버려서 전적으로 문헌들의 비판적 고증 위에 성립하는 것이라면, 회고는 비교에 의거하는 재구성적 방법을 요구한다. 단 하나의 고립된 기호의 원시적 형태는 세울 수 없으나, 라틴어의 *pater*와 산스크리트어의 *pitar*- 혹은 라틴어 *ger-ō*와 *ges-tus*의 어간처럼 서로 다르면서도 기원이 같은 두 기호를 비교해 보면, 귀납적으로 재구성이 가능한 원형에 이 양자를 연결시켜 주는 통시적 단위를 엿볼 수 있는 것이다. 비교 사항들이 많으면 많을수록 이 귀납적 방법은 정확해질 것이고, 자료가 충분하다면 진정한 재구성에 도달할 것이다.

모든 언어를 전부 다 놓고 보아도 마찬가지이다. 바스크어에서는 아무 것도 이끌어낼 수 없는데, 이는 바스크어가 고립되어서 어떠한 비교도 할 수 없기 때문이다. 그러나 그리스어, 라틴어, 고대 슬라브어 등 한 묶음의 동족어에서는, 비교에 의해 이들이 가지고 있는 공통의 원시적 요소들을 추출해 내어, 공간 속에서 분화되기 이전에 존재했던 그대로의 인도유럽어의 대강을 재구성할 수 있었다. 그리고 어족 전체에 대해 대규모로 행한 것을 필요하고 가능한 경우에는 그 각 부분에서도 ── 항상 같은 방식으로 ── 보다 제한된 규모로 되풀이했던 것이다. 예를 들어 많은 게르만 고유 언어가 문헌에 의해 직접적으로 증명되고 있지만, 이들 고유 언어의 원천인 게르만어는 회고적 방법에 의해 간접적으로만 알려진 것이다. 성공도 했고 실패도 했지만, 언어학자들이 다른 어족들의 원시적 통일성을 연구했던 것도 역시 같은 방식에 의해서이다.(4부 1장 참고.)

회고적 방법은 가장 오래된 문헌들마저 넘어서, 한 언어의 과거 속으로 파고들게 해준다. 가령 라틴어의 전망적 역사는 기원전 3세기 내지 4세기에 시작할 따름이나, 인도유럽어를 재구성함으로써 원시적 통일성과 우리가 알고 있는 최초의 라틴어 문헌들 사이의 기간 동안 생겼을 일에 대해 대강은 짐작하게 되었고, 그 후에야 비로소 전망적 도표를 만들 수 있었던 것이다.

이런 점에서 보면, 진화언어학은 그 역시 역사적 과학인 지질학과 비교할 수 있다. 지질학은 시간적으로 선행했을지도 모르는 현상을 제거해 버리고 안정된 상태(가령 레만 호 분지의 현 상태)를 기술하는 일도 있으나, 주로 다루는 것은 사건과 변형으로, 이들의 연계는 통시태를 구성한다. 그런데 이론상으로는 전망적 지질학을 생각할 수 있으나, 실상 대개의 경우 그 보는 눈이 회고적일 수밖에 없다. 지구상의 한 지점에서 어떤 일이 일어났었나를 이야기하기 전에, 사건의 연쇄를 재구성하고 무엇이 지구의 이 부분을 현 상태로 만들었는가를 연구할 수밖에 없다.

두 관점은 방법만이 현저하게 다른 것이 아니다. 교육적인 견지에서도 같은 논술 안에 이 둘을 동시에 사용하는 것은 좋다고 볼 수 없다. 그래서 음성 변화의 연구는 두 방식 중 어떠한 것을 사용하느냐에 따라 아주 다른 두 양상을 나타낸다. 전망적으로 수행할 때에는 고전 라틴어의 불어 *ĕ*가 불어에서는 어떻게 되었을까 자문하게 될 것이다. 그때 하나의 음이 시간 속에서 진화하면서 다양해져서 여러 음소들을 만드는 것을 보게 된다.(*pĕdem → pye*(*pied*), *vĕntum → vã*(*vent*), *lĕctum — li*(*lit*), *nĕcāre — nwayę*(*noyer*) 등 참조.) 이와 반대로 불어의 열린 *ę*가 라틴어에서 무슨 음에 해당하는가를 회고적으로 연구한다면, 하나의 음이 기원이 다른 여러 음소의 귀결임을 확인하게 될 것이다.(*tęr*(*terre*)=*tĕrram*, *vęrž*(*verge*)=*vĭrgam*, *fę*(*fait*)=*factum* 등 참조.) 형성 요소들의 진화도 마찬가지로 두 방식으로 나타낼 수 있으며, 그 두 도표 또한 다를 것이다. 우리가 유추적 형성에 대해 3부 5장 2절에서 논했던 모든 것이 이를 선험적으로 증명한다. 예를 들어 *-é*로 끝나는 불어 분사 접미사의 기원을 (회고적으로) 연구해 보면 라틴어 *-ātum*까지 올라간다. 이것은 원래 *-are*로 끝나는 라틴어 명사 파생 동사에 연결되는데, 이들 동사 자체도 대개 *-a*로 끝나는 여성 실사로 소급된다.(*plantāre* : *planta*, 그리스어 *tīmáō* : *tīmá* 등 참조.) 한편 인도유럽어의 접미사 *-to-* 그 자체가 살아 있고 생산적이 아니었더라면 *-ātum*은 존재하지 않았을 것이다.(그리스어 *klu-tó-s*, 라틴어 *in-clu-tu-s*, 산스크리트어 *çru-ta-s* 등 참조.) *-ātum*은 또한 단수 대격의 형성 요소 *m*을 포함하고 있다.(3부 3장 2절 참고.) 거꾸로 (전망적으로) 원시적 접미사 *-to-*가 어떤 불어 형성체에 들어 있을 것인가를 생각해 보면, 생산적이건 아니건 간에 과거분사의 여러 접미사를 언급할 수 있을 뿐만 아니라(*aimé*=라틴어 *amátum*, *fini*=라틴어 *fīnītum*, *clos*=라틴어 *clausum* 원래는 †*claudtum* 등) 다른 많은 접미사, 즉 *-u*=라틴어 *-ūtum* (*cornu*=cornūtum 참조), *-tif*(학문적 접미사)=라틴어 *-tīvum* (*fugitif*=*fugitīvum*, *sensitif*, *négatif* 등 참조.) 및 *point*=라틴어 *punctum*, *dé*=라틴어 *datum*, *chétif*=라틴어 *captīvum* 등 이미 분석 불가능한 수많은 낱말을 언급할 수 있을 것이다.

2장
가장 오래된 언어와 원형

초창기에 인도유럽 언어학은 비교의 진정한 목적도, 재구성적 방법의 중요성도 이해하지 못했다.(서론 1장 참고.) 이것이 가장 두드러진 과오 중의 하나를 설명해 주는데, 그것은 비교에 있어서 산스크리트어에 지나친, 거의 절대적인 역할을 주었다는 것이다. 산스크리트어는 인도유럽어 중 가장 오래된 자료이므로, 이를 원형의 권좌에 앉혔던 것이다. 인도유럽어가 산스크리트어, 그리스어, 슬라브어, 켈트어, 이탈리아어를 낳았다고 가정하는 것과, 이들 중 하나가 인도유럽어라고 하는 것은 별개의 일이다. 이러한 심한 혼동은 여러 가지 지대한 결과를 초래하였다. 물론 이러한 가설은 우리가 방금 말한 것처럼 그렇게 명백히 내세워진 적은 없으나, 사실상 암암리에 용인되었던 것이다. 보프는 "산스크리트어가 공통의 원칙이 될 수 있다고는 믿지 않는다."라고 말했다. 마치 의심쩍은 투이긴 하지만, 그런 가정을 해보는 것이 타당하기나 한 것처럼.

따라서 한 언어가 다른 언어보다 더 고어라든가 또는 더 구어(舊語)라고 말하는 것이 무엇을 의미하는지 자문하게 된다. 여기에 대해 이론상 세 가지 해석이 가능하다.

(1) 먼저 한 언어의 최초 기원, 즉 그 출발점을 생각해 볼 수 있다. 그러나 가장 단순한 추론으로도, 연령을 추측해 낼 수 있는 언어란 없다는

것을 알게 되는데, 왜냐하면 어떤 언어도 그 이전에 사용되던 것의 계속이기 때문이다. 언어활동은 인류와는 사정이 다르다. 그 발전의 절대적 계속성으로 인해, 언어에서는 세대를 구별할 수가 없다. 따라서 가스통 파리(Gaston Paris)가 모어와 자어의 개념을 배척한 것은 옳은 일이었다. 왜냐하면 이 개념은 단절을 전제로 하기 때문이다. 그러므로 한 언어가 다른 언어보다 더 오래되었다고 말할 수 있는 것은 그런 의미에서가 아니다.

(2) 한 언어 상태가 다른 언어보다 더 앞선 시대에서 파악되었다고 암시할 수도 있다. 따라서 아케메네스 왕조의 비문에 나타난 고대 페르시아어는 페르도우시(Firdousi)의 페르시아어보다 더 오래된 것이다. 이 특수한 경우에서처럼 명백히 하나가 다른 하나로부터 나와 양자가 모두 잘 알려져 있는 두 고유 언어에 관한 한, 더 오래된 것만이 고려되어야 한다는 것은 당연하다. 그러나 이 두 조건이 충족되지 않는다면, 이러한 오래되었다는 사실은 아무런 중요성이 없다. 이런 점에서 리투아니아어는 겨우 1540년에 밝혀졌지만, 10세기에 기록된 고대 슬라브어나 리그베다의 산스크리트어와 대등한 가치를 갖는 것이다.

(3) 끝으로 '오래된'이란 낱말은 좀 더 고풍스러운 언어의 상태, 즉 그 형태가 모든 연대상의 기원을 넘어 원시적 모형과 보다 더 근접된 상태로 남아 있는 것을 지칭할 수 있다. 이런 의미에서 16세기의 리투아니아어가 기원전 3세기의 라틴어보다 더 오래되었다고 말할 수 있겠다.

만약 산스크리트어가 다른 언어들보다 훨씬 오래되었다고 추정한다면, 그것은 둘째 내재 셋째 의미에서만 가능하다. 그런데 이 두 경우 어느 것을 보아도 이 말은 사실이다. 한편으로 베다의 찬가가 가장 오래된 그리스어 텍스트보다도 시기상으로 앞선다는 것은 인정된 사실이다. 다른 한편으로, 특히 중요한 것은 산스크리트어의 고풍적인 특질의 총체가 다른 언어들이 보존하고 있는 것에 비해 막대하다는 것이다.(서론 1장 참조)

고대성이란 이 모호한 개념을 기준으로 산스크리트어가 어족 중 가장 앞선 것으로 생각되었던 것인데, 바로 이 개념으로 인해 언어학자 중 산스크리트어가 조어(祖語)라는 생각에서 벗어난 사람들조차도 이 언어가 방계 언어로서 제공하는 증언에 지나친 중요성을 계속 주었던 것이다.

아돌프 픽테(Adolphe Pictet)는 그의 저서 『인도유럽어의 기원(*Les Origines indo-européennes*)』(5부 4장 3절 참고.)에서, 자기 고유어를 말하던 원시 민족의 존재를 명백히 인정은 하면서도 무엇보다 먼저 산스크리트어를 참조해야 한다는 것과 그 증언의 가치가 여러 다른 인도유럽어를 합친 것보다 월등하다고 확고히 믿고 있다. 원시적 모음 체계와 같은 가장 중요한 문제들이 애매하게 된 원인은 바로 그러한 착각 때문이었다.

이러한 오류는 소규모적이고도 세부적으로 되풀이되었다. 인도유럽어의 각 가지를 연구할 때, 공통적인 원시 상태를 보다 잘 알려는 노력을 하지 않고, 가장 오래된 것으로 알려진 고유 언어를 전 그룹의 적절하고도 충분한 전형으로 보려 했던 것이다. 예를 들어, 게르만어에 대해서는 한마디 언급도 없이 서슴지 않고 고트어를 단순히 인용해 버리는데, 이것은 고트어가 다른 게르만 방언보다 몇 세기 앞섰기 때문이다. 고트어는 기타 방언들의 근원의 위치를 강탈하게 되었다. 슬라브어에 관해서는 10세기에 알려진 슬라보니아어나 혹은 고대 슬라브어에 전적으로 의존했는데, 이는 기타 슬라브 방언들이 연대상으로 보아 더 최근인 것으로 알려졌기 때문이다.

사실 문자체계에 의하여 연대상으로 앞뒤 나란히 고정된 두 언어 형태가, 한 고유 언어를 그 역사의 두 순간에서 정확하게 나타내 주는 일은 극히 드물다. 대개는 상호 간에 언어적 연속을 볼 수 없는 두 방언을 대하게 된다. 예외는 규칙을 확인해 줄 뿐인데, 가장 두드러진 것은 라틴어에 대한 로맨스어의 경우이다. 불어에서 라틴어로 거슬러 올라가는 경우 수직 관계가 성립된다. 이들 언어가 사용되는 영토가 우연히도 라틴어가 쓰이던 영토인데, 이들 언어 각자는 진화된 라틴어에 불과하다. 마찬가지로 다리우스의 비문에 있는 고대 페르시아어가 중세 페르시아어와 같은 방언이라는 것도 알았다. 그러나 이와는 반대의 경우가 훨씬 빈번하다. 즉 여러 시대의 증언들은 같은 어족의 다른 방언들에 속한다. 가령 게르만어는 그 후계가 알려져 있지 않은 울필라스(Ulphilas)의 고트어 속에, 그 뒤 고대 고지독어 텍스트 속에, 나중에는 앵글로색슨어와 고대 북구라파어의 텍스트 속에 차례로 나타난다. 그런데 이들 방언 또는 방언 그룹 중 그 어떤 것도 앞선 것으로 밝혀진 것의 연속은 아니다. 이 상태는 다음 도표로 나타낼 수 있다. 여기서 문자는 방언을 나타내고 점선은 연속된 시대를 나타낸다.

```
...........A....      제 1 시대
.....B....|....       제 2 시대
..C..|.D.|....        제 3 시대
..↓..↓.↓.↓.E.         제 4 시대
```

언어학은 이러한 상태를 오히려 축하해야 한다. 그렇지 않다고 할 경우 최초로 알려진 방언(A)은 그 후의 상태에서 추론할 수 있는 모든 것을 미리 포함하게 되기 때문이다. 이에 반해서 이 모든 방언(A, B, C, D)의 일치점을 찾으면, A보다 더 오랜 형태, 즉 원형 X를 만나게 될 것이고, A와 X는 혼동될 수 없을 것이다.

3장
재구성

1절. 그 성격과 목적

재구성의 유일한 수단이 비교라면, 거꾸로 비교는 재구성 이외의 다른 목적이 없다. 여러 형태 사이에서 확인되는 상응은 시간이라는 관점 속에 놓여야 하고, 단일 형태의 재건에 이르러야 하는데, 그렇지 못하면 헛수고가 된다. 이 점에 대해서는 여러 번 강조한 바 있다. 그래서 그리스어 *mésos*를 두고 라틴어 *medius*를 설명하기 위해서는 인도유럽어까지 거슬러 올라가지 않고 역사적으로 *medius*와 *mésos*에 결부될 수 있는 좀더 오랜 용어인 †*methyos*를 제기해야 했다. 다른 언어의 두 낱말을 비교하는 대신에 하나의 언어에서 취한 두 형태를 대조해 보아도 똑같은 확인을 얻게 된다. 이리하여 라틴어의 *gerō*와 *gestus*는 전에 이 두 낱말의 공통 어간이었던 †*ges*-로까지 거슬러 올라가게 된다.

음성학적 변화를 대상으로 하는 비교는, 항상 형태론적 고찰도 해야 한다는 것을 언급하고 지나가자. 가령 라틴어의 *patior*와 *passus*를 검토하는 데 있어 *factus*, *dictus* 따위를 개입시킨다. 그것은 *passus*가 같은 성질의 형성체이기 때문이다. *faciō*와 *factus*, *dīcō*와 *dictus* 등등의 형태론적 관계에 의거해서, 전 시대의 *patior*와 †*pat-tus* 사이에 동일한 관계를 세울 수 있다. 거꾸로 비교가 형태론적이면 음성학의 도움을 얻어 그것을 설명해야 한다. 라틴어 *meliōrem*은 그리스어 *hēdíō*와 비교될 수 있는데, 그것은 음성학적으로 전자가 †*meliosem*, †*meliosm*, 후자가 †*hādioa*, †*hādiosa*, †*hādiosm*에까지 거슬러 올라가기 때문이다.

따라서 언어학적 비교는 기계적 조작이 아니다. 그것은 설명에 도움을 줄 수 있는 모든 자료를 대조하는 것을 의미한다. 그러나 비교는 항상 어떤 추측에 도달해야만 하는데, 이때 이 추측은 공식화되어야 하며, 이전의 무엇인가를 재건하는 것을 목표로 해야 한다. 모든 비교는 결국 형태의 재구성이나 마찬가지이다.

그러나 과거를 돌아본다는 것이 이전의 완전하고도 구체적인 형태의 재구성을 목표로 하는 것인가? 아니면 라틴어 *fūmus*의 *f*가 공통 이탈리아어 *p̄*에 해당한다든가, 혹은 그리스어 *állo*, 라틴어 *aliud*의 첫 요소는 인도유럽어에서 벌써 *a*였다든가 하는 확인에 그치는 것처럼, 낱말의 성분에 대한 추상적이고도 부분적인 언급에 그치는 것인가? 과거를 돌아본다는 것은 이 두 번째 부류의 연구에 그 임무를 한정시킬 수도 있다. 또한 그 분석적 방법은 이런 부분적인 확인 이외에는 다른 목적이 없다고까지 할 수도 있다. 그러나 이 고립된 현상의 총체로부터 아주 일반적인 결론을 이끌어낼 수 있다. 예를 들어 라틴어 *fūmus*와 유사한 일련의 현상들로 보아서 *p̄*가 공통 이탈리아어의 음운 체계 속에 나타났다고 확실히 말할 수 있다. 마찬가지로 인도유럽어가 소위 대명사 굴절에서 형용사의 어미 −*m*과는 다른 중성 단수 어미 −*d*를 가지고 있다고 할 수 있는데, 이것은 일련의 고립된 확인으로부터 연역된 일반적인 형태론적 사실이다.(라틴어에서 *bonum*에 대해 *istud, aliud*, 그리스어에서 *kalón*에 대해 *tó*=†*tod, állo*=†*allod*, 영어 *that* 등 참조.) 한 걸음 더 나아갈 수 있다. 이 다양한 여러 사실들이 일단 재구성되면, 완전한 낱말들(예를 들어 인도유럽어 †*alyod*)이나 굴절의 계열체 등을 재구성하기 위해, 하나의 형태 전체에 관계되는 모든 사실을 종합한다. 그러기 위해서는 개별적으로도 성립될 수 있는 확인들을 함께 묶는다. 예를 들어 †alyod와 같은 재구성된 형태의 여러 부분들을 비교할 때, 문법적인 문제를 제기하는 -d와 어떠한 문법상의 의미도 지니지 않는 a- 사이에 커다란 차이가 있음을 알 수 있다. 재구성된 형태란 유대적인 전체가 아니라 언제라도 분해될 수 있는 음성학적 고찰의 모임이므로, 그 각 부분은 언제라도 부인될 수 있고 검토 대상이 될 수 있다. 그러므로 복원된 형태들은 항상, 이들에게 적용될 수 있는 일반적 결론의 충실한 반영이었다. 'cheval(말)'에 대한 인도유럽어는 †takvas, †tak₁vas, †ek₁vos 그리고 마침내 †ek₁wos로 차례차례 가정되었다. 단지 s만이 음소의 수와 더불어 분명한 것이었다.

따라서 재구성의 목적은 하나의 형태 그 자체를 위해 복원하는 것이 아니다. 더구나 그렇게 해봤자 아주 우스꽝스러운 일이 될 뿐일 것이다. 그것은 매 순간 얻을 수 있었던 결과에 따라 옳다고 생각하는 결론 전부를 결정화(結晶化)하고 응축시키는 것이다. 한마디로, 우리 과학의 진보를 기록해 두는 것이다. 언어학자들이 마치 인도유럽어를 사용하고 싶어서 이를 철저히 복원하려 한다는 일반의 기이한 관념으로부터 이들을 굳이 변호해 주지 않아도 된다. 그들은 역사적으로 알려진 언어를 다룰 때조차도 이런 견해는 갖고 있지 않다.(라틴어를 잘 말하기 위해 언어학적으로 연구하지는 않는다.) 하물며 유사 이전 언어들의 흩어진 낱말들에 있어서는 말할 것도 없다.

더구나 비록 재구성에 수정의 여지가 있다 할지라도, 연구하는 언어의 전체에 대해서, 또 그것이 어떠한 언어 유형에 속하는 것인가에 대해 포괄적인 견해를 갖기 위해서는 재구성이 없어서는 안 된다. 그것은 일반적, 공시적, 통시적인 많은 사실을 비교적 용이하게 나타내기 위해 필요불가결한 도구이다. 인도유럽어의 개요는 재구성의 총체에 의해 즉각 밝혀진다. 예를 들어 접미사는 다른 요소들을 제외한 몇몇 요소들(t, s, r

등)로 형성되었다는 것, 독어 동사 모음 조직의 복잡다단성(*werden,
wirst, ward, wurde, worden* 참고.)은 그 규칙 속에 동일한 원시적 교체
e-o- 무음이 숨어 있다는 것 등이다. 그 결과 재구성으로 인해 그 이후
시기의 역사는 아주 용이해진다. 재구성을 먼저 하지 않는다면, 유사 이
전부터 시간의 흐름을 따라 일어난 변화를 설명하기가 훨씬 어렵게 될
것이다.

2절. 재구성의 확실성 정도

재구성된 형태에는 완전히 확실한 것도 있고, 어떤 것들은 이론의 여
지가 있거나 완전히 의심스러운 것들도 있다. 그런데 앞서 말했듯이, 형
태 전체의 확실성 정도는 종합할 때 개입하는 부분적 복원이 지닐 수 있
는 상대적 확실성에 의존한다. 이런 점에서 두 낱말이 동등한 자격을 갖
는 경우는 거의 없다. †*esti*(그는⋯⋯이다)와 †*didōti*(그는 준다)만큼이나
명료한 인도유럽어의 형태 사이에도 차이점이 있다. 왜냐하면 후자에서
는 중복 모음이 의심스럽게 때문이다.(산스크리트어 *dadāti*와 그리스어
dídōsi 참조.)

일반적으로 재구성이 실제보다 덜 확실한 것으로 생각하는 경향이 있
다. 다음의 세 가지 사실이 우리의 신뢰를 높여줄 수 있다.

첫 번째는, 중요한 것인데, 부록 1장 1절에 나와 있다. 즉 어떤 주어진
낱말에서 그 구성음들이 그것인데 이들의 수와 한계를 명확히 구별해 낼
수 있다. 음운론적 현미경을 들여다보는 몇몇 언어학자들이 제기할지도
모르는 반박에 대해 어떻게 평가해야 할 것인가는 부록 2장 3절에서 보
았다. *-sn-*과 같은 그룹 안에는 물론 찰나적인 또는 지나가는 음이 있으
나, 이를 고려한다는 것은 비언어학적이다. 보통 사람의 귀로는 그것을

분간하지 못하며, 특히 화자들은 구성 요소의 수에 관해서는 언제나 일치한다. 따라서 인도유럽어 †ek₁wos 같은 형태에서 화자들이 주의했어야 할 분명하고 상이한 요소는 다섯 개밖에 없다고 할 수 있다.

두 번째 사실은, 각 언어에 있어 이런 음운론적 요소들이 이루는 체계에 관한 것이다. 모든 고유 언어는 그 합계가 완전히 한정된 일련의 음소와 더불어 활동한다. 그런데 인도유럽어에서는 그 체계의 구성 요소가 적어도 12개의 재구성에 의해 입증된 형태 속에 나타나는데, 때로는 이 숫자가 수천 개에 이를 때도 있다. 따라서 그 전부를 알고 있다고 장담할 수 있는 것이다.

끝으로, 한 언어의 음성 단위를 알기 위해서 이들의 적극적 특질을 명시할 필요는 없다. 서로 혼동되지 않는 것이 그 특징이 되는 이화적 실체로서 이들을 간주해야 한다.(2부 4장 3절 참고.) 이것은 매우 본질적인 것이어서, 재구성하고자 하는 고유 언어의 음성적 요소들을 어떤 숫자나 기호로 나타낼 수도 있을 것이다. †ĕk₁wŏs에 있어 ĕ가 절대적 특질을 결정하거나, 그것이 개음인가 폐음인가, 어느 정도나 앞에서 발음되는가 따위를 생각하는 것은 무익한 일이다. 왜냐하면 여러 종류의 ĕ가 확인되지 않는 한은, 이 요소가 다른 요소(ă, ŏ, ō 등)와 혼동되지만 않는다면 그리 중요한 일이 아니기 때문이다. 이것은 †ĕk₁wŏs의 첫 음소가 †mĕdhyŏs의 두 번째 음소, †ăgĕ의 세 번째 음소 따위와 다르지 않다는 것과, 이 음소의 음성적 성질을 명시하지 않고 인도유럽어의 음소표 안에 그 번호만으로 분류하고 표시해 줄 수 있다는 것을 의미한다. 그러므로 †ĕk₁wŏs라는 재구성은, 라틴어 *equos*와 산스크리트어에 *açva-s*에 해당하는 인도유럽어의 낱말이 원시적 고유 언어의 음운계 속에서 취한 다섯 개의 확정 음소로 형성되었다는 말이 된다.

우리가 설정한 한계 내에서 우리의 재구성은 완전한 가치를 갖는 것이다.

4장

인류학과 선사학에 있어 언어의 증언

1절. 언어와 인종

그러므로 언어학자는 회고적 방법에 의하여 시대를 거슬러 올라가서, 몇몇 민족들이 역사에 등장하기 훨씬 이전에 사용한 언어들을 재구성할 수 있다. 그러나 이런 재구성들이 우리에게 이 민족들 자체뿐만 아니라 그들의 인종, 계통, 사회관계, 풍습, 제도 등을 가르쳐줄 수 있는가? 한마디로 말해 언어가 인류학, 민속학, 선사학에 해답을 주는가? 대개는 그렇다고들 믿는데, 거기에 커다란 착각이 있다고 생각한다. 이 일반적 문제의 몇몇 양상을 간단히 검토해 보자.

먼저 인종에 대해서 보자. 언어의 공통성으로부터 혈족 관계를 끄집어낼 수 있다는 것, 즉 어족이 인류학적 의미의 종족과 일치한다고 생각하는 것은 잘못일 것이다. 실상은 그리 단순하지 않다. 예를 들어 게르만족이 있는데, 그들의 인류학적 특색은 아주 뚜렷하다. 금발, 긴 두골, 큰 키 등. 스칸디나비아형이 이의 가장 완벽한 형태이다. 그러나 게르만어를 말하는 모든 주민들이 이 특징에 부합한다고 할 수는 없다. 예컨대 알프스 산맥 아래의 알레마니아인들은 스칸디나비아인과는 아주 다른 인류학적 형을 가지고 있다. 그렇다면 한 고유 언어는 본래 한 인종에게만 속하고,

그 언어가 타 민족에 의해 쓰인다면, 최소한 정복에 의해 그들에게 강요되었다고 가정해 볼 수 있는 것일까? 물론 로마인에게 정복당한 고올인처럼 정복자의 언어를 채용하거나 받아들일 수밖에 없는 종족들이 있음을 종종 본다. 그러나 이 설명만으로는 불충분하다. 예를 들어 게르만어의 경우, 수많은 이민족을 굴복시켰다고 할지라도 이들을 모두 병합했을 수는 없는 것이, 그렇게 되려면 유사 이전부터의 오랜 지배와 그 어떤 것에 의해서도 입증할 수 없는 다른 상황들도 있었다고 생각해야 할 것이다.

그러므로 혈족 관계와 언어 공통성과는 그 어떤 필연적 관계도 없는 것처럼 보이며, 이 양자에 있어서 하나에서 다른 하나를 추리해 내는 것은 불가능하다. 따라서 인류학과 언어의 증언이 일치하지 않는 많은 경우에 있어 이를 대립시키거나 양자택일을 할 필요는 없다. 이들 각자는 각기 고유한 가치를 갖고 있는 것이다.

2절. 민족성

그렇다면 이 언어의 증언은 우리에게 무엇을 가르쳐주는가? 인종의 단일성은 그 자체로는 언어 공통성의 이차적 요인이지 필수적인 요인은 전혀 아니다. 그러나 또 다른 단일성이 있는데, 이것은 훨씬 더 중요한 것으로 유일하게 본질적인 것인바, 사회적 유대에 의해 구성되는 것이다. 이것을 민족성이라고 부르겠다. 그것은 인종이 서로 다르고 정치적 유대가 전혀 없는 민족들 사이에서조차도 이루어질 수 있는 종교, 문명, 공동 방위의 복합적 관계에 근거를 두는 단일성을 의미한다.

이미 서론 5장에서 확인된 이런 상호성의 관계가 세워지는 것은 바로 언어와 민족성 사이에서이다. 사회적 유대는 언어 공통성을 만들려는 경향이 있고, 공통의 고유 언어에 몇몇 특징을 남길지도 모른다. 반대로, 어느 정도 민족적 단일성을 구성하는 것은 바로 언어 공통성이다. 일반적으로 민족적 단일성은 항상 언어 공통성을 설명하기에 족하다. 예를 들어, 중세기 초에는 서로 다른 다양한 기원을 가진 민족들을 어떠한 정치적 유대도 없이 결부시켜 주는 로맨스어 민족성이 있었다. 거꾸로 민족적 단일성의 문제에 관해서는 무엇보다도 언어를 조사해 보아야 한다. 언어의 증언은 다른 모든 것보다 우위에 놓인다. 여기에 그 예를 하나 들면, 고대 이탈리아에서는 라틴족과 에트루리아족이 인접해 있었다. 만약 이들의 기원이 같다는 것을 입증하고자 하여 그들의 공통점을 찾는다면, 이 두 민족들이 남긴 모든 것, 즉 기념물, 종교적 의식, 정치제도 등을 참고할 수 있다. 그러나 언어가 즉각적으로 제공하는 확실성에는 절대 이르지 못할 것이다. 에트루리아어로 쓴 네 줄의 글만으로도 이 언어를 쓴 민족이 라틴어를 쓴 민족적 그룹과는 전혀 다르다는 것을 확인하기에 충분하다.

그러므로 이런 점에서, 또 위에서 말한 한계 내에서, 언어는 역사적 자료인 것이다. 예를 들어 인도유럽어들이 하나의 어족을 형성한다는 사실로부터 원시적 민족성이라는 결론을 끌어낼 수 있는데, 오늘날 이 언어들을 사용하는 모든 국민은 사회적 계보로 보아 다소간 이 원시적 민족성의 직접적인 후계자들이다.

3절. 언어학적 고생물학

그러나 언어 공통성을 기준으로 해서 사회 공통성이 있다고 말할 수 있다면, 언어는 우리에게 이러한 공통 민족성의 성격을 가르쳐주는가?
언어는 그것을 사용하는 민족과 그들의 선사 시대에 관한 무궁무진한 자료의 근원이라고들 오랫동안 생각했다. 켈트족 연구의 선구자 중 한 사람인 아돌프 픽테는 저서 『인도유럽어의 기원』으로 잘 알려져 있다. 이 저서는 다른 많은 저서들의 모범이 되었는데, 아직까지도 그중 가장 매력적이다. 픽테는 인도유럽어에서 나타나는 증언 속에서 아리아족 문명의 근본적 특색을 찾으려 했다. 또 그는 이 문명의 가장 다양한 양상들을 확립시킬 수 있다고 믿었다. 물질적인 것들(연장, 무기, 가축), 사회생활(유목민족이었는지, 농경민족이었는지), 가정, 정치형태 등. 그는 아리아족의 발상지를 알려고 노력했는데, 그 발상지를 박트리아 지방으로 정했다. 그는 아리아족이 거주했던 지방의 식물상과 동물상을 연구했다. 이것은 이 방면에서 행했던 가장 주목할 만한 시도이다. 이렇게 시작된 과학에 언어학적 고생물학(Paléontologie linguistique)이라는 명칭이 붙었다.

그 이후로 같은 방향에서 다른 시도들이 있었다. 가장 최근의 것이 헤르만 히르트(Hermann Hirt)의 시도였다.(『인도유럽어족(*Die Indogermanen*)』 (1905~1907))[1] 그는 인도유럽어족이 살았던 지방을 결정하기 위해 슈미트의 이론에 근거를 두었지만(4부 3장 4절 참고.) 언어학적 고생물학에 의존하는 것을 경멸하지 않았다. 그는 어휘적 사실들을 통해 인도유럽어족이 농경인이었다는 것을 알았고, 그들이 유목 생활에 더 적합한 남부 러시아에 살았다는 것을 인정하지 않았다. 나무 이름들(그중 특히 전나무, 자작나무, 너도밤나무, 떡갈나무)이 자주 나오는 것으로써 그들 지방이 삼림이 우거졌고, 하르츠(*Harz*) 산과 비스튈레(*Vistule*) 강 사이에, 좀 더 정확히 말해 브란덴부르크와 베를린 지역 안에 위치해 있었다고 그는 생각했다. 픽테 이전에도 아달베르트 쿤(Adalbert Kuhn)을 비롯한 여러 사

---

1) 또한, d'Arbois de Jubainville : *Les premiers habitants de l'Europe*(1877), O. Schrader : *Sprachvergleichung und Urgeschichte*, 동저(同著) : *Reallexikon der indogermanischen Altertumskunde* (Hirt의 저서보다 약간 먼저 나온 저서들이다.), S. Feist : *Europa im Lichte der Vorgerschichte* (1910) 참조.

람들이 인도유럽어족의 종교와 신화를 재구성하기 위해 언어학을 이용했던 일을 역시 상기해야 할 것이다.

그런데 언어에 이런 종류의 정보를 요구할 수 있을 것 같지는 않다. 만약 언어가 이런 정보를 제공하지 못한다면, 이는 우리 생각에 다음과 같은 원인에 기인한다.

우선 어원의 불확실성이다. 사람들은 기원이 잘 정립된 낱말이 얼마나 드문가를 점차 알게 되어 좀 더 신중해졌다. 예전에 있었던 무모한 행위의 한 예를 들어보자. *servus*와 *servāre*가 있다고 한다. 이들을 비교하여 ── 아마 그럴 권리도 없지만 ── 전자에 'gardien : 지키는 자'라는 의미를 부여하고, 그것으로부터 노예란 집을 지키는 사람이었다는 결론을 이끌어낸다. 그런데 *servāre*가 애초에 'garder : 지키다'라는 의미를 가졌었는지조차 단언할 수 없을 뿐만 아니라 낱말의 의미는 진화한다. 어떤 낱말의 의미는 흔히 그 민족이 거주지를 옮기는 동시에 변한다. 또 어떤 낱말이 없으면, 그 원시 문명이 그 낱말이 지시하는 사물을 모르고 있었다는 증거로 생각했다. 그것은 잘못이다. 따라서 'labourer : 경작하다'라는 단어는 아시아의 고유 언어들에는 없으나, 이런 일을 원래 모르고 있었다는 것을 의미하지는 않는다. 경작 행위가 소멸되었거나 다른 방식으로 행해져, 그것이 다른 낱말로 지칭될 수도 충분히 있다.

차용어에 대한 가능성도 확실성을 흐리게 하는 제3의 요인이다. 한 낱말은 하나의 사물이 어떤 민족에게 소개됨과 동시에 그들 언어에 뒤따라 나타날 수 있다. 예컨대 대마는 지중해 유역에 아주 늦게야 알려졌고, 북구에는 더욱 늦게 알려졌다. 그때마다 대마라는 이름은 그 식물과 함께 들어왔다. 많은 경우에 있어서 언어 외적인 자료가 없으므로, 여러 언어 안에 동일한 낱말이 있다는 것이 차용에 기인하는 것인지 공통의 원시적 전통을 입증하는 것인지 알 수가 없다.

그렇다고 몇몇 일반적 특징과 어떤 정확한 자료를 단번에 가려낼 수 없다는 것은 아니다. 예컨대 친족성을 나타내는 공통의 용어들이 풍부하게 존재하고, 아주 명료하게 전승되어 왔다. 이들은 인도유럽인들에게, 가정이 질서정연하면서도 복잡한 제도였음을 입증해 준다. 왜냐하면 그들의 언어는 이 점에 있어 우리가 표현할 수 없는 미묘한 차이를 나타내 주고 있기 때문이다. 호메로스의 작품 속에서 *eináteres*는 '형제들의 아내들'이라는 의미에서 '여 동서들'을 뜻하고, *galóōi*는 '아내와 그 남편의 누이'라는 의미에서 '시누이-올케'를 뜻한다. 그런데 라틴어로 *janitrīcēs*는 형태와 의미에 있어서 *eináteres*에 해당한다. 마찬가지로 '누이의 남편, 즉 매형(beau-frère)'은 '누이들의 남편들, 남 동서들(beau-frère)'과 똑같은 명칭을 갖지 않는다. 그러므로 여기서 상세한 세부를 확인해 볼 수 있으나, 대체로 일반적인 정보에 만족해야 한다. 동물에 대해서도 마찬가지이다. 소와 같이 중요한 종류에 대해서는 그리스어 *boûs*, 독어 *Kuh*, 산스크리트어 *gau-s* 따위가 일치하고 있음에 근거를 두어, 인도유럽어 †g_2ōu-s를 재구성할 수 있을 뿐만 아니라, 그 굴절도 모든 인도유럽어에서 똑같은 특징을 지니고 있음을 알 수 있다. 만약 후대에 다른 언어에서 차용된 낱말이라면 이러한 일은 불가능할 것이다.

여기서 또 하나의 형태론적 현상을 좀 더 상세하게 첨가해 보고자 하는데, 이 현상은 일정한 지역에 한정되며 사회조직의 일면과 관련된다는 이중의 특징을 갖고 있다

*dominus*와 *domus*의 연관에 대해서 많이 논의됐으나, 언어학자들은 충분히 만족하지 못하고 있다. 왜냐하면 접미사 *-no-*가 이차적 파생어를 형성하는 것이 너무나 이상한 일이기 때문이다. 그리스어라면 *oîkos*로부터 †*oiko-no-s*나 †*oike-no-s*가 되고, 산스크리트어라면 *açva-*로부터 *açva-na*가 되는 것과 같은 부류의 형성은 실로 듣도 보도 못한 일이다. 그러나 *dominus*의 접미사에 그 가치와 특색을 부여하는 것이 바로 이런 희귀성이다. 몇몇 게르만 낱말들은 아주 시사적이라고 생각한다.

(1) †*p̄euda-na-z* — '†*p̄euđo*의 우두머리, 왕' — 고트어 *p̄iudans*, 고대 색슨어 *thiodan* '†*p̄euđo*, 고트어 *p̄iuda*,=오스크어 *touto* : 민족'

(2) †*dru_xti-na-z*(부분적으로 변화하여 †*dru_xtī-na-z*) '†*dru_x-ti-z*, 즉 군대의 우두머리', 이로부터 '주(主), 즉 신'을 뜻하는 기독교적 명칭인 고대 북구어 *Dróttinn*, 앵글로색슨어 *Dryhten*이 나왔는데, 둘 모두 어미 -*ĭna-z*를 갖고 있다.

(3) †*kindi-na-z* '†*kindi-z*=라틴어 *gens*의 우두머리'. *gens*의 우두머리 †*p̄euđo*의 우두머리에 비해 부왕 격이었기 때문에 이 *kindins*라는 게르만 용어는(다른 데서는 완전히 소멸되었다.) 울필라스에 의해 속주의 로마 통치자를 지칭하는 데 사용되었다. 왜냐하면 울필라스의 게르만식 관념 속에서는, 황제가 파견한 지방 총독이 *p̄iudans*와 비교할 때 씨족장이나 마찬가지였기 때문이다. 역사적 관점에서 보면 이러한 동화는 아주 흥미로운 것이지만, 로마의 문물 제도와는 무관한 *kindins*라는 낱말은 게르만 민족이 *kindi-z*로 분할되어 있음을 나타내는 데 의심의 여지가 없다.

이렇게 이차적 접미사 -*no*-는 게르만어의 그 어떤 어간에도 덧붙여져서, 이러이러한 공동체의 우두머리라는 의미를 나타낸다. 따라서 *p̄iudans*가 *p̄iuda*의 우두머리를 의미하듯이, 라틴어 *tribūnus*도 역시 글자 그대로 '*tribus*의 우두머리'를 의미하며, 따라서 결국 *dominus*는 *touta*=*p̄iuda*의 최종 구분인 '*domus*의 우두머리'를 의미한다는 것을 확인하기만 하면 된다. 이 기이한 접미사를 가진 *Dominus*는 고대 중부 이탈리아의 민족성과 게르만 민족성 사이의 언어 공통성뿐 아니라 제도적 공통성까지 나타내는 아주 반박하기 힘든 증거일 것 같다.

그러나 언어들 사이의 비교가 이렇게 특징적인 지표를 제공하는 일은 거의 드물다는 것을 다시 한번 상기해야 한다.

4절. 언어 유형과 사회집단의 정신성

만약 언어가 이를 사용하는 민족의 풍습과 제도에 관해 정확하고 올바른 정보를 많이 제공해 주지 않는다면, 최소한 그 언어를 사용하는 사회집단의 정신적 유형의 특징을 정의하는 데 도움이 될까? 언어가 한 국민의 심리적 특성을 반영하고 있다는 것은 매우 일반적으로 받아들여지는 견해이다. 그러나 이 의견에는 아주 큰 반론이 따른다. 즉 언어 방식이 정신적 원인에 의해 결정되는 것은 아니다.

셈족어들은 한정 실사와 피한정 실사와의 관계(불어 'la parole de Dieu : 신의 말씀' 참조.)를 단순한 병치로 표현하는데, 이것은 피한정사가 한정사 앞에 놓인 '구성태'라는 특수 형태를 야기시킨다. 히브리어 dābār (말)과 'elōhīm(신)을 예로 들면, dbar'elōhīm[2]은 '신의 말씀'을 의미한다. 이런 통사 유형이 셈족의 정신성에 관해 무엇인가를 드러내준다고 말할 것인가? 그것을 단언하는 일은 아주 무모한 일이 될 것이다. 왜냐하면 고대 불어도 그와 유사한 구조를 사용했기 때문이다.(le cor Roland : 롤랑의 뿔피리, les quatres fils Aymon : 에몽의 네 아들 등 참조.) 그런데 이 방식은 로맨스어에서 음성학적으로나 형태론적으로 순전한 우연에서 생겨났다. 즉 격이 극단적으로 축소되어, 언어에 이러한 새로운 구조를 유발시켰다. 셈원어라고 해서 유사한 우연으로 같은 길을 걷지 말라는 법도 없지 않은가? 하나의 통사적 사실이 이렇게 불멸의 특징처럼 보여도, 그 어떤 확실한 지표도 주지 못한다.

다른 예를 보자. 인도유럽원어에는 동사적 요소를 첫머리에 두는 합성어가 없었다. 만약 독어에 이런 요소가 있다면(Bethaus, Springbrunnen 등 참조.), 게르만인들이 조상으로부터 물려받은 사고방식을 어느 순간에

---

2) 기호 '는 알레프(aleph), 즉 그리스어의 무기음에 상응하는 성문 폐쇄음을 지칭한다.

수정했다고 생각해야 한다는 말인가? 우리는 이러한 변화가 물질적일 뿐만 아니라 소극적인 우연에 기인하는 것을 보았다. 즉 *betahūs*에서 *a* 가 제거된 것처럼 말이다.(3부 1장 참고.) 모든 것은 정신과는 무관하게 음성 변화의 영역에서 일어났다. 이 음성 변화는 사고에 전적인 굴레를 씌우므로, 사고는 단순히 물질적 성격만을 갖는 기호의 현 상태 때문에 열린 독특한 길로 접어들 수밖에 없는 것이다. 많은 비슷한 관찰을 통하여 볼 때 우리의 이 견해가 옳다는 것이 드러난다. 언어 집단의 심리적 특징은, 모음 제거, 악센트 변화와 같은 현상 앞에서나, 또는 어떤 형태의 언어에서든 기호와 관념의 관계를 언제라도 개혁할 수 있는 힘을 가진 기타 유사한 현상들 앞에서는 거의 무력하다.

언어들(역사적으로 알려진 것이든 재구성된 것이든)의 문법적 유형을 결정하는 것과, 사고를 표현할 때 사용하는 방식에 따라 이들을 분류하는 것은 절대 무익하지 않다. 그러나 이러한 결정과 분류도 언어학의 고유 영역을 벗어난다면, 우리는 그 어떤 추론도 확실하게 할 수 없을 것이다.

5장

어족과 언어 유형[1)]

우리는 방금 언어가 화자의 정신에 직접 지배되는 것이 아님을 보았다. 끝을 맺으면서 이 원칙의 결과 중 하나를 강조하고자 한다. 어떠한 어족도 결정적으로 하나의 언어 유형에 속하라는 법은 없다는 것이다.

한 무리의 언어들이 어떤 유형에 속하는가를 묻는 것은 언어가 진화한다는 것을 망각한다는 것이다. 즉 진화 속에 어떤 안정 요소가 있으리라는 것을 암시하는 것인데, 무엇 때문에 한계를 모르는 행위에 한계를 강요한단 말인가?

사실상 어족의 특징을 이야기할 때 많은 사람들은 대개 원시적 고유 언어의 특징을 생각한다. 그리고 이 문제가 풀리지 않는 것도 아니다. 왜냐하면 그것은 하나의 언어, 하나의 시대와 관련되기 때문이다. 그러나 시간도 공간도 어떤 변화를 줄 수 없는 항구적 특징을 전제하게 되면서부터 진화언어학의 근본 원리와 정면으로 부딪친다. 어떠한 특징도 항구적이라는 법은 없다. 그것은 우연으로만 지속될 수 있다.

인도유럽어족을 예로 들어보자. 이 어족의 원천이 되는 언어의 변별적 특징은 이미 알려져 있다. 음의 체계는 매우 간소하다. 복잡한 자음군도

---

1) 본 장은 회고 언어학을 다루고 있지 않지만, 여기에 놓은 이유는 이것이 이 책 전체의 결론 구실을 할 수 있기 때문이다.

없고, 이중자음도 없다. 모음 조직은 단조로우나 매우 규칙적이고 아주 문법적인 교체 작용을 가능케 한다. 강세 악센트는 원칙적으로 낱말의 어떤 음절에도 놓일 수 있고, 따라서 문법적 대립 작용에 기여한다. 양적 리듬은 오로지 장단 음절의 대립에만 의존한다. 합성어와 파생어를 만들기가 대단히 용이하다. 명사와 동사의 굴절은 아주 풍부하다. 굴절된 낱말은 그 한정을 자체 내에 보유하고 있기 때문에, 문장 내에서 자율적이다. 따라서 문장 구조가 아주 자유롭고 한정된 가치나 상관적 가치를 갖는 문법어들(동사접두사, 전치사 등)이 드물다.

그런데 이러한 특질 중의 어떠한 것도 여러 인도유럽어 속에 온전히 유지된 것은 없고, 몇 개는(예를 들어 양적 리듬과 강세 악센트의 역할) 어느 것에서도 발견되지 않는다는 것을 쉽게 알 수 있다. 그중 어느 것은 인도유럽어의 원시적 양상마저도 변화시켜서, 예컨대 영어, 아르메니아어, 아일랜드어 등은 전혀 다른 언어 유형으로 생각될 정도이다.

한 어족에 속하는 여러 언어들에 다소 공통되는 몇몇 변형에 대해 말하는 것이 더 옳을 것이다. 따라서 앞서 지적한 굴절의 메커니즘이 점차적으로 약화되는 것은 인도유럽어에 있어 일반적인 사실이다. 물론 여기서조차도 현저한 차이는 있다. 그것을 가장 잘 견딘 것이 슬라브어인 반면, 영어에서는 굴절이 거의 없어져 버렸다. 그 여파로서, 역시 상당히 일반적 사실이나, 문장의 구성에 있어 다소간 고정된 어순이 확립되고 분석적 표현 방식이 종합적 방식을 대신하게 되었다. 즉 격의 가치가 전치사로 나타나고, 조동사에 의해 동사의 형태가 합성되는 것 등이다.

원형의 어떤 특징이 몇몇 파생어에서는 나타나지 않을 수도 있음을 보았다. 그 반대 현상 역시 사실이다. 한 어족에서 나온 모든 언어에 공통되는 특징이 오히려 원시 고유 언어에서는 생소한 것임을 확인하게 되는 일조차 드물지 않다. 모음조화의 경우가 그러하다.(즉 한 낱말 접미사의 모든 모음과 그 어간의 마지막 모음과의 음색 동화 현상을 말한다.) 이 현상은 핀란드로부터 만주에 걸쳐, 유럽과 아시아에서 사용되는 광대한 언어 집단인 우랄알타이어에서 찾아볼 수 있다. 그러나 이 현저한 특징은 십중팔구 나중에 있었던 발전에 기인된 것일 게다. 따라서 그것은 공통적 특징이지 기원적 특징은 될 수 없으므로, 이들 언어의 공통 기원(대단히 이론이 분분한)을 입증하기 위해 원용될 수는 없는바, 이 점에서는 그들의 교착적 특징도 마찬가지이다. 중국어도 언제나 단음절적은 아니었다는 것 역시 알게 되었다.

셈어들과 재구성된 셈원어를 비교할 때, 우선 몇몇 특징들의 지속성에 놀라게 된다. 그 어떤 어족보다도 이 어족이야말로 변하지 않고 항구적이며, 타고난 유형 그대로라는 환상을 갖게 된다. 이 현상은 다음과 같은 특징에서 볼 수 있는데, 그중 몇몇은 인도유럽어의 특징과 놀랄 만큼 대립된다. 합성어가 거의 없고, 파생어의 사용이 한정되어 있다. 굴절이 별로 발달되지 않아(그래도 자어(子語)에서보다는 셈원어에서 더 발달되어 있다.) 엄격한 규칙에 매여 있는 어순이 존재하게 된다. 가장 주목할 만한 특징은 어근의 구성과 관련되어 있다. 어근은 규칙적으로 세 개의 자음을 포함하는데(예컨대 $g-t-l$ '죽이다'), 이 세 자음은 동일한 고유 언어 내의 모든 형태(히브리어 $q\bar{a}\underline{t}al$, $q\bar{a}\underline{t}l\bar{a}$, $q\underline{t}\bar{o}l$, $qi\underline{t}l\bar{\imath}$ 등 참조.)에서뿐만 아니라, 이 고유 언어든 저 고유 언어든, 모든 고유 언어(아랍어 $qatala$, $qutila$ 등 참조.)에서도 존속하고 있다. 달리 말하면 자음은 낱말의 '구체적 의미'와 어휘적 가치를 나타내는 반면, 모음은, 사실 어떤 접미사와 접두사의 도움을 얻어서이긴 하지만, 교체 작용에 의해 문법적 가치만을 전적으로 표시한다. 예컨대 히브리어 $q\bar{a}\underline{t}al$(그는 죽였다), $q\underline{t}\bar{o}l$(죽이다)은 접미사와 더불어 $q\underline{t}\bar{a}l$-$\bar{u}$(그들은 죽였다), 접두사와 더불어 ji-$q\underline{t}\bar{o}l$(그는 죽일 것이다), 양자와 더불어 ji-$q\underline{t}l$-$\bar{u}$(그들은 죽일 것이다) 등이 된다.

이런 현상들 앞에서도, 또 이에 대한 단언들에도 불구하고, 우리의 원칙을 고수해야 한다. 불변의 특징은 없다. 영속은 우연의 결과이다. 하나의 특징이 시간 속에 존속한다면 그것은 역시 시간과 더불어 사라질 수도 있는 것이다. 셈어의 경우만 해도, 세 자음의 법칙이 이 어족에만 유난히 특징적인 것은 아님을 알 수 있다. 왜냐하면 다른 언어들도 아주 유사한 현상을 보여주기 때문이다. 인도유럽어에서도 어근의 자음 조직은 정확한 법칙에 따른다. 예컨대 어근에서 *e* 뒤에 *i, u, r, l, m, n* 중의 두 음이 놓이게 되는 경우는 없다. 즉 †*ser*/과 같은 어근은 불가능하다. 셈어의 모음 작용은 이와 유사할 뿐만 아니라 이보다 한결 더한 면도 있다. 인도유럽어도 그보다 풍부하다고 볼 수는 없으나 그만큼은 명확한 모음 작용을 보여준다. 히브리어 *dabar*(말), *dbār-īm*(말들), *dibrē-hem*(그들이 하는 말들)과 같은 대립은 독어의 *Gast* ; *Gäste, fliessen* ; *floss* 등의 대립을 생각나게 한다. 이 두 경우에 있어 문법적 방식의 기원은 같다. 맹목적 진화에 의한 음성적인 변화인데, 여기서 기인된 교체를 정신이 제멋대로 파악하여 그것에 문법적 가치를 부여하고, 음성 진화의 우연 때문에 생긴 모델임에도 불구하고 이를 유추에 의하여 확산시켰다. 셈어의 세 자음의 불변성도 개략적인 것이지 절대적인 것은 아니다. 그것을 선험적으로 확인할 수도 있으나 여러 사실들이 이 견해를 확인해 준다. 예컨대 히브리어에서 *anāš-īm*(남자들)의 어근은 예상한 대로 세 자음을 나타내고 있지만, 그 단수 'īš는 두 자음만을 나타낸다. 이는 옛날에 자음 세 개를 가지고 있던 형태의 음성적 축소이다. 더구나 이런 준불변성을 인정하더라도 이것을 어근의 본질적 특징이라고 생각해야 할까? 아니다. 단순히 셈족어들이 다른 많은 언어보다 음성 변화를 덜 겪었고, 자음이 다른 집단보다 이 집단에서 더 잘 보존된 것일 뿐이다. 그러므로 진화적, 음성적 현상이지 문법적, 항구적 현상이 아니다. 어근의 불변성을 주장하는 것은 그것이 음성적 변화를 겪지 않았다고 말하는 것 이외에 아무것도 아니다. 그리고 이러한 변화가 결코 일어나지 않으리라고 단언할 수는 없다. 일반적으로 시간이 만든 모든 것은 시간이 해체할 수도 있고 변형시킬 수도 있는 것이다.

언어가 진화 법칙을 자체 내에 소유하고 있는 유기적 사물이라고 봄으로써, 슐라이허가 사실을 왜곡했다는 것을 인정하면서도, 우리는 한 인종 또는 민족 집단의 '혼'이 끊임없이 언어를 어떤 특정한 길로 가게 하는 경향이 있다고 자신도 모르는 사이에 상정하여, 언어를 또 다른 의미의 유기적 사물로 만들려고 하는 것이다.

방금 했던 대로 우리 과학의 인접 영역에 잠시 들어가 보는 것을 통해 하나의 교훈이 드러나는바, 이 교훈은 매우 소극적이긴 하지만 본 강의의 근본적 사상과 일치한다는 점에서 아주 유익하다. 즉 언어학의 유일하고도 진정한 대상은 언어인데, 이는 그 자체로서, 그것만을 위해서 고찰되어야 한다.

ㄱ

비음성학적인 ─의 성격 216 이하

A

—의 성격 321 이하
Institution sociale(사회제도)
　언어는 —이다 15, 16, 22, 23
Isoglosses(등어적인)
　등어선 283
Intercourse ou force unifiante(교류 또는 통일력) 288 이하
　—작용의 두 형태 288, 289

　J

Jeu d'échecs(체스놀이), 참고. Echecs(체스)
Jeu de mots et prononciation(말놀이와 발음) 49

　K

Koiné ou langue grecque littéraire(코이네 또는 그리스 문어) 274 이하
Kuhn, Adalbert(쿤, 아달베르트) 13, 315

　L

l dental, palatal, guttural(*l* 치음, 경구개음, 후음, 비음) 64 이하
Labiales(순음) 61, 63
Labio-dentales(순치음) 63
Langage(언어활동)
　언어와 화언 107
　—의 잡다한 특성 15
　—, 자연적 능력 15
　분절 언어 16 이하
Langue(언어)
　—는 언어활동 현상의 규범이다 14, 15
　—는 어휘집으로 축소될 수 없다 24, 25, 91
　—는 사회적, 동질적, 구체적 성격을 갖는다 20 이하
　—는 화언과 구별된다 21, 26 이하, 106, 107, 229 이하
　—는 그런데도 불구하고 화언과 불가분의 관계에 있다 27
　—의 존재 양태 27

U

V

W

Z

최승언

서울대학교 문리대 불문과 및 동대학원 졸업(석사)
프랑스 툴루즈 II 대학교 언어학과 동대학원 졸업(석사)
프랑스 툴루즈 II 대학교 불문과에서 박사학위 취득
서울대학교 인문대 불문과 조교수, 파리 VII 대학교 한국학과 교수 역임

현대사상의 모험 18

일반언어학 강의

1판 1쇄 펴냄 1990년 8월 1일
1판 8쇄 펴냄 1997년 8월 30일
2판 1쇄 펴냄 2006년 12월 15일
2판 15쇄 펴냄 2022년 9월 14일

지은이	페르디낭 드 소쉬르
엮은이	샤를 바이, 알베르 세슈에
옮긴이	최승언
발행인	박근섭·박상준
펴낸곳	㈜민음사

출판등록 1966. 5. 19. 제16-490호
주소   서울특별시 강남구 도산대로 1길 62 (신사동)
        강남출판문화센터 5층 (06027)
대표전화 02-515-2000/팩시밀리 02-515-2007
홈페이지 www.minumsa.com

ⓒ 최승언, 1990, 2006. Printed in Seoul, Korea

ISBN   978-89-374-1619-4 (94700)
        978-89-374-1600-2 (세트)